Dra. Elaine N. Aron

Autora del *best seller El don de la sensibilidad*

Manual de trabajo
para la persona altamente sensible

Una guía práctica para personas altamente
sensibles y grupos de discusión de PAS,
por la autora del *best seller*
El don de la sensibilidad

EDICIONES OBELISCO

Si este libro le ha interesado y desea que le mantengamos informado
de nuestras publicaciones, escríbanos indicándonos qué temas son de su interés
(Astrología, Autoayuda, Ciencias Ocultas, Artes Marciales, Naturismo,
Espiritualidad, Tradición…) y gustosamente le complaceremos.

Puede consultar nuestro catálogo en www.edicionesobelisco.com

Colección Psicología
MANUAL DE TRABAJO PARA LA PERSONA ALTAMENTE SENSIBLE
Dra. Elaine N. Aron

1.ª edición: octubre de 2019

Título original: *The Highly Sensitive Person's Workbook*

Traducción: *Antonio Cutanda*
Maquetación: *Marga Benavides*
Corrección: *Sara Moreno*
Diseño de cubierta: *Enrique Iborra*

© 1999, Elaine N. Aron
Publicado por acuerdo con Lennart Sane Agency AB
(Reservados todos los derechos)
© 2019, Ediciones Obelisco, S. L.
(Reservados los derechos para la presente edición)

Edita: Ediciones Obelisco, S. L.
Collita, 23-25 Pol. Ind. Molí de la Bastida
08191 Rubí - Barcelona - España
Tel. 93 309 85 25 - Fax 93 309 85 23
E-mail: info@edicionesobelisco.com

ISBN: 978-84-9111-505-2
Depósito Legal: B-21.887-2019

Impreso en España en los talleres gráficos de Romanyà/Valls, S. A.
Verdaguer, 1 - 08786 Capellades (Barcelona)

Printed in Spain

A mi marido, Art.
A mi hijo, Elija.
A todas aquellas personas llenas de amor
que pueblan las vidas de mis lectores.

Nota del traductor y el editor

Los tiempos y la justicia social exigen que nos enfrentemos a nuevos retos que, hace ya mucho tiempo, deberían haberse asumido. Uno de ellos es el del *lenguaje de género* y, sin duda, el castellano no es un lenguaje fácil para conciliar la igualdad de género.

A lo largo de este texto, se ha intentado equiparar géneros en el lenguaje. Considérese ésta una advertencia para que nadie se asombre ante el uso indistinto del masculino o el femenino en el uso de sustantivos o adjetivos.

Agradecimientos

Estoy profundamente agradecida a los suscriptores de *Comfort Zone* (Zona de confort) del área de la bahía de San Francisco que se ofrecieron voluntarios para poner a prueba este libro, a título individual o en grupo. Estas personas hicieron un trabajo muy minucioso, a pesar de decirles que necesitaba que me respondieran con rapidez, y sus comentarios mejoraron este manual en gran medida.

Betsy Amster, mi agente literaria, y Tracy Behar, mi editora, han sido extraordinariamente sensatas, sensibles y cariñosas con su autora PAS. Ha sido un enorme placer trabajar con ellas.

Me gustaría reconocer explícitamente aquí que la doctora Irene Pattit fue la primera persona en pronunciar las palabras «altamente sensible» en mi presencia. Sin ella, en fin, las cosas no nos irían tan bien a muchas de nosotras.

Por último, espero no dejar de sorprenderme con el inmenso apoyo que me prestó mi marido, Art Aron. Su energía, su entusiasmo y su calma constituyen un complemento esencial en mi vida. Por otra parte, su ingenio me ha permitido refinar en gran medida las evidencias de este rasgo. Art es un buen hombre.

Introducción

«Eres demasiado sensible». «Eres excesivamente sensible». «Eres hipersensible».

Otras variaciones sobre el mismo tema:

«¿*Ya* estás cansada?».

«No estarás *asustada,* ¿no?».

«¿Qué pasa contigo? ¿Eres tímido?». «¿Es que no sabes divertirte?». «¿Te falta confianza en ti mismo?».

Y el tema que se halla detrás de todo esto: «¿*Qué es lo que pasa contigo?*».

¿Te resulta familiar? Si eres como yo, habrás escuchado cosas como éstas tantas veces por parte de progenitores, profesores y amigas bien-intencionadas que terminaste aceptándolas como ciertas: «Me pasa algo». Y como tú sabías que no podías cambiar, terminaste con la sen-sación de que tenías un fatídico defecto oculto. Comenzaste a ver tu vida como un compromiso constante con ese defecto, como una lucha contra el fracaso.

Este manual de trabajo tiene un mensaje esencial: *Que la sensibili-dad no tiene nada de malo,* que no te pasa nada por el hecho de ser sensible. Si respondes «Verdadero» a doce o más de los elementos del test de la página 22, eso significará que tienes un sistema nervioso alta-mente sensible; es decir, un sistema nervioso diseñado para percatarse de sutilezas en el entorno, lo cual constituye una gran ventaja en mu-chas situaciones.

Sí, un sistema nervioso sensible significa también que, inevitablemente, te ves abrumada con más facilidad ante elevados niveles de estimulación. Eso también forma parte del paquete. Pero ser altamente sensible no es un «síndrome» ni un defecto básico de la personalidad.

Entre un 15 y un 20 % de los seres humanos hereda un sistema nervioso altamente receptivo, altamente sensible, y esa proporción se da también en otras especies de animales. Hombres y mujeres heredan este rasgo por igual (si bien es cierto que los hombres sensibles pasan por momentos especialmente difíciles en nuestra cultura). Por otra parte, no existen evidencias de que haya diferencias entre las distintas razas en lo relativo a este rasgo.

El hecho de que haya tantos sistemas nerviosos sensibles no puede ser un error, un defecto o un fallo genético. Tiene que haber un propósito para todo esto; por ejemplo, que, en cualquier grupo, siempre es bueno que haya algunos individuos capaces de percatarse de cosas de las que no se percata la mayoría. Sin embargo, para cumplir con tal propósito, tienes un trabajo importante y complejo por delante. Tienes que enmendar, poco a poco, los daños sutiles y no tan sutiles que se te han infligido sobre el concepto que tienes de ti mismo con todas esas críticas, bienintencionadas pero equivocadas, de lo que en realidad es tu idiosincrasia natural, innata. Este manual de trabajo, fruto de muchos años de experiencia con cientos de personas altamente sensibles o «PAS» (y puesto a prueba personalmente por cincuenta de estas personas), pretende ser una ayuda para que te liberes de esos daños y desarrolles tu potencial sensible.

Evidentemente, puede suceder que seas altamente sensible, pero que pienses que nunca te criticaron por ello. O quizás creas que has captado la idea general que planteo en mis libros, que es un rasgo positivo y que no te vas a olvidar de eso. O también puede suceder que no seas una persona tímida ni falta de confianza, de manera que creas que todo esto no tiene nada que ver contigo. Pero te ruego que continúes conmigo un poco más. La alta sensibilidad no es lo mismo que la timidez o la introversión; de hecho, el 30 % de las PAS son extravertidas. Y quizás no te sientas defectuoso conscientemente, pero es improbable que, en nuestra cultura, no hayas llegado a suponer inconscientemente en tus adentros que tenías que ocultar tu verdadera personalidad, que eras de algún modo extraño, si no anormal. La mayoría de las PAS dicen que les llevó meses o años de trabajo interior reconocer las muchas ideas negativas o equivocadas que tenían de sí mismas para, después, eliminarlas lentamente de sus reacciones emocionales inconscientes, así como de su intelecto consciente. Pues bien, el propósito de este manual de trabajo consiste, precisamente, en ayudarte en este proceso.

¿Qué quiero decir exactamente con sensibilidad?

Las PAS han nacido con un rasgo que las hace conscientes de todo tipo de mensajes sutiles, tanto externos como internos. No es que nuestra vista u oído sean más agudos; es que procesamos de un modo más profundo la información que recibimos. *Nos gusta* reflexionar. Tal sensibilidad nos proporciona ventajas en muchas situaciones. Según las investigaciones, las PAS son más intuitivas, conscientes y meticulosas (toman siempre en consideración las consecuencias de las cosas, como «¿y qué pasará si no lo consigues?» o «¿y qué pasará si todo el mundo rompe esta regla?»). Se nos dan bien los niños, los animales y las plantas, así como toda situación en la cual sea importante percatarse de detalles sutiles. Somos ciertamente buenas con los detalles y detectando errores, aunque también somos personas visionarias, capaces de imaginar «grandes cuadros», inusualmente conscientes de cómo influye el pasado y de los probables resultados futuros. Tenemos una vida interior rica y compleja, sueños poco habituales, nos preocupa la justicia social y disponemos de cierto talento espiritual o filosófico.

Sin embargo, el hecho de que seamos capaces de captar mejor las sutilezas hace que también nos sintamos abrumadas con más facilidad ante una estimulación poco sutil o intensa, como el ruido, el barullo visual, los tejidos toscos, los olores «raros» y los alimentos que están ligeramente «pasados». Las temperaturas extremas y todo tipo de cambios súbitos nos afectan, así como las situaciones que evocan emociones. Las multitudes, los extraños… Y si procesamos la información con una mayor profundidad, nos vamos a recrear también más en el significado de las críticas, los rechazos, las traiciones, las pérdidas y los fallecimientos. Otros detalles acerca de nosotras las PAS: que nos afectan más las alergias y somos más sensibles al dolor, a los medicamentos, a la cafeína y al alcohol. Normalmente, nos afecta más el hambre y necesitamos comer de forma regular. Pero nada de todo esto nos hace débiles, sino sólo diferentes.

En resumen, la sensibilidad es una ventaja en muchas situaciones y con muchos propósitos, pero no lo es en otros casos. Al igual que el que tiene los ojos de determinado color, es un rasgo neutral, normal, que hereda una gran proporción de la población, aunque no la mayoría.

Lo que conviene que sepas de tu rasgo, o el motivo de este libro

Cuando comencé con mis investigaciones sobre la alta sensibilidad, nunca me planteé que escribiría libros al respecto. Yo era una psicóloga investigadora que estaba trabajando sobre algo que me resultaba personalmente relevante: mis propias razones para sentirme tan diferente de los demás. Pero otras personas altamente sensibles no tardarían en convencerme de que ellas también necesitaban disponer de aquellos conocimientos básicos acerca de sí mismas. Estas personas iniciaron lo que podríamos llamar una campaña para que yo publicara algo sobre las PAS cuando un periódico local reveló algunos de mis hallazgos. Varios cientos de PAS me localizaron e insistieron en que diera una charla, luego un curso y a continuación que escribiera un libro, cosa que hice con la publicación de *El don de la sensibilidad.*[1] No resultó fácil encontrar una editorial, pero de este libro se han vendido ya más de 100.000 ejemplares, con 13 ediciones hasta la fecha, casi sin cobertura mediática a nivel nacional, vendiéndose por el boca a boca entre las PAS. Estas personas me decían una y otra vez, y siguen diciéndome, que toda esta información les cambió la vida. Éste es el tipo de llamada a la acción ética a la que ninguna científica se puede negar.

---

1. Libro publicado por Ediciones Obelisco, Barcelona, 2006.

Con todo, yo creía que con el primer libro terminaría esta aventura. Pero no fue así. La gente lo leía y quería más, más cursos, más consultas, más grupos de apoyo y algunas herramientas más para asimilar tales ideas; unas ideas que, parafraseando a una PAS, «reordenaban por completo el mobiliario interior».

La necesidad de más información tiene sentido para mí ahora. Una no cambia por completo la visión que tiene de sí misma con sólo leer un libro. Pero dado que soy sólo una persona, y una PAS, no puedo estar constantemente de gira, dando charlas y cursos a todas horas. Por eso estoy intentando clonarme a mí misma a través de este manual de trabajo, para ofrecerle a cualquier PAS, en cualquier lugar, todo aquello que habría podido ofrecerle en un curso, en una consulta personal o en un grupo de apoyo.

A partir de mi experiencia con tantas PAS, he aquí lo que considero que necesitas:

- *Conocimientos básicos acerca de tu rasgo.* En mi libro *El don de la sensibilidad* se ofrecen tales conocimientos en profundidad, y este manual de trabajo también lo hace, si bien en un formato diferente, aunque igualmente útil, con un mayor énfasis en la autoexploración del significado que tiene este rasgo para ti, especialmente en los capítulos 1 y 2.
- *Ayuda para que cuides de ti mismo.* Las PAS tienen un sistema nervioso diferente al del resto de los mortales. Si intentamos vivir según las mismas instrucciones operativas que utilizan los demás, vamos a padecer todo tipo de enfermedades crónicas, como muchas de vosotras habréis descubierto ya de mala manera. Sin embargo, si nos sobreprotegemos, nuestros dones no se llegarán a expresar, y eso también nos puede llevar a estresarnos y a enfermar. El capítulo 3, en concreto, se ocupa de las atenciones que debe procurarse una PAS.
- *Ayuda para reconsiderar tu vida.* Reconsiderar tu vida, especialmente los «fracasos», a la luz de tu sensibilidad es algo que va a ocurrir de manera espontánea hasta cierto punto. Pero debido a su importancia, las PAS consideran que esto hay que hacerlo de forma sistemática y consciente. Obviamente, el propósito de este manual de trabajo es reconsiderar tu vida en los términos de tu rasgo. Pero esto se

hace paso a paso en cada una de las áreas de tu vida, en los capítulos 1, 2, 4, 5, 6, 7 y 9.

- *Ayuda para sanar traumas del pasado.* Las investigaciones sugieren que las PAS que viven en entornos normales, no demasiado estresantes, pueden estar tan sanas o más que los demás. Pero si tuvimos una mala infancia o si padecimos un trauma en algún momento de nuestra vida, vamos a ser más proclives a la ansiedad y a la depresión que los demás. Muchos de estos problemas se pueden sanar y conviene hacerlo por el bien de nuestro cuerpo y nuestra felicidad, pero precisa de un esfuerzo consciente. El capítulo 8 te ayudará en ese proceso.

- *Ayuda para integrar el rasgo con aspectos concretos de la vida.* El hecho de tener un sistema nervioso diferente afecta a todo lo que haces. Por tanto, este manual te va a ayudar a trabajar con tu rasgo en cada una de las áreas de tu vida: en tu vida social en general (capítulo 5), en tus relaciones íntimas (capítulo 7), en tus relaciones con los profesionales de la atención sanitaria (capítulo 9) y, cómo no, en tu vida interior o espiritual (capítulo 10).

Esto es un manual de trabajo profundo: cómo utilizarlo

Puedes utilizar este libro de cualquier manera que se te ocurra, cómo no. Puedes utilizarlo sin siquiera haberte leído *El don de la sensibilidad,* o puedes hacerlo mientras te lees ese libro (los temas de los capítulos encajan entre sí), o bien puedes leerte este libro en cualquier momento, después de haberte leído el otro.

También puedes leerte este manual sin hacer ninguna de las tareas que aquí se sugieren. Sí, te doy permiso. O puedes hacerlas todas, una detrás de otra, o de manera salteada. O bien haz aquellas que te atraigan, sea cual sea su orden.

Sin embargo, te sugiero que, hagas lo que hagas, intentes hacerlo con plena consciencia. Intenta ser consciente de esa voz interior que quizás te diga, «Necesitas este libro», y sé consciente también de esa otra voz que puede que declare más tarde, «*No* quiero hacer eso». Pero averigua *por qué,* sobre todo cuando tengas la tentación de saltarte algo. Es decir, lo importante no es si haces o no esa tarea en concreto, sino si eres consciente de por qué lo haces o no.

Éste es un manual de trabajo *profundo.* Está escrito por una psicóloga profunda. Para mí, la psicología profunda supone que mi objetivo es ayudarte a que honres aquellas partes de ti misma que ignoras, descuidas o, incluso, desprecias. Tu propia historia personal y tu cultura te han enseñado que determinados aspectos de ti misma es mejor ignorarlos, olvidarlos. Sin embargo, el enfoque profundo intenta reclamar esos aspectos, al menos en parte, ya que todo sería imposible. Los invitamos a que vuelvan, intentamos acogerlos y escucharlos. De ese modo, se libera la energía utilizada para reprimirlos y, lo que es más importante, se libera todo lo que había de valioso en lo que se perdió. Con frecuencia, aquello que más necesita una persona en su vida se encuentra entre las cualidades que se rechazaron en la infancia; quizás la asertividad, «excesivamente masculina» en una mujer, o quizás el sentido de lo sutil, «excesivamente femenino» para un hombre, por poner dos ejemplos muy trabajados.

Hasta no hace mucho tiempo, la sensibilidad era para muchas personas una parte de nosotras mismas que había sido ignorada y reprimida. Para algunas de ellas, esa sensibilidad sigue siendo vergonzosa o desagradable en mayor o menor medida. (De hecho, sigo recibiendo peticiones para que envíe el boletín para PAS, *Comfort Zone,* dentro de un sobre de color para que no se pueda discernir su contenido). Así pues, para mí, devolver el rasgo de la sensibilidad al lugar de honor que merece en tu vida precisa de un profundo trabajo.

El trabajo profundo es gratificante, pero no siempre es fácil. Ésta es la razón por la que en este libro hay una serie de lo que yo llamo «tareas», y no «actividades», ni siquiera «ejercicios». Puede que también haga falta algo de heroísmo a nivel privado. Una de las PAS voluntarias que sometió a prueba este manual antes de su publicación escribió en su evaluación: «Leí tu libro *[El don de la sensibilidad]* hace año y medio, y me afectó profundamente. De algún modo, yo seguía desconectada emocionalmente de aquello». Después de seis meses de terapia, explorando su infancia en profundidad, esta mujer me dijo que cuando se presentó voluntaria para poner a prueba el manual, creía que este trabajo sería algo así como «una brisa, incluso divertido, pero estoy muy sorprendida con el efecto que ha tenido en mi interior». Comentó que algunas tareas le habían supuesto un considerable esfuerzo, y que había tenido que recurrir a una gran fuerza de voluntad para volver sobre ellas y terminarlas. «Hace un año, ni se me habría ocurrido que esto fuera posible».No todas las personas que pusieron a prueba este manual dieron cuenta de experiencias tan intensas. Pero aun cuando este libro te resulte como un juego, sus contenidos estarán jugando con tu yo más profundo. Tienes permiso, y te animo a ello, para saltarte aquellas secciones del libro que te resulten demasiado duras. Simplemente, sé consciente de por qué te saltas esa sección. «Esto me hace daño», «Me da miedo» o lo que sea que sientas.

Gran parte de este manual de trabajo supone escribir. De hecho, un voluntario PAS que puso a prueba el libro creía que todos tenían que llevar un diario de sus reacciones ante las distintas tareas. A lo mejor te apetece llevar un diario, pero si no estás acostumbrado a hacerlo o a escribir según dicta la corriente de la consciencia, tendrás que saber que lo que escribas aquí no se va a juzgar ni se va a editar o rectificar. Simplemente, deja que fluya, que salga. Nadie lo va a ver ni lo va a valorar. Y si tu propio crítico interno no te permite hacerlo, no tardaremos mucho en enfrentarnos a él a partir de la página 31.

El secreto para llevar un buen diario estriba en tomarse tiempo para sentir antes de escribir. He aquí la experiencia de una de las personas que puso a prueba este manual:

> Me he dado cuenta de que tengo el persistente hábito de buscar una respuesta «correcta», «interesante» o «adecuada» ante los ejercicios. Tengo que dejar atrás esta tendencia para poder sentirme bien respecto a lo que estoy haciendo *realmente*. Con frecuencia, se trata de sentimientos desagradables: actitudes defensivas, vergüenza, ira, rabia. Me lleva *mucho* tiempo calmarme y recuperar la compostura para que se me ocurran respuestas *útiles* para mí.

Esta voluntaria sugirió también que, en ocasiones, podía hacer falta un enfoque «no-lineal» o incluso proverbial:

En el caso de algunos ejercicios descubrí que era mejor leer la descripción entera una o dos veces, dejando que las cosas «se cuezan a fuego lento» hasta «hervir», para volver luego a los ejercicios cuando se me ocurriera algo. Me resultó difícil, si no imposible, acercarme a estos ejercicios de una manera lineal. Por otra parte, había veces en que sólo emergían sentimientos intensos, sin palabras, ni siquiera imágenes que pudiera describir.

Abrirse al pensamiento preverbal o no-verbal es exactamente lo que pretende el trabajo profundo. De modo que considera la sugerencia de esta mujer de que te tomes tu tiempo y te des permiso para simplemente observar lo que sea que ocurra.

Al final de cada tarea encontrarás una sección de «En conclusión», en la cual dispondrás de la oportunidad de resumir y reflexionar sobre el efecto que tuvo en ti esa tarea o sobre cómo la aplicaste. Esto puede que te parezca un esfuerzo extra, pero estas secciones se convertirán en magníficos resúmenes de tu trabajo cuando revises el libro meses o años más tarde. Así pues, date la oportunidad de reflexionar, algo que puede parecer una extrañeza en estos tiempos tan acelerados, pero que es una especialidad de las PAS.

Por cierto, si te pasa como a mí y te cuesta escribir a mano, no te sientas obligada a escribir en los espacios que se te ofrecen para ello en este libro. Utiliza un procesador de textos informático.

Por último, *es de suma importancia* que si te angustias mucho mientras haces estas actividades, las dejes a un lado y te pongas en manos de una buena profesional. En el capítulo 8 se explica cómo hacerlo.

Una característica especial: el trabajo con otras PAS

Las PAS necesitan conocerse entre sí. Muchos de vosotros lo habéis intuido así y habéis pedido grupos de apoyo, cursos o simplemente la oportunidad de reuniros con otras PAS. En el capítulo 11 de este manual hago un esfuerzo concreto por satisfacer esta necesidad. Ahí se indican los pasos a seguir para organizar y llevar a cabo discusiones grupales durante un período de seis semanas, sin líderes, sólo para PAS. Una vez puesto en marcha, el grupo puede continuar sus reuniones indefinidamente, con su propia agenda de discusiones o trabajando sobre la guía de las tareas de este manual, pero en grupo. En el capítulo 11 se ofrece una estructura cuidadosa, detallada y contrastada para esas cruciales seis semanas de puesta en marcha.

Claro está que también puedes organizar un grupo, utilizar este manual como guía y no seguir el plan estructurado de seis semanas. Pero personalmente te sugiero que si optáis por esta vía, os aseguréis de contratar a un facilitador grupal profesional, al menos para la puesta en marcha.

También te animo a que encuentres a otra PAS y a que trabajes este libro con esa persona, que puede ser tu mejor amiga o tu pareja, si también es una PAS. También puedes encontrar a tal persona organizando un grupo para PAS, o poniendo una nota en la sección de contactos del boletín *Comfort Zone,* del que se dan referencias al final de este libro, o buscando por tu cuenta entre tus amistades.

El único problema de trabajar con este libro en compañía de otras PAS es que hay tareas que pueden ser demasiado íntimas y personales como para discutirlas con personas a las que no conoces bien. Por tanto, en cada una de las tareas indico si es apropiada para el trabajo en pareja o grupo de personas que no se conocen demasiado, personas A; que se están conociendo, personas B; o que se conocen bien, personas C. Hay tareas que son sólo para personas C, las hay que están bien para las B y las C, pero no para las A, y hay algunas que están bien para los tres tipos de personas. Así pues:

- Las tareas para las A son ideales para parejas o grupos que se hallan en una fase temprana de conocimiento mutuo.
- Las tareas para las B son ideales para relaciones bien establecidas, pero en las que quizás no te sientas del todo segura y te cueste abrirte por completo en algún tema. Hay multitud de tareas que pueden hacerse en tal entorno.
- Las tareas para las C son ideales para los estadios avanzados de una relación, donde la pareja o el grupo han trabajado sus problemas hasta el punto de que pueden realmente «trabajar» (es decir, escu-

charse y ayudarse mutuamente) sin que la desconfianza, las incomprensiones debidas a suposiciones, la competitividad, la envidia y otros obstáculos similares interfieran.

Para los no tan sensibles

Sean bienvenidas también aquí aquellas personas que han elegido este libro por el hecho de que su pareja, un amigo o algún miembro de su familia puedan ser altamente sensibles. Quizás lo hayan comprado para leerlo o para regalarlo. De acuerdo con las cartas que recibo de PAS, este libro será exactamente eso: un regalo para la otra persona, pues le permitirá desarrollar la confianza en sí misma y el orgullo respecto a algo que la lleva a dudar de sí misma. Al regalarlo, o al leerlo, tú y esa persona que es más sensible que tú (no en el sentido de empatía o de bondad, sino en un sentido físico) obtendréis una comprensión mejor de vuestra relación, y eso va a ser también un regalo para ti.

La dedicatoria de este libro

Los autores siempre dedican sus libros. Pero, dado que vas a ser tú quien ocupe con sus escritos la mayor parte de este manual, deberías ser tú quien lo dedique (quizás a una PAS a la que admires). Alguien como tú.

Dedico este libro a:

_____

_____

_____

¿Eres altamente sensible?

Autoexamen

Responde a cada pregunta en función de lo que sientas. Responde verdadero si es al menos en parte verdadero en tu caso. Responde falso si no es verdadero en tu caso.

Tengo la sensación de ser consciente de cosas muy sutiles en mi entorno.	V	F
Me afecta la manera de conducirse que tienen los demás.	V	F
Suelo ser muy sensible al dolor.	V	F
En días ajetreados, suelo tener necesidad de retirarme, de echarme en la cama, de buscar una habitación en penumbra o cualquier otro lugar donde pueda encontrar algo de intimidad y alivio frente a la estimulación.	V	F
Soy particularmente sensible a los efectos de la cafeína.	V	F
Me abruman fácilmente cosas como las luces brillantes, los olores intensos, los tejidos bastos o las sirenas de policía o ambulancias.	V	F
Tengo una vida interior rica y compleja.	V	F
Los ruidos fuertes me hacen sentirme incómodo.	V	F
Me conmueven profundamente las artes o la música.	V	F
Soy muy concienzuda.	V	F

Me sobresalto con facilidad.	V	F
Me agobio cuando tengo muchas cosas que hacer en poco tiempo.	V	F
Cuando alguien se siente incómodo en un entorno físico, suelo saber lo que hay que hacer para hacerlo más cómodo (como cambiar la luz o los asientos).	V	F
Me molesta que los demás pretendan que haga demasiadas cosas a la vez.	V	F
Me esfuerzo mucho por no cometer errores u olvidarme de algo.	V	F
Suelo evitar las películas violentas y los *shows* televisivos.	V	F
Me resulta desagradable la activación que me provoca el ajetreo a mi alrededor.	V	F
Los cambios en la vida me conmocionan.	V	F
Suelo percibir y disfrutar de las buenas esencias, sabores, sonidos y obras de arte.	V	F
Para mí, tiene mucha importancia disponer mi vida de modo que pueda evitarme situaciones perturbadoras o abrumadoras.	V	F
Cuando tengo que competir o ser observado en la ejecución de una tarea, me pongo tan nervioso e inseguro que termino haciéndolo peor de lo que podría hacerlo.	V	F
Cuando era niña, mis padres o mis profesoras me solían ver como una persona sensible o tímida.	V	F

PUNTÚATE TÚ MISMO

Si has respondido verdadero a doce o más de las preguntas, es probable que seas una persona altamente sensible.

Pero, francamente, no hay ningún test psicológico tan preciso como para que tengas que basar tu vida en él. Sólo con que una o dos preguntas sean verdaderas en tu caso, pero sean extremadamente verdaderas, quizás también esté justificado decir que eres una persona altamente sensible.

CAPÍTULO I

Conocer tu sensibilidad

Son las tareas de este capítulo te vas a familiarizar con tu yo sensible y con algunas de las habilidades básicas que necesitan las PAS, como la de aprender a expresarte en defensa de tu sensibilidad y la de comprender tu papel en el mundo. Pero para ello, necesitas un poco más de información acerca de tu rasgo, de manera que tu primera tarea va a consistir en leer y absorber.

Si esto es tan normal, ¿por qué a veces me siento tan diferente?

Es muy importante que toda PAS comprenda y recuerde los cinco puntos siguientes:

1. *Un exceso de estimulación supone sobreexcitación.* En toda persona, sea sensible o no, un exceso de estimulación lleva siempre a una sobreexcitación fisiológica. Tú sabes que estás sobreexcitado cuando te sientes abrumado o exhausto, de tal manera que eres incapaz de funcionar, de coordinar tus acciones, de relajarte, cuando tu cerebro está completamente exhausto. Quizás sientas también palpitaciones o el estómago revuelto, quizás te tiemblen las manos y tengas una respiración superficial, o sientas la piel caliente, enrojecida, húmeda o fría.

2. *Es importante mantener un nivel de excitación óptimo.* Absolutamente todo el mundo, sea sensible o no, baja en su rendimiento y se siente mal cuando está sobreexcitado. Uno no puede darle a la pelota, hacer observaciones ingeniosas ni disfrutar de lo que ocurre a su alrededor. Por otra parte, también resulta desagradable la subexcitación, es decir, hallarse por debajo del nivel de excitación óptimo. Eso ocurre cuando nos aburrimos. Una vez más, te sentirás demasiado torpe como para darle a la bola, hacer una observación ingeniosa o disfrutar del espectáculo. Desde el mismo momento en que nace, todo organismo busca un *nivel de excitación óptimo,* ni mucha ni poca excitación, y lo busca de forma incesante, normalmente de manera inconsciente, como busca el aire, la comida y el agua, regulando en todo momento la cantidad de estimulación que recibe.

3. *Las PAS se sobreexcitan con más facilidad.* En la introducción definí este rasgo como el ser consciente de las sutilezas mediante un procesamiento más profundo de los estímulos que nos llegan. Si las PAS somos conscientes de estímulos que rara vez captan otras personas, en una situación de alta estimulación nos vamos a ver abrumadas y nos vamos a sentir sobreexcitadas con más facilidad. Y una vez sobreexcitadas, vamos a ser como cualquier otra persona sobreexcitada, en el sentido de que va a bajar nuestro rendimiento y nos vamos a sentir peor. Se podría decir que las PAS saltamos por los aires cuando el supervisor nos está observando, o decimos alguna tontería cuando nos presentamos ante alguien en una primera cita. Este tipo de situaciones puede sacar del letargo a las no-PAS y llevarlas a su nivel óptimo de excitación y rendimiento, pero una PAS es probable que se vea empujada hasta más allá de su nivel óptimo, hasta la sobreexcitación.

Dado que nos sobreexcitamos con mayor facilidad, tenemos más experiencias de «fracaso» bajo presión y de no disfrutar de lo que «se supone» que tendríamos que disfrutar. De ahí que no resulte extraño que demos la impresión de carecer de confianza en nosotras mismas, de no ser demasiado «divertidas», de ser excesivamente sensibles a las críticas o de ser tímidas (en concreto, véase el capítulo 5 acerca de los orígenes de la timidez en las PAS).

La línea base aquí se halla en que, aunque tanto nosotras como la gente que nos rodea disfrutamos de las ventajas que conlleva la sensibilidad (esa consciencia extra, la empatía, la creatividad, la espiritualidad, etc.), tanto nosotras como los demás tenemos que aceptar también las inevitables desventajas que la sensibilidad tiene, aquellas que devienen por nuestra tendencia a sobreexcitarnos con más facilidad. *Va todo en el mismo lote.*

4. *La sensibilidad no es un ideal de nuestra cultura.* La mayoría de las personas que estáis leyendo estas páginas vivís en una cultura altamente competitiva, tecnológica, condicionada por los medios de comunicación y el consumismo, una cultura que está inculcando sus valores por todo el mundo y que valora más el ser capaz de gestionar altos niveles de estimulación que la capacidad de detectar sutilezas.

En algunas culturas se valora mucho la sensibilidad. Por ejemplo, en una investigación se descubrió que los niños de enseñanza elemental en China que son «sensibles y callados» se encuentran entre los más respetados y valorados por sus compañeros, en tanto que en Canadá se hallan entre los menos respetados y valorados. La sensibilidad se valora en la China, Japón y la Europa *tradicionales*, así como en la mayoría de las culturas que viven en estrecho contacto con la tierra, que necesitan de rastreadores, herboristas y chamanes. Pero las culturas que son agresivas, expansivas, estresantes o que tienen muchos inmigrantes, valoran las personalidades insensibles, duras, que asumen riesgos, que trabajan durante muchas horas, que van a la guerra, etc.

5. *Las PAS se ven más afectadas que los demás por las malas experiencias en la infancia.* En mis investigaciones he demostrado que las PAS que han padecido traumas o que han vivido en un hogar desestructurado en su infancia son más depresivas, ansiosas y tensas que las PAS con historias personales más fáciles, y se muestran también más angustiadas que las no-PAS con historias similares. Éste es otro motivo por el cual las PAS se sienten diferentes, porque se sienten aún alteradas por acontecimientos o circunstancias que otras personas quizás hayan superado para entonces. Y debido precisamente a que las PAS con una mala infancia se muestran especialmente angustia-

das en la edad adulta, el rasgo de la sensibilidad se ha llegado a asociar con la ansiedad y la depresión. Sin embargo, las PAS que no han tenido una infancia difícil no se muestran psicológicamente más angustiadas que el resto de las personas; de hecho, muchas veces, están *menos* angustiadas y conviene recordarlo. La depresión o la ansiedad *no* son rasgos básicos de las PAS y *se pueden* superar. Y aunque ese tipo de trabajo curativo no es el principal objetivo de este manual, en el capítulo 8 ofreceremos algunas sugerencias al respecto.

La sensibilidad en el contexto cultural

Nuestra propia cultura nos necesita más de lo que cree, de ahí que existan importantes motivos sociales y personales para que te sientas más valorado; y lo voy a explicar a través de una pequeña historia. Las culturas agresivas y expansivas (esas que no valoran la sensibilidad) aparecieron hace alrededor de cinco mil años en Europa y Asia, cuando distintas tribus de pastores nómadas emergieron de las estepas de Eurasia e invadieron los pueblos, más pacíficos, que vivían en Europa, en Oriente Próximo y en la India. Aquellos invasores hablaban una lengua, la indoeuropea, que sería la precursora del griego, el latín, el inglés, el alemán, el francés, el castellano, el hindi y otros muchos idiomas. También llevaron consigo una cultura que, al igual que el lenguaje, terminaría difundiéndose por América del Norte y del Sur y, con el tiempo, dominaría la mayor parte del planeta. Además hubo incursiones de nómadas en dirección este, hacia China (ése fue el motivo de la construcción de la Gran Muralla) y Japón. Los antepasados de griegos y romanos pertenecían a la misma clase de nómadas advenedizos. Posteriormente, nuevas oleadas de «bárbaros», como los hunos y los mongoles, destruirían los imperios de aquellos que habían llegado previamente.

La filosofía de los nómadas se basaba en tener más rebaños, lo cual exigía más tierras, que a su vez requería del ataque sobre otras tribus, lo cual daba como resultado la captura de más mujeres (a los hombres y a los niños los mataban) para tener más hijos con el fin de incrementar los rebaños, las tierras, las mujeres y los hijos, más rebaños y así sucesivamente. Cuando los nómadas se apoderaron de las prósperas pero indefensas ciudades de los pueblos agrarios y comerciantes por los que se habían sentido atraídos y que les habían sacado de sus áridas llanuras, transformaron a sus gentes en esclavos y soldados, convirtieron las ciudades en fortalezas y las sociedades en imperios. Lo que estaba a la orden del día: la mejor defensa es un buen ataque y la supervivencia precisa de una economía en expansión. ¿Te resulta familiar?

La lengua y la cultura indoeuropeas se han difundido por la mayor parte del mundo. Las culturas más pacíficas, como las nativas americanas y las aborígenes australianas, sucumbieron ante su empuje. Y no todas estas culturas «prehistóricas» eran en modo alguno primitivas. En Europa, Oriente Próximo, la India y partes de América del Norte y del Sur, estas sociedades habían llegado a construir grandes ciudades, en ocasiones con agua corriente, metalurgia y los inicios de un lenguaje escrito. Pero al menos en Europa, Oriente Próximo y la India, en la mayoría de esas ciudades no había reyes ni esclavos, ni tampoco castillos ni fortificaciones. No había guerras y apenas si había signos de diferencias de clases entre las personas. El gobierno era algo muy simple. En tiempos de abundancia, se llevaba comida a los templos y, en tiempos difíciles, se distribuía la comida. Salvo en la supervisión de las actividades comerciales, las autoridades centrales no parecían hacer muchas más cosas.

En cambio, tomemos en consideración los gobiernos indoeuropeos, el gobierno de tu cultura, con un toque étnico u otro, sea cual sea la raza, si creciste en una cultura de habla indoeuropea. Las culturas agresivas siempre tienen dos clases dirigentes: los reyes guerreros y los asesores sacerdotales (lo que yo llamo los «consejeros reales» en *El don de la sensibilidad*).

¿Quiénes son los reyes guerreros? Son aquellos que quieren conquistarlo todo. Parten hacia la guerra de inmediato. En el mundo corporativo y financiero de hoy en día, quieren expandir sus mercados, reducir costes, esparcir insecticidas y talar árboles. Los asesores sacerdotales están ahí para hacer que echen el freno y para señalar los efectos a largo plazo, que también se han de tener en cuenta. Realizan su papel de contención como asesores, maestros, consejeros, jueces, artistas, historiadores y científicos, así como a través de su poder social y personal como sanadores y autoridades religiosas.

Aunque siempre se ha encontrado a las PAS en todos los ámbitos de la vida y en todas las clases sociales, parece obvio que toda vez que se han necesitado «asesores sacerdotales», las PAS han cubierto tradicionalmente tal nicho. Nuestro cerebro está diseñado para *disfrutar* con la reflexión. En el pasado constituíamos el ideal de la institutriz y del maestro, del médico de familia, la enfermera, el juez, el abogado, el presidente (piénsese en Abraham Lincoln), el artista, el científico, el predicador, el sacerdote y el viejo y concienzudo ciudadano.

Sin embargo, hoy en día, las PAS no lo pasamos demasiado bien en casi ninguno de esos roles tradicionales. A medida que se incrementan los desarrollos tecnológicos y se reducen los costes con el fin de competir en la economía global, se valora más a aquellas personas que pueden trabajar largas horas bajo estrés que a aquellas que no pueden hacerlo. Pero una sociedad agresiva sin unos consejeros sensibles que atemperen su agresividad no va a hacer otra cosa que meterse en problemas. Las PAS tienen otras muchas cualidades necesarias para los negocios y el gobierno, pero va a hacer falta tiempo hasta que los reyes guerreros lo comprendan.

¿Deberíamos adoptar acaso una actitud de «nosotros frente a ellos»? Quizás no de una forma permanente, pero sí te va a hacer falta esta actitud durante algún tiempo. Deberías sentirte un tanto orgullosa de tu rasgo, al menos temporalmente, como antídoto a los sentimientos de inferioridad del pasado. De momento, está bien que pienses cosas como «Yo estoy siendo quien soy, y van a tener que ser los demás los que se adapten». El mundo necesita que volvamos a nuestra influyente posición central en la sociedad y, para ello, tenemos que valorarnos, lo cual hará que los demás nos valoren también.

En resumen, a medida que avances en la lectura de este libro, no olvides que no te estás ayudando a ti misma exclusivamente. Poco a poco, PAS a PAS, estamos restaurando el equilibrio en la cultura que domina, en todos los sentidos, el mundo.

Ahora ya estás preparado para tu primera tarea.

Cómo pronunciarse en defensa de la alta sensibilidad

El objetivo de esta tarea consiste en desarrollar una serie de respuestas ante las críticas que hayas escuchado a lo largo de tu vida a tu sensibilidad natural e innata. El hecho de disponer de una respuesta ante esas críticas es muy importante, tanto para ti como para el resto de las PAS, en la medida en que estas respuestas ayudarán también a silenciar al crítico interior que terminamos desarrollando después de años de críticas externas.

* Escribe en el espacio de abajo destinado para ello, en las líneas en las que pone «Etiquetas erróneas», entre tres y cinco cosas que la gente haya dicho o sugerido acerca de tu sensibilidad y que tú ahora sabes por experiencia que eran completamente erróneas. Si te resulta útil, piensa en situaciones concretas.

   Algunas frases o situaciones típicas podrían ser, «No seas tan sensible», quizás dicho por tu jefa cuando reaccionabas ante sus críticas; «¿Qué está pasando?», dicho por el médico cuando te lamentabas por un procedimiento «rutinario»; «No seas tan tímida», que te dijeron unas amigas cuando te negaste a conocer a un extraño; «¿Por qué no te lo pasas bien?», cuando los demás querían que te unieras a ellos para ver una película excesivamente violenta para ti; «¿De qué tienes tanto miedo?», «¡Eso no te puede hacer daño!», etc.

   También pueden ser toques sutiles señalando que eres un poco neurótico, tonto, miedica, hipersensible o que reaccionas de manera anormal. Esos juicios equivocados que hayas escuchado acerca de ti deben ir en la línea de «Etiquetas erróneas».

* En la línea de «Mi respuesta», escribe lo que te gustaría responder a cada una de esas cosas a partir de ahora. Ten en cuenta hechos como el del número de PAS que hay en el mundo (entre el 15 y el 20 % de la población), nuestras virtudes o ventajas (percibir las cosas sutiles, procesar las cosas en profundidad, la meticulosidad, etc.), la importancia de las PAS (para equilibrar a los reyes guerreros) y que nuestra estrategia es diferente (reflexionar a fondo antes de actuar, *véase* la página 59). Escribe frases completas que puedas utilizar.

Por ejemplo, ante «Eres demasiado sensible», se podría responder de distintas maneras; pero si un médico o una dentista me lo dijera con un tono crítico, yo diría, «Comprendo que mi sensibilidad sea un problema para usted, pero no lo es para mí. Me siento orgullosa de formar parte de ese veinte por ciento que nace con un sistema nervioso más sensible». A continuación, yo le sugeriría que el examen o procedimiento daría mejores resultados si yo pudiera sentirme más calmada, en un entorno de apoyo; y que, de otro modo, tendría que buscar otro profesional a quien se le diesen mejor los pacientes sensibles.

Si me dijeran «Eres demasiado sensible» en el trabajo debido a mi reacción ante las críticas, yo diría, «¿Por qué te molesta mi reacción?», e intentaría averiguar cuál es el verdadero problema que esa persona pudiera tener conmigo. Pero, en algún punto, yo creo que diría algo así como, «Sé que tengo la tendencia a procesar la información en profundidad, lo cual significa que me tomo las críticas muy en serio, probablemente más en serio que la mayoría de las personas. Pero eso es algo que viene con mi sensibilidad, lo cual también…» y luego pondría un ejemplo para demostrar que mi sensibilidad es una ventaja en mi trabajo.

También puede estar bien que te inventes unas cuantas respuestas ágiles y breves, como «Quizás yo sea demasiado sensible para ti, pero a mí me parece que mi sensibilidad está bien». O, «"Demasiado", ¿según qué normativa?». O bien, «Qué raro. A la mayoría de las personas que conozco les encanta mi sensibilidad».

- Bajo el encabezado «¿Me digo a mí mismo cosas como ésta?» observa con cuánta frecuencia y en qué circunstancias te críticas por tu sensibilidad; y, por favor, prométete que a partir de ahora vas a utilizar la misma respuesta ante esa voz interior que la que vas a ensayar para contestar a los demás.

Etiquetas erróneas 1: _____

Mi respuesta: _____

_____

_____

¿Me digo a mí mismo cosas como ésta?

_____

_____

Etiquetas erróneas 2: _____

Mi respuesta: _____

_____

_____

¿Me digo a mí misma cosas como ésta?

_____

_____

Etiquetas erróneas 3: _____

Mi respuesta: _____

_____

_____

¿Me digo a mí mismo cosas como ésta?

_____

_____

Etiquetas erróneas 4: _____

Mi respuesta: _____

_____

_____

¿Me digo a mí misma cosas como ésta?

_____

_____

Etiquetas erróneas 5: _____

Mi respuesta: _____

_____

_____

¿Me digo a mí mismo cosas como ésta?

_____

_____

_____

Parejas y grupos: A, B y C. Ésta es una excelente tarea obligatoria. Conviene que hagáis una lluvia de ideas, que seáis creativas y que os divirtáis con esta tarea. En grupos de apoyo, las etiquetas erróneas se pueden establecer entre todos para luego trabajar sobre ellas colectivamente, o bien hacer una ronda en la que, entre todas, se aborde aquel comentario que más le molesta a cada una de las participantes. ¡Tomad notas!

En conclusión: Reflexiona sobre lo que has aprendido con esta tarea. Quizás quieras regresar a este espacio dentro de una o dos semanas para observar en qué medida respetas y valoras más tu rasgo. Dado que es tu primera sección de «En conclusión», he aquí un ejemplo de lo que podrías escribir:

> Me doy cuenta de que he tenido la tendencia a aceptar como ciertas algunas de estas «etiquetas erróneas», y que me he esforzado mucho por liberarme de mi sensibilidad. Resulta extraño ponerme a refutar unas críticas que me parecían válidas y útiles (aunque siempre angustiosas). Pero me gusta la idea.

_____

_____

_____

_____

_____

_____

Tu yo sensible

Lo que se busca en esta tarea es que tomes consciencia de ti misma como de un cuerpo sensible. Se basa en los trabajos de personas como Eugene Gendlin y Betty Winkler Keane (*véase* «Recursos», página 345). La conciencia sensorial era, evidentemente, una parte importante de la psicología humanista de los años sesenta, y sigue siendo importante para muchas terapeutas, tan importante como conversar. La analista junguiana Marion Woodman, por ejemplo, dice que ningún conocimiento se integra realmente en nuestra vida en tanto no lo experimentemos de algún modo en el cuerpo.

No te puedo enseñar ningún método de conciencia sensorial ni de trabajo corporal en una sesión. De hecho, es esta especie de trivialización lo que hace que no dejemos de «perderlos», de tal modo que hay que «redescubrirlos» en otra generación. Es un trabajo lento, como la psicoterapia. Pero es un trabajo muy importante para las PAS.

Las PAS portamos, probablemente más que otras personas, los efectos de multitud de momentos de estimulación excesiva, estrés, miedo y traumas. Pero ¿dónde los portamos? En nosotras mismas, claro está, en nuestro organismo, nuestro cuerpo y nuestro cerebro. Y ha habido veces en las que hemos estado tan sensibles que hemos tenido que distanciarnos de nuestras sensaciones en momentos de excesiva estimulación con el fin de no abrumarnos. Si otras personas eran la causa de esa sensación de agobio, quizás hayamos utilizado nuestra sensibilidad para sintonizar con lo que esas personas querían, con la esperanza de apaciguarlas, en vez de prestar atención a nuestras propias necesidades. De hecho, en ocasiones, nuestra misma supervivencia en la infancia dependía de nuestro talento para sintonizar con lo que los demás querían. Más tarde, ese esfuerzo por complacer y apaciguar a los demás quizás nos impulsara en nuestro trabajo o en otros logros.

La cuestión estriba en que en todas esas situaciones tuvimos que aprender a ignorar los mensajes de nuestro cuerpo, que decía «no». Lo que hicimos fue apagar nuestra exquisita sensibilidad y dejarla para nosotras mismas. ¿Que cuál fue el resultado de tantos mensajes ignorados? Dolores de cabeza, dolores de espalda, dolores de estómago y dolores de pecho.

Los organismos humanos se corrigen y se sanan a sí mismos de forma extraordinaria. Sólo tenemos que establecer las condiciones idóneas, volver la atención sobre nosotras mismas durante un tiempo (en vez de ponerla siempre en los demás), tomando nota de lo que pasa y prestar atención a ese dolor de cabeza, espalda o lo que sea, mientras descansamos cómodamente.

Quizás hayas hecho algún trabajo antes de conciencia centrada o sensible, o quizás no. Pero, justo ahora, me gustaría que lo intentaras. Si estás haciendo las tareas tú solo, tendrás que leerte las instrucciones a ti mismo. Si es posible, grábalas en audio y escúchalas luego mientras te dejas llevar. En cualquier caso, no son unas instrucciones complicadas.

1. *Busca un lugar donde nadie te vaya a molestar* durante al menos una hora (aunque no vas a necesitar tanto tiempo con esta tarea). Apaga los teléfonos. Ponte una ropa cómoda, quítate los zapatos y échate en el suelo. *No utilices ninguna música ni sonido para acompañar esta tarea.*

2. *Pon tu atención en las sensaciones.* Quizás te apetezca cerrar los ojos, pero no tienes por qué hacerlo. Presta atención a cualquier información que te llegue del cuerpo, quizás de los oídos, de la nariz, de la piel, los músculos, el estómago, o bien las sensaciones que te llegan del cerebro, de la garganta, del corazón, de cualquier parte. Si esas sensaciones son sonidos, olores, gustos o son sensaciones cutáneas, de la piel (es decir, de cosas externas a ti), magnífico. Son operaciones de tu organismo a las que estás prestando atención. No hay una forma correcta o errónea de hacerlo. No juzgues lo que estás experimentando ni intentes corregirlo.

3. *Deja que tu atención se dirija hacia cualquier sensación que se imponga sobre las demás en cada momento.* Si tu atención no deja de pasar de un lado a otro, está bien. Es muy importante que no dejes de hacer la tarea porque tu mente se ponga a «deambular» de un pensamiento a otro. Si se pone a vagar de aquí para allí también puede ser interesante observar el fenómeno. Pero si dejas de observar y te pierdes en el pensamiento, convendrá que, en cuanto te percates de ello, lleves suavemente tu atención de nuevo a la experiencia sensorial presente. No pasa nada porque te pases el 90 % del tiempo perdida en tus pensamientos; lo importante es que termines volviendo de nuevo al cuerpo. Observa también eso cuando seas consciente de ello. Simplemente quédate en la sensación y sé lo más consciente que puedas de lo que pasa en tu cuerpo. Si te quedas dormido, no pasa nada. Eso sólo significa que estás cansado, de modo que duerme. Y disfruta.

4. *Deja que, sea lo que sea a lo que estés prestando atención, cambie si así lo desea.* Si una sensación se hace más intensa, deja que haga lo que quiera, aunque resulte incómoda. Simplemente, deja que ocurra. Sé una observadora alerta, cuidadosa y no juzgues nada.

Si las sensaciones se transforman en emociones, está bien. Después de todo, las emociones son acontecimientos del organismo, igual que la respiración forzada, los músculos tensos, las náuseas, las lágrimas, la ligereza, la risa, los sentimientos sexuales placenteros y la sensación de un brillante resplandor por todo el cuerpo.

Si las sensaciones se transforman en imágenes, está bien. Las imágenes son un producto de la psique que llena el vacío del cerebro cuando no piensas con palabras. Si te apetece, intenta recordar las imágenes más impactantes que te lleguen. Incluso, si quieres, detente y toma nota de ellas, si en última instancia eso te distrae menos que el intento de recordarlas. Aquí no hay reglas estrictas. Hay personas que tienen una grabadora en marcha y dan cuenta en voz alta de todo lo que experimentan. Más tarde podrás reflexionar sobre esas imágenes, como lo harías con las imágenes de un sueño *(véase el capítulo 10).*

5. *Dedica a esto tanto tiempo como quieras.* Date el tiempo suficiente como para experimentar todo tipo de sentimientos. En concreto, no te detengas a las primeras de cambio si te sientes inquieto, pues esto puede ser el preludio de algo importante. Con el tiempo, quizás descubras que puedes disfrutar con este ejercicio durante toda una hora. Al igual que la meditación o el yoga, es una excelente actividad para los momentos de descanso, y como PAS que eres vas a necesitar momentos así para conservar la salud. *Los vas a necesitar tanto* como necesitas comer, beber líquidos y dormir.

6. *Cuando acabes, agradece el poder autocurativo que se te ha dado.* No necesitas a nadie ni nada más, ni siquiera este libro. Lo único que necesitas es estar contigo misma en esta atención plena para sanarte. Todo lo demás son aderezos.

7. *Toma nota a continuación de todo aquello que te haya llamado la atención,* por ejemplo, las emociones que hayas sentido, qué parte de tu cuerpo/mente parecía estar herida o sanando y cualquier cosa que hayas descubierto y que te esté indicando un ajuste en tu estilo de vida (más ejercicio, un cambio en la dieta, la necesidad de un masaje, etc.).

_____

_____

_____

_____

_____

_____

_____

_____

_____

Parejas y grupos: B y C. Aunque pueda dar la sensación de que ésta es una tarea completamente individual, puede ser de gran ayuda tener a alguien que te inste a percibir sensaciones mientras estás echado, sentado, etc., para, cuando termine el ejercicio, preguntarte lo que has sentido. Claro está que también se puede hacer esto con una grabación en audio. (Betty Winkler Keane tiene una a la venta; _véase_ «Recursos», página 345).

EN CONCLUSIÓN: Reflexiona sobre cómo te sientes en relación con tu cuerpo y qué has aprendido de él y plasma a continuación lo que piensas.

_____

_____

_____

_____

_____

_____

_____

Reconsiderar tu pasado

Vamos a comenzar ahora con la tarea decisiva de reconsiderar tu pasado a la luz de lo que sabes ahora: que eres una persona altamente sensible. Como dije en la introducción, aquí se halla la esencia de este manual de trabajo.

No es ésta una tarea fácil. Reconsiderar, reformular, puede ser doloroso y puede ser más difícil que otras tareas. Pero los resultados merecen la pena.

Para comenzar, vas a reconsiderar tu reacción ante un cambio o transición importante de tu vida. Puedes hacerlo con más de un cambio o transición si lo deseas, pero tómatelo con calma; no hagas más de uno al día. En posteriores capítulos se te pedirá que regreses a estas instrucciones para reconsiderar tu infancia, tu adolescencia, tus experiencias sociales de «timidez», tus elecciones profesionales, tus problemas en las relaciones y experiencias médicas. ¿Por qué comenzar con un cambio en tu vida? Porque cada situación, transición o cambio novedoso implica multitud de estímulos nuevos. Y dado que captamos más estímulos debido a que percibimos todo tipo de sutilezas, cualquier cambio en una PAS es más grande que en una no-PAS. Necesitamos más tiempo para planificar el cambio, para aceptarlo y procesarlo con posterioridad. Si no lo haces así, el cambio se te puede hacer muy duro. Pero, si lo haces, los demás quizás te critiquen por ser «excesivamente ansiosa», «indecisa» o «inflexible». Sea como sea, *a posteriori* y con frecuencia, tenemos la sensación de que no manejamos el asunto demasiado bien.

No te olvides de las «reacciones excesivas» ante un cambio positivo. Una sobreexcitación intensa ante un buen cambio o una sorpresa puede ser de lo más perturbador. Muchas personas adultas me han hablado de sentimientos negativos persistentes respecto a sí mismas debido a una reacción «equivocada» ante una fiesta sorpresa de cumpleaños en la infancia. Cuando se publicó mi primera y única novela, en Inglaterra, tuve que ir allí y disfrutar de mis quince minutos de fama en celebraciones y presentaciones. Estaba haciendo realidad una fantasía que había estado acariciando durante años, pero me puse enferma y casi no disfruté de todo aquello, lo cual me hizo pensar, una vez más, que había algo mal en mí, quizás un temor inconsciente al éxito. Ahora sé que era una sobrecarga de excitación.

Comienza por plasmar por escrito un cambio o transición importante en tu vida que tengas la sensación de no haber manejado de la forma adecuada, quizás porque te estresaste demasiado, porque tomaste una decisión equivocada o porque reaccionaste de forma «anormal». Ese cambio podría ser la entrada en la escuela, en el instituto, en la universidad, el hecho de casarte, un nuevo empleo, tener un hijo, el momento en que una hija abandonó el hogar familiar, un fallecimiento, la menopausia o cualquier cambio en la salud, un divorcio, un despido en el trabajo, una mudanza (una mudanza grande que quizás subestimamos), un desastre natural o un cambio en la vida de alguien muy cercano a ti. También podría ser un ascenso o un premio. Podría ser un cambio que tú pusiste en marcha o bien algo que, simplemente, te sucedió.

El acontecimiento en la vida: _____

_____

_____

_____

_____

_____

Ahora, vamos a reconsiderarlo.

1. Recuerda cómo respondiste a ese acontecimiento. Escribe aquí cualquier cosa que recuerdes acerca de tu respuesta en aquel momento: tu estado de ánimo, tu salud, tu actitud, etc., y qué probabilidades habría de que fueran señales de estrés, fatiga, enfermedad o irritabilidad. Un ejemplo:

   Cuando me fui a la universidad. Mucha soledad. No me gustaron la mayoría de los estudiantes con los que me encontré. No me gustaba mi compañero de habitación. Bebía mucho. Yo no podía dormir. No podía concentrarme. Pillé una colitis y me mandaron a la enfermería. Eso me retrasó aún más en las clases. Fracasos. Me fui a casa por Navidad. No me hacía a la idea de volver a la universidad. Fui a una escuela universitaria, muy por debajo de mis capacidades. Estuve muy deprimido durante el resto de aquel curso.

   _____

   _____

   _____

   _____

   _____

2. Describe aquí los sentimientos que aún te evoca la respuesta que diste al acontecimiento que estás intentando reconsiderar. Continuando con el ejemplo anterior:

   Siempre he visto aquello como uno de mis grandes fracasos, una señal de que había algo mal en mí. Y lo mismo mi madre y mi padre. Me enviaron a una terapeuta, aunque no me fue de mucha ayuda; estuvi-

mos hablando de mi infancia, lo cual me hacía sentirme mal, porque mis padres son básicamente gente estupenda. Aquello hacía que todavía ahondara más en la idea de que había algo raro en mí.

———————————————————————————

———————————————————————————

———————————————————————————

———————————————————————————

———————————————————————————

3. Considera tu respuesta a la luz de lo que sabes ahora de las personas altamente sensibles: que éstas captan más detalles sutiles y lo procesan todo con una mayor profundidad, y que por tanto se saturan antes con altos niveles de estimulación. En nuestro caso, una elevada estimulación nos lleva a la sobreexcitación, y nadie se desempeña bien ni se siente bien cuando está sobreexcitado. En tiempos de cambio, la estimulación es mucho más elevada para una PAS que para una no-PAS, y lo mismo ocurre con la excitación. No se puede esperar demasiado de nosotras en momentos como ésos.

Utiliza el siguiente espacio para reflejar cómo interpretas ahora este acontecimiento a la luz de las respuestas ante el cambio típicas de las PAS. Lo que escribas aquí es lo que tienes que decirte a ti mismo y lo que tienes que creer a partir de ahora, de modo que sé fuerte y, al mismo tiempo, amable. Si te sirve de algo, imagina que soy yo quien te lo dice. Continuando con el ejemplo:

Yo estaba abrumado, sobreestimulado. Necesitaba tiempo para habituarme a tantas cosas nuevas, a un nuevo dormitorio, a personas nuevas, alimentos, cursos, a llevar un talonario de cheques... Era de esperar que me pusiera enfermo. Cuando regresé a casa por Navidad, evidentemente no quería volver a la universidad, no quería volver a fracasar. Para una PAS, todo aquello era perfectamente normal. Las PAS tienen que darse mucha libertad para poder hacer los cambios lentamente, no todo a la vez. Yo no sabía aquello ni tampoco lo sabía la gente de mi entorno, de modo que no pude compensarlo ni tampoco pude encontrar ayudas que realmente me sirvieran.

———————————————————————————

———————————————————————————

_____

_____

_____

4. Escribe a continuación cómo podrías haber gestionado aquel cambio de un modo diferente, ahora que sabes lo que sabes. No conviertas esto en una crítica contra ti mismo. Más bien, sé empático al reconocer que sufriste innecesariamente porque ni tú ni nadie sabíais que tú eras una PAS. Y reconoce que ahora eres capaz de comprenderte mejor y de tratarte con más amabilidad ante cualquier situación parecida que pueda presentarse en un futuro.

Podría haber ido a una universidad cercana a casa, o bien a una donde conociera a alguien. Si algún orientador en el instituto hubiera sabido algo acerca de la alta sensibilidad, me podría haber ayudado mucho. Quizás podría haberme tomado un año sabático para volver después con una nueva clase, pero familiarizado ya con todo lo demás. Nunca volveré a intentar algo así.

_____

_____

_____

_____

5. Si gestionando la situación de un modo diferente te hubieras evitado aquel sufrimiento, tómate tiempo para ahondar en lo que todo eso pueda hacerte sentir ahora. Escribe aquí lo que observes en tu interior. Continuando con el ejemplo:

Me siento mal con todo esto. Me enfurece. Creo que mi vida hubiera sido muy diferente si hubiera podido quedarme en aquella universidad. Habría tenido más confianza en mí mismo, habría tenido una mejor formación, habría entrado en una escuela de posgrado mejor, habría tenido más amigos bien situados en mi campo. Sabiendo lo que ahora sé, estoy seguro de que podría haber seguido allí. Siempre me parecerá una tragedia. Me dan ganas de llorar.

_____

_____

_____

_____

_____

6. Resume tu nueva interpretación del acontecimiento y léela con frecuencia hasta que hayas absorbido plenamente su significado. Continuando con el ejemplo:

Lo que sucedió no significa que yo sea una persona inherentemente atribulada o tímida, condenada a tener dificultades toda mi vida. Soy una persona altamente sensible, lo cual supone que los cambios me van a afectar más que a los demás. Estoy alerta ante cualquier cambio sutil, pero me abruman los cambios. Ahora que tengo más claro cómo gestionar mis reacciones ante los cambios, creo que estoy en posición de afrontar cualquier cambio que se me presente, pero lo haré a mi propio ritmo.

_____

_____

_____

_____

_____

He aquí un resumen de los pasos de esta tarea de reconsiderar un cambio del pasado:

1. Recuerda cómo respondiste ante aquel acontecimiento.
2. Recuerda cómo te has estado sintiendo hasta ahora por la respuesta que diste.
3. Empieza a considerar tu respuesta de lo que ahora sabes acerca de tu rasgo.
4. Piensa en si todo lo negativo del acontecimiento se podría haber evitado, o si las cosas hubieran discurrido de un modo diferente en caso de que tú u otros hubierais sido conscientes de tu rasgo y hubieras hecho ajustes para ello.
5. Si toda esta información te hubiera evitado sufrimientos o la pérdida de una parte de tu vida, tómate tiempo para sentir cualquier cosa que te haga sentir este hecho.

6. Plasma por escrito tu nueva interpretación del acontecimiento y léela con frecuencia hasta que hayas absorbido plenamente su significado.

Parejas y grupos: A, B y C.

EN CONCLUSIÓN: En el siguiente espacio vas a hacer una lista de las experiencias que hayas reconsiderado o reformulado, con un breve párrafo al respecto. Comienza con la tarea que acabas de culminar y ve haciendo añadidos a la lista a medida que se te pida en los próximos capítulos. Si te descubres de pronto reconsiderando espontáneamente un acontecimiento a la luz de tu sensibilidad, añádelo también a esta lista. Revísala de vez en cuando para reforzar e integrar esta nueva perspectiva acerca de ti mismo. He aquí una muestra de la primera anotación, utilizando la experiencia detallada arriba:

Una reacción ante un cambio: mi problema al llegar a la universidad. No hay motivos para el remordimiento que he sentido al respecto. Era un cambio demasiado grande, y más cuando yo no sabía por qué me sentía abrumado, y sin recibir el apoyo apropiado.

1. _____

_____

_____

2. _____

_____

_____

Etc. _____ . _____

_____

_____

_____

_____

_____

_____

_____

_____

_____

_____

_____

_____

_____

Tu papel como asesora sacerdotal

Lo que se busca con esta tarea es que empieces a verte como una asesora sacerdotal. En la introducción a este capítulo dije que las culturas agresivas y expansivas parecen tener dos clases gobernantes: los reyes guerreros y los asesores sacerdotales, y comenté que estos últimos encajaban perfectamente con las cualidades de las PAS. En este papel de asesora sacerdotal, la PAS enseña, aconseja, asesora, sana, conserva la historia en palabras o en formas de arte, imagina el futuro, piensa acerca del significado de la vida y la muerte, celebra rituales, estudia las sutilezas de la naturaleza o de la ley y pone freno a los impulsos de los reyes guerreros.

Es posible que tu profesión se halle encuadrada en alguno de estos dominios, aunque también puedes adoptar el papel de asesora sacerdotal de un modo más informal: en tu oficina o con tus clientes. También puede emerger ese papel cada vez más en actividades que nada tienen que ver con tu trabajo: entre tus amigos, con la familia, en la comunidad, a través de una afición, etc.

En la columna de la izquierda, haz una lista de todas aquellas situaciones en las que funcionas como una asesora sacerdotal. En la columna de la derecha, haz una lista de todas aquellas cualidades de tu personalidad que tú crees que pueden adscribirse al papel de una asesora sacerdotal.

SITUACIONES	CUALIDADES
_____	_____
_____	_____

_____   _____

_____   _____

_____   _____

_____   _____

_____   _____

_____   _____

_____   _____

Parejas y grupos: A, B y C.

EN CONCLUSIÓN: Tómate unos instantes para reflexionar y tomar nota de todo aquello de lo que te hayas hecho consciente con esta tarea.

_____

_____

_____

_____

_____

Qué no te gusta de ti mismo, y el motivo más profundo

Quizás sea demasiado atrevida al pedirte que hagas esta tarea en un manual de trabajo, pero es tan importante que siento que debo incluirla aquí. Es como entrar en el campamento enemigo, en la zona del «Pero, ¿qué es lo que te pasa?». Es la zona de todas las críticas que te haces a ti mismo, algunas de las cuales pueden estar justificadas, aunque otras muchas no. La tarea consiste en poner orden en esta zona. Pero aquí, más que en ninguna otra parte de este libro, si sientes que esta tarea no es para ti, déjala; o bien hazla, pero con ayuda profesional. Por otra parte, no hagas esta tarea justo a continuación de cualquier otra tarea. Hazla por separado, quizás cuando estés especialmente harto de ti misma o harto de criticarte. Y, además, no tienes por qué terminar esta tarea ahora. Puedes regresar a ella en otro momento, quizás cuando te lleguen nuevas ideas o atisbos; aunque, claro está, se te pedirá que vuelvas a ella al final de este manual de trabajo.

Me imagino que te habré puesto a la defensiva, pero también debo decir que lo que tienes que hacer va a ser fácil, pues muchas personas lo hacemos a diario. Sólo que no lo hacemos de un modo plenamente consciente. El objetivo es hacerlo conscientemente, de manera justa.

Se te va a pedir que mires de cerca tres aspectos de ti mismo que te disgustan enormemente. No, no va a ser un ejercicio de irracional y absurdo menosprecio por ti mismo, pero sí que vas a consentirte profundizar en aquellos aspectos tuyos que se te antojan como problemáticos, los aspectos que te impiden valorar todo lo bueno que hay en ti, aquellas partes de tu personalidad o aquellos comportamientos que más te perturban o te avergüenzan.

Comienza por tomar nota de los tres aspectos de ti misma que menos te gustan. No pongas aquí palabras gruesas. «Gorda», «Estúpida» o «Perezosa» *no* son términos justos, ni tampoco útiles. Intenta describir las cosas con frases más razonables, como «Parece que no puedo dejar de comer», «Parece que me cuesta comprender» o «Me gustaría esforzarme más en el trabajo». Escribe aquí esos tres aspectos:

I.   _____

II. _____

III. _____

Aspecto I

De momento, cada uno de los puntos que figuran a continuación los vas a aplicar al aspecto I. (Después los aplicarás a los aspectos II y III de la misma manera).

1. *Identifica comportamientos específicos.* Escribe a continuación los comportamientos específicos que te hacen sentir de esa manera en concreto contigo misma. Si el aspecto I fuera, «Me gustaría esforzar-

me más en el trabajo», podrías escribir, «Dejé la universidad sin acabar la carrera», o bien «Soy incapaz de levantarme de la cama los sábados para hacer ejercicio».

---

2. *Califica su importancia.* Califica este aspecto en una escala de 0 («En realidad no me preocupa en absoluto este problema») a 10 («Este problema hace que me rechace profundamente a mí mismo, a tal punto que afecta intensamente mi vida»). Pon tu calificación aquí:

---

3. *Tu reacción en este punto.* Respira profundamente y reflexiona por unos instantes. Lo tuyo es reflexionar. Verifica cómo te sientes después de repetirte en voz alta estos tres aspectos y de reflexionar con cierto detalle en los comportamientos específicos de uno de ellos. ¿Te asusta lo que ves? ¿Estás asqueado? ¿Enfadado contigo mismo? Toma nota a continuación de lo que pasa por tu cabeza:

---

4. *Observaciones acerca de las críticas que te haces.* Fíjate si escuchas cierta voz interior o una parte de ti mismo que se activa cuando piensas en este aspecto tuyo; ¿una especie de crítico interior, quizás? Intenta responder a las preguntas que se te ofrecen a continuación.

a. ¿Con qué frecuencia escuchas esta voz o tienes pensamientos críticos acerca de este aspecto tuyo? (Quizás tengas que revisar esta estimación al alza a medida que vayas siendo consciente de con cuánta frecuencia te habla esta voz).

_____

_____

b. Esa voz o crítico ¿se personifica o se simboliza de algún modo en tus sueños? Quizás sea una jueza, un policía, un entrenador de animales, una maestra, una persona cruel, un afable asesor, una competidora o determinado amigo. (Esto quizás te ayude a responder la siguiente pregunta).

_____

_____

c. Si no se te ha ocurrido ponerle un nombre, un género y una personalidad a esa voz o figura, puedes hacerlo ahora. ¿Tiene siempre el mismo género? Si se muestra con diferentes géneros, ¿hay alguna diferencia entre ellos? ¿Qué nombre le pondrías? ¿Qué personalidad dirías que tiene?

_____

_____

d. ¿Sabes cuándo «nació» (cuando vino a la existencia en tu interior)? ¿Comenzó siendo la voz de otra persona? Si así fuera, ¿la voz de quién?

_____

_____

e. ¿Crees que la actitud de esta voz con respecto a ese aspecto tuyo es racional y que se justifica con hechos? ¿O procede de las heridas y los problemas de otra u otras personas?

_____

_____

f. Este punto es importante. Pregúntale a la voz qué quiere. Específicamente, ¿te quiere ayudar o te quiere hacer daño? Escribe la respuesta aquí. (Si te resulta difícil, vuelve a este punto después de hacer «Imaginación activa» en la página 78).

_____

_____

5. *Reconsidera este aspecto a la luz de tu sensibilidad.* Ahora piensa en algo que hayas aprendido acerca de la sensibilidad que pueda tener que ver con estos comportamientos o elecciones. Para ello, tendrás que apagar la voz del crítico interior. Imagíname a mí haciendo esto contigo si te resulta más fácil.

Supón que tu problema es «No puedo dejar de comer». ¿El hecho de ser sensible puede tener algo que ver con esto? ¿Comes cuando estás excesivamente estimulada o estresada? ¿Comes cuando estás ansioso o deprimido? ¿Podría tu ansiedad o depresión deberse a un pasado desdichado que, en combinación con tu rasgo, te hizo vulnerable a esos sentimientos? ¿Comer en exceso es realmente un problema (es perjudicial para tu salud o tu vida social)? ¿O bien esta preocupación podría ser parte de un patrón general crítico contigo misma o de autoprivación debido a la sensación profunda de ser defectuosa en una cultura que no aprecia la sensibilidad?

La clave aquí estriba en *no* utilizar la sensibilidad como excusa, ni siquiera como explicación para todo. Todos tenemos malos hábitos que cambiar. Somos humanos. Pero quiero que mires con atención el papel que la alta sensibilidad juega en tu vida, concretamente en aquellas áreas en las que tienes problemas y, como consecuencia, te hacen sentir mal.

Escribe aquí algo que hayas aprendido acerca de la sensibilidad que pudiera tener algo que ver con estos comportamientos o elecciones.

_____

_____

_____

_____

6. *¿Una nueva manera de abordarlo?* Piensa en cómo abordarías este aspecto de ti misma dada su relación con tu sensibilidad. ¿Intentarías resolverlo de un modo diferente? ¿Te perdonarías y lo aceptarías, simplemente, como parte del hecho de ser sensible? ¿Seguirías considerándolo un problema? Una vez más, si te resulta útil, imagina que estoy ahí haciendo esto contigo. Plasma por escrito tus nuevas ideas acerca de cómo ves o cómo puedes manejar este aspecto tuyo.

_____

_____

_____

_____

_____

_____

7. *¿Qué otras cosas de tu pasado pueden tener que ver con esta conducta?*
   - ¿Quién en tu entorno se comporta de la misma manera? Si fuera un miembro de tu familia, ¿podría haber algún otro rasgo hereditario, como un temperamento fuerte, estar influyendo en tu comportamiento?
   - ¿Podría ser la continuación de un hábito negativo transmitido de generación en generación?
   - ¿Es este comportamiento una forma de controlar la ansiedad o los malos sentimientos hacia ti misma que comenzaron en el pasado?
   - Vuelve atrás al punto 4e, donde estuviste indagando sobre la fuente de esa voz interior que te critica por este aspecto tuyo. ¿Quién criticaba este aspecto de tuyo? ¿Le escuchaste criticar ese mismo aspecto en otras personas? ¿En sí mismo? ¿Respetas sus opiniones sobre este tema?

Escribe aquí cualquier cosa que sepas acerca de otras fuentes posibles, aparte de la sensibilidad, de este aspecto de ti mismo que te desagrada.

_____

_____

_____

_____

_____

8. *Califica de nuevo.* Valora cuánto te preocupa este problema *ahora,* después de haberlo reconsiderado de distintas formas. Califícalo de nuevo entre 0, poco, y 10, mucho: _____

9. *¿Algún cambio en cómo te sientes con respecto a este aspecto tuyo?* Si tu calificación fue elevada anteriormente, si te menospreciabas, ¿te ha ayudado de alguna manera el hecho de ver este aspecto tuyo del modo

en que acabas de hacerlo, sobre todo desde el punto de vista de la sensibilidad, pero también a la luz de otras influencias de tu vida?

_____

_____

_____

_____

_____

_____

Aspecto II

Escribe aquí el problema: _____

Ahora vas a seguir los nueve pasos que has seguido con el aspecto I, pero aplicados al aspecto II. Si necesitas refrescar la memoria, vuelve a la página 46 para empezar de nuevo.

1. *Identifica comportamientos específicos.*

_____

_____

_____

_____

_____

2. *Califica su importancia.* De 0 («En realidad no me preocupa en absoluto este problema») a 10 («Este problema hace que me rechace profundamente a mí mismo, a tal punto que afecta intensamente mi vida»). Pon tu calificación aquí: _____.

3. *Tu reacción en este punto.* ¿Cómo te sientes después de repetirte en voz alta estos tres aspectos y de reflexionar con cierto detalle en los comportamientos específicos de dos de ellos?

_____

_____

_____

_____

_____

4. *Observaciones acerca de las críticas que te haces.* Fíjate si escuchas cierta voz interior o una parte de ti mismo que se activa cuando piensas en este aspecto tuyo.

a. ¿Con qué frecuencia la escuchas?

_____

_____

b. ¿Se personifica o se simboliza de algún modo en tus sueños?

_____

_____

c. ¿Tiene siempre el mismo género? Si se muestra con diferentes géneros, ¿hay alguna diferencia entre ellos? ¿Qué nombre le pondrías? ¿Qué personalidad dirías que tiene?

_____

_____

d. ¿Sabes cuándo «nació» (cuando existió en tu interior)? ¿Comenzó siendo la voz de otra persona? Si así fuera, ¿la voz de quién?

_____

_____

e. ¿Crees que la actitud de esta voz con respecto a ese aspecto tuyo es racional y que se justifica con hechos? ¿O procede de las heridas y los problemas de otra u otras personas?

_____

_____

f. Este punto es importante. Pregúntale a la voz qué quiere. Específicamente, ¿te quiere ayudar o te quiere hacer daño?

_____

_____

5. *Reconsidera este aspecto a la luz de tu sensibilidad.* Ahora piensa en algo que hayas aprendido acerca de la sensibilidad que pueda tener algo que ver con estos comportamientos o elecciones.

_____

_____

_____

_____

_____

6. *¿Una nueva manera de abordarlo?* Piensa en cómo abordarías este aspecto de ti misma dada su relación con tu sensibilidad. ¿Intentarías resolverlo de un modo diferente? ¿Te perdonarías y lo aceptarías, simplemente, como parte del hecho de ser sensible? ¿Seguirías considerándolo un problema?

_____

_____

_____

_____

7. *¿Qué otras cosas de tu pasado pueden tener que ver con esta conducta?*
   - ¿Quién en tu entorno se comporta de la misma manera? Si fuera un miembro de tu familia, ¿podría haber algún otro rasgo hereditario, como un temperamento fuerte, estar influyendo en tu comportamiento?
   - ¿Podría ser la continuación de un hábito negativo transmitido de generación en generación?
   - ¿Es este comportamiento una forma de controlar la ansiedad o los malos sentimientos hacia ti misma que comenzaron en el pasado?
   - ¿Quién criticaba este aspecto tuyo? ¿Le escuchaste criticar ese mismo aspecto en otras personas? ¿En sí mismo? ¿Respetas sus opiniones sobre este tema?

Escribe aquí cualquier cosa que sepas acerca de otras fuentes posibles, aparte de la sensibilidad, de este aspecto de ti mismo que te desagrada.

_____

_____

_____

_____

_____

8. *Califica de nuevo.* Valora cuánto te preocupa este problema *ahora,* entre 0, poco, y 10, mucho: _____

9. *¿Algún cambio en cómo te sientes con respecto a este aspecto tuyo?*

_____

_____

_____

_____

_____

Aspecto III

Escribe aquí el problema: _____
Ahora vas a seguir los nueve pasos que has seguido con los aspectos I y II, pero aplicados al aspecto III.
1. *Identifica comportamientos específicos.*

_____

_____

_____

_____

_____

2. *Califica su importancia.* De 0 («En realidad no me preocupa en absoluto este problema») a 10 («Este problema hace que me rechace profundamente a mí mismo, a tal punto que afecta intensamente mi vida»). Pon tu calificación aquí: _____.

3. *Tu reacción en este punto.* ¿Cómo te sientes después de repetirte en voz alta estos tres aspectos y de reflexionar con cierto detalle en los comportamientos específicos de dos de ellos?

_____

_____

_____

_____

4. *Observaciones acerca de las críticas que te haces.* Fíjate si escuchas cierta voz interior o una parte de ti mismo que se activa cuando piensas en este aspecto tuyo.

a. ¿Con qué frecuencia la escuchas?

_____

_____

b. ¿Se personifica o se simboliza de algún modo en tus sueños?

_____

_____

c. ¿Tiene siempre el mismo género? Si se muestra con diferentes géneros, ¿hay alguna diferencia entre ellos? ¿Qué nombre le pondrías? ¿Qué personalidad dirías que tiene?

_____

_____

d. ¿Sabes cuándo «nació» (cuando vino a la existencia en tu interior)? ¿Comenzó siendo la voz de otra persona? Si así fuera, ¿la voz de quién?

_____

_____

e. ¿Crees que la actitud de esta voz con respecto a ese aspecto tuyo es racional y que se justifica con hechos? ¿O procede de las heridas y los problemas de otra u otras personas?

_____

_____

f. Este punto es importante. Pregúntale a la voz qué quiere. Específicamente, ¿te quiere ayudar o te quiere hacer daño?

_____

_____

5. *Reconsidera este aspecto a la luz de tu sensibilidad.* Ahora piensa en algo que hayas aprendido acerca de la sensibilidad que pueda tener algo que ver con estos comportamientos o elecciones.

_____

_____

_____

_____

6. *¿Una nueva manera de abordarlo?* Piensa en cómo abordarías este aspecto de ti misma dada su relación con tu sensibilidad. ¿Intentarías resolverlo de un modo diferente? ¿Te perdonarías y lo aceptarías, simplemente, como parte del hecho de ser sensible? ¿Seguirías considerándolo un problema?

_____

_____

_____

_____

_____

7. *¿Qué otras cosas de tu pasado pueden tener que ver con esta conducta?*
   • ¿Quién en tu entorno se comporta de la misma manera? Si fuera un miembro de tu familia, ¿podría haber algún otro rasgo hereditario, como un temperamento fuerte, estar influyendo en tu comportamiento?
   • ¿Podría ser la continuación de un hábito negativo transmitido de generación en generación?
   • ¿Es este comportamiento una forma de controlar la ansiedad o los malos sentimientos hacia ti misma que comenzaron en el pasado?
   • ¿Quién criticaba este aspecto tuyo? ¿Le escuchaste criticar ese mismo aspecto en otras personas? ¿En sí mismo? ¿Respetas sus opiniones sobre este tema?

Escribe cualquier cosa que sepas acerca de otras fuentes posibles, aparte de la sensibilidad, de este aspecto de ti mismo que te desagrada.

_____
_____
_____
_____

Califica de nuevo: _____
¿Algún cambio en cómo te sientes con respecto a este aspecto tuyo?

_____
_____
_____
_____

Parejas y grupos: C sólo. Los grupos no deberían hacer esta tarea a menos que así se vote de forma unánime, y siendo los votos anónimos. Algunas sugerencias para manejar este material tan delicado pueden ser las siguientes. Cuando los demás comparten los aspectos de sí mismos que les desagradan puede que no sean sinceros. Si así fuera, házselo saber y, si insisten vehementemente en la veracidad de sus palabras, anímales a que busquen ayuda. Si el aspecto que les desagrada también te desagrada *a ti,* tendrás la oportunidad de ayudarles de todos modos, pero sólo a costa de tratarlos con mucha delicadeza y afecto. Habla, en primer lugar, de los aspectos positivos de ese comportamiento; por ejemplo, la «obstinación» o la «competitividad» tienen sus virtudes. Si estáis trabajando en pareja, indica de qué modo podéis estrechar vuestro vínculo sin ese comportamiento, y dile que estás dispuesta a reforzar la conducta que la otra persona quiere desarrollar a cambio. Enlaza todo esto con ejemplos de tus propias áreas problemáticas, expresando lo humilde que todo esto te hace sentir.

En conclusión: Reflexiona durante unos cuantos minutos y, a continuación, toma nota de lo que has aprendido con esta tarea.

_____
_____
_____
_____

CAPÍTULO 2

Profundiza en lo que eres

Este capítulo pretende que te familiarices en profundidad con tu cuerpo, tu sensibilidad y tu psique. Aprenderás menos acerca de la sensibilidad en general, pero más sobre ti y los tuyos en particular. Aunque es un viejo cliché, no por ello deja de ser cierto que cada ser humano es único y singular. Y, a pesar de que no puedo escribir nada acerca de *tu* singularidad porque no te conozco, sí que puedo darte argumentos para que te des cuenta de cuán diferente eres de los demás simplemente señalando algunos detalles de las PAS que nos diferencian del resto de las personas.

Una manera de comprender nuestro rasgo es considerándolo una forma distinta de estar en el mundo, una estrategia de supervivencia diferente. Cuando una especie dispone de más de una estrategia de supervivencia innata, los individuos disponen de más vías para la adaptación, y esto tiene pleno sentido. Una vez más, existe un motivo para que haya habido PAS en el mundo desde hace eones.

Pero ¿cuál es el estilo de las PAS? Estamos diseñadas para considerarlo todo con atención antes de actuar, de tal manera que rara vez nos equivocamos (y, por ejemplo, resultamos muertas). Estamos diseñadas para detectar todos los matices de una situación y para ponderarlos en profundidad. Esta estrategia, cuando se observa en animales sensibles, significa cuidarse mucho de los depredadores, encontrar a la pareja correcta, elegir alimentos nutritivos y un refugio seguro, decidir cuándo pelear y cuándo emprender la huida, etc. En los seres humanos…, bueno, quizás no sea tan diferente. En las épocas en que los humanos fuimos cazadores, la PAS era aquella persona que apuntaba con mucho cuidado, disparaba la flecha y daba en el blanco.

Me gusta imaginar que, en cualquier grupo social, sea humano o animal, seríamos los primeros en darnos cuenta de que hay un león entre los matorrales. Somos nosotras las que advertimos a los demás, y los que están mejor diseñados para el combate son los que se enfrentan a él. El grupo necesita de unos cuantos especialistas en detección, mientras el resto lleva a cabo la acción necesaria. ¡Quizás sea ésa la razón por la cual hay muchos más de ellos que de nosotros!

¿Y cuál es el estilo del otro 80 % de la población? Les gusta actuar con rapidez, asumen más riesgos y se toman menos tiempo en ponderar las cosas. Al igual que ocurre con los animales, los de este tipo exploran impulsivamente nuevos territorios, no se demoran a la hora de probar un alimento nuevo y se arriesgan a combatir por una pareja. Como cazadores, probablemente dispararán veinte flechas seguidas, con la esperanza de que una dé en el blanco.

Ambas estrategias funcionan. En ocasiones, el que asume riesgos impulsivamente tiene ventaja. En las carreras de caballos, es cuando gana el que se destacó al principio de la carrera. En otras ocasiones, el que tiene ventaja es el que calcula con cuidado sus posibilidades. De hecho, los dos grupos tienen más o menos las mismas probabilidades de hacerlo bien, aunque de formas diferentes.

Sin embargo, podemos tomar prestadas las metáforas de los «reyes guerreros» para pensar en nuestro rasgo en términos de estrategia y resultados. Las PAS también disfrutan más del lado sutil y profundo de la existencia, lo cual no se observa o traduce fácilmente en términos de ganancias o pérdidas. En la espécie humana en particular, ser una PAS tiene un significado especial, porque los seres humanos parecen haberse especializado en ser conscientes, y las PAS son las máximas especialistas en eso. Somos particularmente humanos en ese sentido. Pero el hecho de ser consciente trae consigo dolor psicológico, porque los seres humanos parece que seamos la única especie que anticipa las pérdidas y la muerte, y somos capaces de quitarnos la vida si no encontramos un significado en todo esto, si no encontramos una razón para seguir adelante ante un dolor, una pérdida o una muerte eventual. Hay seres humanos que consiguen sacar de su conciencia el problema de la pérdida y de la muerte; se trata de un mecanismo de defensa denominado negación. Éste es uno de los motivos del inconsciente. En cambio, las PAS tienden a trabajar sobre estos temas, incluso antes de que se tengan que enfrentar a ellos.

Lo que suele llamar la atención de las PAS es nuestro silencio, nuestro ritmo pausado y, si decimos algo, nuestros pensamientos «profundos» o incluso «oscuros». Cuando guardamos silencio o hacemos una pausa, nadie sabe por qué lo hacemos, de ahí que un observador externo pueda atribuirlo a cualquier motivo o cualquier rasgo nuestro. Se dice de nosotras que somos temerosas, distantes, tímidas, inhibidas, arrogantes, estúpidas, tardas, profundas, superficiales, depresivas, absortas, ansiosas, narcisistas y otras muchas cosas más. Respecto a nuestros profundos pensamientos, se nos tiene por pesimistas o como «menos capaces de tener sentimientos positivos». *(Mejor será que me calle)*.

Volviendo sobre la idea de las dos estrategias que se pueden observar en todas las especies, creo que la etiqueta errónea más llamativa que me he encontrado acerca de nuestro enfoque es la de un informe científico en el que se observaron ambas estrategias de supervivencia en la perca sol *(Lepomis gibbosus)*. En aquel informe se decía que la perca sol «normal» se introducía «audazmente» en las trampas, en tanto que la perca sol «tímida» las evitaba. ¿Por qué no hablar de una perca sol «estúpida», en vez de «audaz», y otra «lista», en vez de «tímida»?

Creo que ha llegado el momento de hacer saber al resto del mundo qué supone, desde dentro, ser una PAS. Y para saber qué supone eso vas a tener que explorar esas regiones interiores por ti mismo. De modo que comencemos.

Una partida de aventureros: Cómo conocer tus debilidades y tus fortalezas corporales

El objetivo de esta tarea consiste en conocerte a fondo como organismo, y el método utilizado será el de la personificación y el relato de historias, el *storytelling*. Será divertido, pero va a precisar de cierto trabajo. Cuando se te pida que hagas una descripción creativa, imaginativa, toma notas simplemente si temes que tus habilidades literarias no son las adecuadas. No dejes que un problema de estilo se interponga en el camino de tu creatividad.

Comenzarás por determinar cuáles son, para ti, las partes del cuerpo, las funciones o los sistemas orgánicos más importantes: sistema nervioso, digestión, pulmones, músculos, ojos, inteligencia, emociones, etc. Pero deberás ver esas partes del cuerpo como un colectivo o grupo implicado en la historia de aventuras que es tu vida, como los aventureros en las historias de fantasía y ciencia ficción o los personajes de un cuento de hadas o una fábula. (Puedes tomar como ejemplo las historias de *El hobbit,* de Tolkien, o *Narnia,* de C. S. Lewis). O bien puedes imaginar las partes de tu cuerpo como un grupo de exploradores que está llevando a cabo una expedición, como aquéllos exploradores del Ártico o el Antártico. Sea como sea, el objetivo es ver esas partes de tu cuerpo como una serie de personajes. Unos miembros del grupo son fuertes, siempre en primera línea, liderando el grupo, capaces de llevar las cargas más pesadas. Quizás para ti, el Sistema Digestivo sea alguien con el que siempre se puede contar. Músculos y Pulmones podrían ser incluso héroes. De otros quizás haya que ocuparse más. Quizás las Rodillas comenzaron con fuerza, pero se lesionaron o quizás se excedieron empujando. Otros (quizás para ti el Sistema Inmunológico que Genera Alergias) puede que hayan sido los miembros más débiles de la partida; sin embargo, también son necesarios.

No hay dos partidas de aventureros iguales, y nadie sabe más acerca de tu partida que tú misma. Pero conviene que conozcas conscientemente el grupo con el que viajas. No te va a valer esa vaga sensación que pone demasiado énfasis en una única estrella o en aquel que no hace más que dar problemas.

1. *Observa tu cuerpo, reflexiona sobre todas aquellas partes y funciones, tanto a nivel local como general, de las que hayas llegado a ser consciente de un modo u otro, debido al orgullo, la enfermedad, una lesión o lo que sea.* Pueden ser los músculos, el cabello, los ojos, el cerebro, la tiroides, el sistema nervioso, el sistema inmunitario, la piel, los genitales, la coordinación, la capacidad pulmonar, las respuestas emo-

cionales, el organismo menopáusico o la respuesta sexual. Haz una lista con ellas y dale a esa «Partida de Aventureros» un nombre apropiado. Podrías llamarles del mismo modo que los nativos americanos les ponen nombre a sus hijos, con características que sean importantes para ti, como Pulmones muy Fuertes desde que Deje de Fumar, o Cara que Enrojece con Frecuencia. O bien utiliza personajes de relatos que te gusten, como Eeyore para las emociones.

La lista puede ser tan larga como desees. Simplemente, asegúrate de que todas las partes importantes están ahí. Quizás te podría ayudar alguien que te conozca bien, que podría comprobar que no te has olvidado de ninguna parte de tu cuerpo importante para ti.

2. *En la siguiente columna, haz algunos comentarios sobre el comportamiento característico de cada una de esas partes de tu cuerpo cuando estás iniciando un viaje o proyecto.* (Dicho de otro modo, cómo gestionan un nuevo comienzo que suponga cambios). Ejemplos: Corazón Fuerte: latiendo con fuerza. Cuatro Ojos (porque llevo gafas): estupendamente, listos para la acción.

3. *En la tercera columna, haz algunos comentarios sobre la capacidad de cada personaje para perseverar en la vida cotidiana.* ¿En qué medida es un «soldado» ese personaje? Ejemplos: Corazón Fuerte: sorprendentemente firme gracias al ejercicio diario. Cuatro Ojos: se cansan con el ordenador, les gusta descansar sin las gafas y darse un paseo por los bosques.

4. *En la última columna, haz algunos comentarios sobre el comportamiento de cada personaje ante una situación de crisis.* Puedes también pensar en cómo cada uno de ellos se hace cargo de los demás. Ejemplos: Corazón Fuerte: ¡lo hace muy bien! Pero palpita, claro está. Cuatro Ojos: nunca me han dejado tirada; en una crisis, ayudan a que Emociones se asiente, cerrándose momentáneamente para calmarme.

Sistema, parte del cuerpo o función	Conducta cuando inicias un viaje	Capacidad para perseverar	Coraje bajo el fuego

5. *Pon una estrella junto a los mejores personajes (entre 5 y 10 de ellos), los principales héroes y alborotadores, los que utilizas con frecuencia, aquéllos de los que te sientes más orgulloso, los que medicas, los que te preocupan, etc.*

6. *Ahora, haz una descripción justa, sincera y útil de tu Partida de Aventureros como si fuera el informe de alguien que se unió a la partida como si su vida dependiera de ello (de hecho, tu vida depende de ello).* Haz una descripción dramática, con muchas interacciones entre los personajes, los héroes, los que se mantienen firmes, los que hay que vigilar, etc. (si te resulta más fácil, puedes centrarte en aquéllos a los que les pusiste una estrella). Disfruta de la tarea e imagina la excitante aventura que viven juntos (quizás una crisis que realmente hayas tenido) y describe todos los detalles en la historia. Que el espacio que se te proporciona aquí para componer este relato no te limite. Escribe todo cuanto quieras.

_____

_____

_____

_____

_____

_____

_____

_____

_____

_____

_____

_____

_____

_____

_____

_____

_____

_____

_____

_____

_____

_____

7. *Mantén una conversación en tu imaginación con algunas de esas partes de tu cuerpo.* Quizás quieras darle las gracias a una de ellas, o preguntarle a otra por qué no deja de dar problemas. También puedes escuchar a hurtadillas cuando hablan entre sí. Y quizás lo más importante: pregúntale a cada una de ellas qué puedes hacer tú para ayudar. Pero escucha bien las respuestas. (Por ejemplo, Corazón Fuerte me dice que no será siempre fuerte y que aproveche para vivir muchas aventuras mientras pueda. Cerebro Izquierdo dice que Corazón Fuerte es un pesimista, a pesar de su firme bombeo. Y Corazón Fuerte dice que Cerebro Izquierdo es un loco que vive alegremente, negando siempre la muerte y otros muchos límites. Se pueden pasar el día discutiendo). Toma notas de todo lo que aprendas aquí.

_____

_____

_____

_____

_____

Parejas y grupos: B y C.

EN CONCLUSIÓN: Utiliza las líneas de abajo para resumir las ideas que te han surgido mientras pasabas el rato con tus aspectos/personajes corporales.

_____

_____

_____

_____

_____

Autoevaluación para descubrir tu estilo de sensibilidad

Las siguientes preguntas pertenecen a un cuestionario que he pasado a, al menos, mil personas. Unas cuantas de las preguntas están basadas en investigaciones de otros expertos. Una vez que hayas respondido a todas, leerás todo cuanto sé acerca de las respuestas que dan las PAS a cada una de estas preguntas.

1. ¿Te encanta intentar o probar cosas nuevas (si no van a resultar excesivamente abrumadoras)? Sí No (Responde trazando un círculo sobre tu respuesta).
2. ¿Te aburres con facilidad? Sí No
3. ¿Terminarías sintiendo inquietud si vivieras una vida tranquila, recluida y regulada, como la de un monasterio o la del guardián de un faro? Sí No
4. ¿Prefieres no ver una película dos veces, aunque disfrutaras de ella la primera vez que la viste? Sí No
5. ¿Disfrutas intentando cosas nuevas? Sí No
6. ¿Prefieres tener unos pocos amigos íntimos (en vez de un amplio círculo de amigos)? Sí No
7. ¿Prefieres salir con una o dos amigas (en vez de en un grupo grande)? Sí No
8. ¿Eres una persona tensa o preocupada por naturaleza? Sí No
9. ¿Eres proclive al miedo? Sí No
10. ¿Lloras con facilidad? Sí No
11. ¿Eres proclive a la depresión? Sí No
12. ¿Te sentías cerca de tu padre? Sí No
13. Durante tu infancia, ¿tu padre se involucraba con la familia y estaba atento a ella? Sí No
14. ¿Te sentías cerca de tu madre? Sí No
15. ¿Le gustaban a tu madre los bebés y los niños pequeños (le gustaba tomarlos en brazos y acunarlos, tenerlos a su alrededor)? Sí No
16. ¿Fue el alcoholismo un problema en tu familia inmediata mientras crecías? Sí No
17. ¿Fue alguna enfermedad mental un problema en tu familia inmediata mientras crecías? Sí No
18. ¿Te consideras a ti misma una persona tímida? Sí No
19. ¿Eres una «persona diurna» (te gusta irte a la cama pronto y levantarte temprano, trabajas mejor por la mañana, te cansas más a última hora de la tarde o por la noche)? Sí No
20. ¿Eres particularmente sensible a los efectos de la cafeína? Sí No

21. ¿Eres ambicioso? Sí No
22. ¿Evitas las confrontaciones coléricas? Sí No

Revisión de la evaluación de tu estilo de sensibilidad

La sensibilidad nos llega con muchos «sabores», lo cual puede deberse al hecho de que existen varios genes controlando estos procesos, aunque puede deberse también a su interacción con otros rasgos genéticos. En algunos casos, como explicaré después, las experiencias de la vida constituyen la mejor explicación para tales variaciones. Yo he investigado sólo unos cuantos de estos «sabores». A continuación, expongo lo que he conseguido averiguar hasta el momento.

PAS con elevada y con baja curiosidad (Preguntas 1 a 5)

Estas preguntas exploran en qué medida buscas nuevos estímulos, a pesar de tu sensibilidad. Las investigaciones sugieren que existen dos sistemas cerebrales que controlan nuestros impulsos hacia la acción. Todas las personas disponen de ambos sistemas, pero el nivel de actividad de cada uno de ellos varía según la persona. Uno, denominado sistema de inhibición conductual o SIC, hace que nos detengamos y lo comprobemos todo antes de actuar. Se cree que este sistema es muy fuerte en todas las PAS. El otro recibe el nombre de sistema de activación conductual o SAC, y nos lleva a buscar recompensas y a ser curiosas y activas, y a que nos aburramos con facilidad. A las personas que tienen el SAC elevado se las llama «buscadoras de sensaciones». Las PAS pueden tener niveles elevados o bajos en ambos sistemas, determinando con ello dos tipos de PAS. A las PAS que tienen niveles elevados en ambos sistemas les va a resultar difícil mantenerse en su nivel óptimo de excitación, pues les va a resultar tan fácil caer en el aburrimiento como terminar sobreexcitadas. Muchas PAS de este tipo se preguntan cómo pueden ser PAS cuando se comparan con las PAS a las que les encanta llevar una vida tranquila y recluida y nunca se aburren. Sin embargo, son dos tipos diferentes de PAS (y, claro está, otras muchas PAS se hallan entre ambos extremos).

Las cinco primeras preguntas miden más o menos la curiosidad, la búsqueda de sensaciones o la potencia del SAC. Un sí en cuatro o cinco de estas preguntas indicará que eres, decididamente, una PAS buscadora de sensaciones. Un sí a tres de las preguntas te situará cómodamente en un término medio. Ninguno, uno o dos síes significarán que tienes el estilo concienzudo y amante de la calma de una PAS pura.

PAS introvertidas y extrovertidas (Preguntas 6 y 7)

Alrededor del 70% de las PAS son introvertidas, lo cual quiere decir que, aunque les guste la gente y la necesiten, prefieren tener unas pocas amistades íntimas y estar con una o dos de ellas antes que estar con grupos grandes. Al igual que las PAS buscadoras de sensaciones, muchas PAS extrovertidas se preguntan si son PAS realmente debido a que son muy diferentes de las PAS introvertidas. Pero si tú prefieres «recargar baterías» solo (o en silencio con un amigo), y si te gusta tomarte tu tiempo a la hora de tomar decisiones, entonces eres una PAS. Las no-PAS extrovertidas rara vez dejan de buscar la compañía de los demás y tienden a tomar decisiones impulsivas.

¿Cómo se hace extrovertida una PAS? Normalmente, creciendo en una familia, un vecindario o una comunidad extrovertidas, donde hay muchas personas yendo y viniendo y todo el mundo disfruta con ello. Es algo con lo que se familiarizan y se sienten seguras. Hay PAS que también se sienten forzadas a ser extrovertidas para complacer a una familia extrovertida o para compensar su sensibilidad u ocultarla.

Un sí en ambas preguntas indica introversión. Para una PAS, un no en cualquiera de las preguntas (o en ambas) indicaría extroversión.

PAS preocupadas y despreocupadas (Preguntas 8 a 17)

Cuando comencé con mis investigaciones, formulaba las preguntas 8 a 11 (acerca de depresión, ansiedad, preocupación, etc.) para ver la relación que pudiera haber entre la ansiedad y la depresión con la sensibilidad, y descubrí dos tipos bien distintos de PAS. Alrededor de un tercio respondía que sí a estas preguntas; parecían ser personas ansiosas y depresivas. Pero el resto respondía que no. Al principio pensé que podría haber dos tipos de sensibilidad, una que se heredaría con un elemento de ansiedad y depresión y otra que no. Después me puse a estudiar los datos de las preguntas 12 a 17, sobre el hogar en la infancia, y cuantas más PAS daban a entender que habían tenido una infancia difícil, más probable era que respondieran que sí a las preguntas 8 a 11.

Por decirlo de otro modo, las PAS sin una infancia turbulenta en casa no eran ansiosas ni depresivas; las no-PAS con un hogar turbulento en la infancia eran también ansiosas y depresivas, pero no tanto como las PAS con una mala infancia. Esto tenía sentido por tres motivos. Primero porque, ya en la infancia, las PAS son más conscientes de lo que ocurre a su alrededor y lo sienten más profundamente. Segundo, porque necesitamos una sabia orientación a la hora de gestionar situaciones novedosas y emociones abrumadoras, cosa que unos progenitores estresados no pueden proporcionar, de manera que los niños sensibles crecen sin las habilidades necesarias para gestionar sus miedos y su tristeza. Tercero, porque el entorno familiar de la infancia afecta a la fisiología del cerebro (aunque los efectos no sean necesariamente irreversibles). En una investigación se descubrió que los monos que habían sido separados de sus madres en su infancia se comportaban de forma normal salvo cuando estaban sometidos a estrés; entonces, se angustiaban y se ponían más ansiosos que los monos que no habían sido separados de sus madres en la infancia.

Un sí a cualquiera de las preguntas que van de la 8 a la 11 (acerca de ansiedad, depresión y preocupación) es un indicio de problemas personales (aunque llorar no sea una señal tan clara como las demás). Probablemente, no te sorprenderá si has respondido sí a esas preguntas. Responder sí a las preguntas que van de la 12 a la 15, y no a las preguntas 16 y 17 (acerca de tus progenitores, y de alcoholismo y enfermedades mentales en la familia) son indicios de que hubo un entorno complicado en tu hogar durante la infancia.

Una vez más, la depresión y la ansiedad en la edad adulta suelen ir de la mano de una infancia problemática en el hogar familiar. Pero lo de «suelen» hay que tenerlo en cuenta, porque tú quizás disfrutaras de algunas circunstancias compensatorias, como el poder recurrir a un abuelo o abuela realmente maravillosos. Y aunque mis preguntas acerca de los estresores de la infancia no estuvieran completas, fueron sin embargo suficientes como para mostrar la existencia de conexiones estadísticamente significativas en mi investigación. Pero en lugar de hacer una relación de las distintas posibilidades aquí, y quizás pasar por alto la que es más importante para ti, por favor, piensa por ti mismo si tu infancia fue inusualmente estresante (o bien, si quieres una lista larga con la cual refrescar tu memoria, ve a la página 239). Si tienes problemas de ansiedad o depresión, ahora ya sabes por qué. Volveremos sobre estos temas en los capítulos 4 y 8.

Timidez (Pregunta 18)

¿Respondiste sí a la pregunta de si te consideras una persona tímida? En mi investigación descubrí que la relación entre timidez y sensibilidad era la misma que la relación existente entre ansiedad/depresión y sensibilidad. Aunque hay muchas personas tímidas que no son PAS, las personas que son PAS y tímidas suelen ser aquéllas cuyas respuestas a las preguntas 12 a 17 indicaron un entorno familiar negativo en la infancia. Así pues, no nacemos tímidas, sino simplemente sensibles. Sin embargo, un hogar hostil o insensible puede llevar a la timidez, y de hecho suele hacerlo.

Diferencias diversas pero importantes (Preguntas 19 a 22)

Las preguntas 19 a 22, sobre si eres una persona diurna y sobre la sensibilidad a la cafeína, son importantes porque si esto es cierto en tu caso, te resultará más fácil mantener tu nivel óptimo de excitación. Si eres una persona diurna (muchas PAS lo son, pero no todas ellas), es probable que te sobreexcites con más facilidad durante la mañana, aunque no te des cuenta de los efectos hasta el final del día. Haz un buen uso de tus renovadas energías en las mañanas y no te presiones demasiado por las tardes. La noche es el mejor momento para que te recuperes, de modo que vete a dormir temprano. El hecho de ser una persona diurna hace que te resulte difícil sintonizar con las personas nocturnas, claro está, pero también con las no-PAS, que siguen funcionando bien por la noche, tanto si son personas diurnas como nocturnas.

Sin embargo, las PAS nocturnas suelen ensalzar su estilo de vida, pues disfrutan de la tranquilidad de la noche, cuando todo el mundo se ha ido a dormir. De hecho, una PAS me dijo que era mucho más feliz desde que se había pasado al turno de tarde en su trabajo, el turno de 4 a 11 p. m. Podía dormir por las mañanas, desplazarse hasta el trabajo fuera de horas punta en la ciudad y encontrarse con menos problemas y menos personas con las que tratar en el trabajo. Evidentemente, esto es algo que puede tomarse en consideración.

La mayoría de las PAS son sensibles a la cafeína. Aunque te hayas habituado a ésta, probablemente tendrás una intensa reacción si ingieres más cafés de los habituales. Si no te has habituado a la cafeína, utilízala con precaución, sobre todo si eres una persona diurna no habituada a este estimulante y decides tomarte un café una mañana para mejorar tu rendimiento. Esto puede ser un error, pues puede sobreexcitarte.

La pregunta 21 (ambición) no guarda relación con el hecho de ser una PAS, aunque en mi investigación descubrí que las PAS muy introvertidas son, decididamente, menos ambiciosas. Las PAS que eran ambiciosas veían su rasgo como una ventaja, lo cual es bueno para cualquiera, pero especialmente si una PAS planea ir a muchos sitios.

Un sí a la pregunta 22 (evitar las confrontaciones coléricas) es ligeramente más habitual entre las PAS y, una vez más, es normal si eres una persona muy introvertida. He descubierto que las PAS que son capaces de enfadarse parecen llevar una vida un poco mejor, pues dicen antes «¡Ya basta!».

Combinándolo todo

No creo que te resulte difícil ver que una PAS introvertida y buscadora de sensaciones con una infancia turbulenta va a ser bastante diferente de una PAS extrovertida que se contenta con facilidad y que ha tenido una magnífica infancia. Añádele una pizca de ambición o de ira y la mezcla se hará aún más interesante. Y todavía no hemos tocado otras diferencias, como son tus capacidades especiales: cognitivas, musicales, artísticas, deportivas, etc. De modo que eres una persona bastante singular después de todo.

Parejas y grupos: A, B y C. Sin duda puedes comentar tus resultados, pero probablemente se trate más bien de una tarea individual.

EN CONCLUSIÓN: ¿Qué reacciones has tenido ante lo que has aprendido aquí? Regístralas por escrito a continuación:

_____
_____
_____
_____
_____

Resumiéndote

Después de haberte explorado en profundidad, escribe abajo una breve descripción de la PAS tan *singular* que eres. *Comienza tu descripción diciendo:* «En este punto de mi vida, soy …». Porque, evidentemente, el cambio no sólo es posible, sino deseable e inevitable. Incluye en tu declaración cualquier cosa que hayas aprendido en la tarea de la «Partida de los Aventureros» y también lo que hayas aprendido en la autoevaluación que acabamos de discutir. Comienza con las características o experiencias que te parezcan más importantes y añade después cualquier otra cosa que destaque y que sea necesaria para ofrecer una descripción breve, aunque precisa.

Esta declaración no se va a parecer a la de ninguna otra persona. Será exclusivamente tuya. Sin embargo, aquí tienes algunos ejemplos más para darte una idea de lo que tienes que hacer. Una PAS que yo conozco podría haber escrito algo así:

En este punto de mi vida soy una PAS extrovertida y emocional, soy un ejecutivo que hace uso de estos rasgos para cosechar un considerable éxito, controlando mis reacciones cuando tengo que hacerlo y utilizándolas cuando se pueden convertir en un activo. Tuve una infancia feliz y saludable, salvo por mis muchas alergias. Como adulto, padezco de terribles dolores de cabeza, pero tengo un estómago fuerte (puedo comer de todo), duermo normalmente como un oso en invierno y soy capaz de decirle a la gente que me dejen solo cuando necesito descansar.

Otra PAS habría escrito:

En este punto de mi vida soy una mujer introvertida, dotada y ambiciosa, con muchos problemas de salud, una persona diurna que trabaja todo el día y parte de la noche, de manera que rara vez duermo bien y caigo con frecuencia en depresiones. No obstante, tengo la necesidad de probar cosas nuevas (si puedo soportarlas) y deseo hacer realidad tantas de mis ideas como sea posible, de modo que la vida es buena en términos generales sólo con que pueda descansar decentemente de vez en cuando.

Otra más diría:

En este punto de mi vida soy una persona diurna introvertida, un hombre sensible que siempre ha llorado con facilidad, que ha sido proclive a tener miedo y que es muy emocional. En esta cultura, esto me ha generado muchos contratiempos para conseguir un buen empleo o unas relaciones adecuadas. Pero, a medida que me hago mayor, cada vez me preocupa menos todo esto. Soy una persona profundamente espiritual; eso es lo que me importa ahora. Tengo que admitir que, en la mayor parte de los aspectos, soy feliz y me siento sano.

En este punto de mi vida soy...

_____

_____

_____

_____

_____

_____

_____

_____

_____

_____

_____

_____

_____

_____

Parejas y grupos: A, B y C. Pero depende del contenido de la declaración. No se la leas a nadie más si no estás preparado.

En grupos, asegúrate de hacer párrafos tan breves como en los ejemplos que se dan arriba, de alrededor de ochenta palabras.

En conclusión: Relee tu autodescripción y mira a ver cómo te sientes, y luego escribe unas cuantas frases acerca de tus reacciones ante el hecho de ser quien eres justo en estos momentos.

_____

_____

_____

_____

_____

La imaginación activa: Invitar a lo que descuidaste, a lo peligroso y a lo que despreciaste en ti

La siguiente tarea precisa de una introducción, de modo que relájate y continúa leyendo. La psique del ser humano está dividida entre una mente consciente y una mente inconsciente. A partir de las investigaciones psicológicas más recientes, cada vez está más claro que el inconsciente determina en gran medida lo que sentimos y hacemos, mientras la mente consciente se limita a tomar nota y a racionalizar las cosas a toro pasado. Y creo que es extremadamente importante que los seres humanos nos esforcemos por hacer conscientes los contenidos de nuestra mente inconsciente. Sólo por citar un motivo importante, los prejuicios están arraigados en el inconsciente, en reacciones aprendidas en épocas muy tempranas de la vida. Si queremos ser justos, tendremos que hacernos conscientes de nuestros prejuicios y compensarlos conscientemente.

Aunque esas dos partes de la psique parece que vayan a estar separadas eternamente, creo que podemos decir sin temor a equivocarnos que, a la vista de ciertas búsquedas espirituales y psicológicas de nuestra especie, estamos anhelando que se integren en la consciencia. También está claro que algunas personas son más conscientes desde un principio de lo que normalmente es inconsciente. Es decir, la puerta que separa una parte de otra no está cerrada con llave, sino que de vez en cuando se entreabre, y una puede tener atisbos del otro lado cuando esto ocurre.

Las PAS parecen tener cierta facilidad para atisbar a través de la puerta (algo que podrías recordar la próxima vez que pienses que «te estás desquiciando»). Tenemos más sueños vívidos, más estados alterados de consciencia y nos resulta más difícil negar y reprimir lo que se ha sacado a la luz de la consciencia. De hecho, según mi experiencia, para algunas PAS el trabajo interior con el inconsciente no es sólo un lujo o una manera de aprender más. Es una necesidad. Para muchas de nosotras, si no nos encontramos con esta fuerza a mitad de camino, corremos el riesgo de que nos inunde y ahogue. No te puedes liberar de la mente inconsciente; y, si has nacido con una puerta que se entreabre a menudo entre la mente consciente y la mente inconsciente, tu única esperanza estriba en trabajar *con* lo que viene desde el inconsciente. Tienes que aprender a confiar en lo que viene como parte de un *proceso*. Si tienes una pesadilla, este proceso no tiene por qué ser cruel o aterrador, al menos no más de lo que pueda ser el clima. Simplemente es. Lo que importa es lo que tú seas capaz de hacer crecer gracias al clima que traen las estaciones de tu proceso interior.

Así pues, pongámonos manos a la obra a fin de conseguir la integridad de la mente. Ése es *nuestro* trabajo.

Cómo se comunican entre sí las dos partes de la psique

La parte inconsciente de la psique dispone de unos conocimientos y unas habilidades automáticas que, por suerte, no tenemos ni que pensar, como son el cómo mantenerse de pie o cómo caminar a través de una sala. Pero en ella también hay materias más profundas: sentimientos y recuerdos que hemos reprimido, partes de nosotras mismas que han sido desterradas porque su desarrollo «carece de importancia», cosas demasiado desagradables o vergonzosas como para mirarlas de frente, o demasiado peligrosas para la estabilidad de la mente consciente, sólo por el hecho de admitir que esas partes existen (un ejemplo de ello son los traumas). También hay en ella instintos y arquetipos: tendencias culturales amplias que nos llevan a ver el mundo de determinadas maneras, que emergen como símbolos y respuestas instintivas. Todo esto significa que en la mente inconsciente hay información útil y hay energía. El problema es cómo podemos acceder a ellas.

Según mi propia experiencia, la psique intenta que toda esa energía y toda esa información queden encerradas en el inconsciente. No es que la psique quiera tu mal, en modo alguno, pero has de estar preparado, tanto evolutivamente como situacionalmente, para asumir esos contenidos. Entonces, la psique buscará la manera de que recuperes lo que has olvidado, y para eso va a tener que llamar tu atención. Uno de los métodos que emplea para ello es a través de los sueños que recuerdas. Otro es el de aquellas cosas que haces y que te parecen extrañas; como cuando te comportas de una forma extraña. Por ejemplo, quizás piensas que no sientes nada mientras la médica te examina y, sin embargo, cuando te quedas a solas para cambiarte de ropa, te echas a llorar. Evidentemente, ahí hay algo que examinar a fondo. Un comportamiento extraño es, normalmente, la señal de que una parte menos consciente de nosotras ha tomado el mando.

Otra forma en la que el inconsciente puede llegar a la consciencia es a través de los síntomas que pueda manifestar tu cuerpo. Por ejemplo, los problemas crónicos en la nuca debidos a la tensión muscular pueden tener su origen en un intento del inconsciente por cortar la conexión entre la mente y el cuerpo.

¿De qué modo comunica la psique el material inconsciente a la mente consciente? Lo hace siempre de forma simbólica y metafórica; a través de metáforas, imágenes, símbolos, juegos de palabras, o maniobras en aquellas partes del cuerpo que se ven afectadas, como ocurre con aquellas personas que se quedan funcionalmente ciegas porque no quieren «ver» (ser conscientes de) algo que presenciaron en cierta ocasión, o se quedan mudas porque tienen miedo de contar algo que creen que deben guardar en secreto. Volveremos sobre el simbolismo en el capítulo 10, cuando hablemos de los sueños.

La imaginación activa: Un paseo interior

Siendo tan importantes los mensajes del inconsciente, será del todo natural que las PAS busquemos la manera de recibir esos mensajes sin tener que esperar un sueño, que nos aqueje un síntoma o que tengamos algún comportamiento extraño. Y, ciertamente, han sido en gran medida PAS las que han encontrado la manera de hacerlo. El método del que hablaré aquí es la «imaginación activa» de Carl Jung. (Jung era, con toda claridad, una PAS, e incluso llegó a hablar de ello en el volumen cuatro de sus *Obras Completas).* Si deseas una descripción más amplia, aunque igualmente simple, de la imaginación activa, puedes recurrir al libro de Robert Johnson, *Trabajo interior (véase* «Recursos», página 345).

La imaginación activa es tanto una forma de trabajar con tus sueños como de hacer trabajo interior sin sueño alguno. De hecho, hay personas que dicen que, cuanta más imaginación activa hacen, menos sueñan. Puede que notes que se reduce el número de sueños recurrentes o desagradables, pues tu psique inconsciente ya no necesita llamar tu atención de forma tan espectacular. Se podría decir que la imaginación activa es una manera de darle a tu psique la atención que se merece, aunque también podríamos decir que es un paseo interior.

En sus términos más sencillos, la imaginación activa supone llevar la atención hacia el interior para invitar a que se presente cualquier cosa que quiera ser conocida. Es activa en el sentido de que la mente consciente se implica por igual en el diálogo. La mente consciente no es pasiva, como cuando sueñas despierto, ni tampoco tiene el control, como ocurre con la «imaginación dirigida», donde tú conscientemente creas la imagen de un hermoso día, de un lugar seguro o de un yo satisfecho.

Claro está que una no dialoga con todo lo que hay en el inconsciente de una vez, sino con algún aspecto de él, alguna figura o energía interior. Si vas a ser activo y vas a elegir con qué figura o energía interior vas a hablar, tendrás que comenzar con la pregunta de…

¿Quién? ¿Qué?

Una elección obvia para establecer un diálogo sería una figura onírica, alguien que aparezca en un sueño recurrente, en un sueño angustioso o un sueño muy reciente. En este caso, convendrá que comente algo aquí acerca de los sueños, sobre todo de las personas o animales que aparecen en los sueños. (También puedes ir al capítulo 10, donde se habla más del mundo onírico).

A veces, cuando sueñas con personas, lo más sensato es pensar que el sueño está proporcionando información fresca acerca de esas personas y de tus relaciones con ellas. Soñar con que tu madre está sola puede significar que conviene que le hagas una llamada telefónica. De hecho, los sueños pueden traer a la vida onírica a personas que son importantes para ti, vivas o fallecidas, que se hallen ahora en tu vida o no, como un amante, una terapeuta o un hermano. La relación continúa en el sueño, transmitiéndote enseñanzas sobre la propia relación y sobre ti misma.

Sin embargo, con mucha más frecuencia, una persona en un sueño, incluso una persona familiar, representa a una parte de ti misma. Una antigua amiga de la escuela elemental aficionada a los chismorreos puede representar esa parte chismosa o cotilla que hay en ti. Por otra parte, una figura onírica también puede estar revelando aspectos de arquetipos naturales, culturales, religiosos y mitológicos, como el Tigre, Afrodita, el Patriarca o la Bruja.

¿Cómo puedes saber cuál es la interpretación correcta? Pues porque de pronto te llega una intensa sensación de «¡Ajá! ¡Eso es!». Pero también puede ocurrir que haya más de una interpretación correcta, pues los sueños pueden condensar muchos mensajes en una sola figura. Por ejemplo, pongamos que tenías un perro al que querías mucho y que desapareció de tu vida hace muchos años. Pues bien, la psique puede elegir a ese perro para llevarte, en sueños, a darte cuenta de algo muy desagradable que a duras penas puedes llegar a creer. La psique sabe que sólo te creerás aquello merced a tu perro, porque confías en él, y la presencia de tu perro te va a resultar reconfortante. Pero también podrías preguntarte a ti mismo, ¿qué tiene el Perro (el instinto de esa especie) que enseñarme acerca de la situación que me ha mostrado? Quizás descubras que el instinto o la perspectiva del Perro (o quizás la lealtad, los agudos sentidos, o la «perrunidad» del Perro) es exactamente lo que necesitas para controlar esa situación que se te ha mostrado en sueños (quizás como una metáfora), una situación que te daba demasiado miedo en otro tiempo como para permitirle el paso a la consciencia.

En la imaginación activa puedes hablar con tu querido perro. O puedes hablar con el Perro. O bien con ambos. O puedes hablar con esa parte de ti mismo que aún llora la pérdida de aquel perro, o esa parte de ti que está molesta con la situación que se te ha mostrado.

Pero, por favor

Debes de proceder siempre con un gran respeto y precaución cada vez que entres en la esfera de la psique, sobre todo si no estás recibiendo psicoterapia, pues puede haber reacciones muy intensas y un proceso como éste puede precisar de una mayor contención u orientación. Con frecuencia, la mente consciente se resiste con tal fuerza que poco o nada ocurre sin tal contención. Pero si tu psique aprovecha la ocasión de ser escuchada y te abruma con materiales instintivos y simbólicos, busca la ayuda de un analista o terapeuta junguiano, o incluso de una persona lega que pueda tener experiencia en imaginación activa.

Antes de comenzar convendrá establecer algunos puntos prácticos. Cuando estés haciendo el paso II, la imaginación activa propiamente dicha, convendrá que anotes cuanto suceda, a medida que vaya ocurriendo o bien haciendo frecuentes pausas. Hay analistas junguianas que piensan que tomar nota de lo que sucede mientras se hace imaginación activa es esencial para no caer en la ensoñación despierta. Pero quizás tú prefieras sumergirte en un estado más profundo y tomar nota *a posteriori*. En cualquier caso, sea cuando sea que tomes nota, el hecho de plasmar la experiencia por escrito la honra y la eleva por encima de la categoría del sueño despierto, de modo que plantéate la posibilidad de tener a mano papel y bolígrafo, o bien un procesador de textos.

Como siempre, no obstante, puedes hacer lo que te plazca durante o después de la tarea, como si no quieres escribir en absoluto. Conozco a una mujer muy ordenada que simplemente dedica la primera media hora del día, antes de levantarse de la cama, a hacer imaginación activa, tomando como base los sueños de esa misma noche. Después de eso, planea cualquier acción que vaya a emprender como consecuencia de este trabajo interior, y luego se olvida tanto de los sueños como de la imaginación activa, ocupándose de todo lo que haya que ocuparse en relación con ellos.

Paso I: Vacía la mente consciente, entra e invita al inconsciente

Antes de seguir adelante, léete bien las instrucciones del paso I. El primer paso de la imaginación activa es entrar en un estado mental receptivo. Convendrá que estés en un sitio tranquilo y protegido; nada de teléfonos, ni nadie alrededor que pueda interrumpirte. También puedes poner a tu alrededor cosas que te hagan sentir a salvo, o incluso que te hallas en un lugar sagrado, como una vela, una foto, una escultura, flores, o determinado paisaje tras la ventana. Pero lo más importante es el estado interior. Para ello, quizás te apetezca meditar *(véase* «Recursos», página 345); practicar la respiración abdominal, tal como se explica en la página 101; atender al estado interior de tu organismo, tal como se detalla en la página 36; o hacer cualquier otra cosa que hagas para meterte dentro de ti, para acercarte a tu yo espiritual e instintivo.

Cuando te sientas preparado, invita a hablar a la mente profunda.

Una posibilidad es que tengas ya algo o a alguien en mente con quien quieras encontrarte en la imaginación activa; es decir, el «quién» o el «qué» que hemos explorado antes, quizás una figura onírica. O quizás te apetezca comenzar en el mismo punto donde terminó un sueño. Hay sueños que parecen estar pidiéndolo a gritos, como cuando un sueño termina justo en el instante en el que te van a presentar a alguien, que te van a abrazar o te van a atacar. O puede que despiertes justo cuando están a punto de darte un premio o cuando estás zarpando de puerto en un barco. Los sueños con figuras que son difíciles de ver o que tienen lugar por la noche parecen ser especialmente importantes para la imaginación activa; para mí, al menos, estos sueños señalan algo que emerge del inconsciente por vez primera.

La segunda posibilidad es que invites a venir a cualquier cosa que quiera hacerlo, cualquier pensamiento, sentimiento, sensación o imagen que quiera estar presente. O bien puedes pensar en un problema y esperar a que la imagen o personificación de ese problema aparezca ante ti.

O bien puedes forzar la situación un poco más. Puedes imaginar una situación en la que está a punto de ocurrir algo; por ejemplo, te sumerges en un bosque y le pides al espíritu de un animal que venga en tu ayuda. Escuchas el ruido de algo que se acerca por entre los matorrales, ves sus ojos en la oscuridad y entonces… te detienes y dejas que tu psique ponga el animal.

Paso II: Tu experiencia o diálogo

El segundo paso, la propia experiencia interior, fluye de forma natural desde el primer paso, desde la invitación. Tú haces la invitación y la respuesta es una voz, una figura o una escena en tu imaginación. Ahora puedes responder de palabra o hacer algo. Simplemente, asegúrate de que la interacción es mitad y mitad: tu actúas y, entonces, desde el inconsciente de la psique, se da una acción o escuchas unas palabras que tú no determinas conscientemente. Por favor, fíjate una vez más que esto es bastante diferente de la imaginación dirigida, en la cual tú o alguna otra persona determináis toda la acción, y es diferente también de la visualización de una meta o estado final, como puede ser una elevada autoestima, la prosperidad o una buena salud.

He aquí un ejemplo. En un sueño, una joven de aspecto duro se mete conmigo por no atreverme a montar en la montaña rusa con mis amigas, dejándome sola y sintiéndome mal. En la imaginación activa, no dejo que se vaya y le pregunto, «¿Por qué me tratas así?».

Ella responde, ME DAS ASCO. (Para que te sea más fácil tomar nota en un procesador de textos, te sugiero que pulses simplemente la tecla de las mayúsculas para diferenciar bien la segunda voz, tal como he hecho aquí).

¿Te doy asco sólo porque no me gustan las montañas rusas?

EXACTAMENTE. TODO EL MUNDO SUBE, MENOS TÚ.

¿Qué quieres, que sea como todos los demás?

SÍ, ESO QUIERO. A TODO EL MUNDO LE ENCANTA MENOS A TI. HAY UNA VISTA INCREÍBLE DESDE ALLÍ ARRIBA.

ES EMOCIONANTE, SOBRE TODO CUANDO CUELGAS BOCA ABAJO.

Sí, qué emocionante. Si yo no me monto en la montaña rusa, supongo que tú tampoco, ¿no?

Se enfada mucho: YO PUEDO HACER LO QUE ME DÉ LA GANA. NO PUEDES DETENERME.

Tienes razón, a veces no puedo detenerte. No pude hacerlo cuando tenía doce años y me subí a una montaña rusa, y me puse enferma. Y parece que tampoco pude detenerte ayer, cuando me llevaste a aquella película que yo detestaba, sólo porque todo el mundo quería ir y decía que estaba muy bien. Hiciste que me sintiera muy mal.

TE DETESTO, Y DETESTO TU DÉBIL Y REMILGADA SENSIBILIDAD.

Yo te detesto a ti, y detesto tu empeño en seguir las directrices del resto de la gente, el que quieras demostrar que soy «normal». Y, realmente, no me gusta que me veas como una persona débil.

¡BUA!

Entonces, ¿qué vamos a hacer ahora? Estamos atascadas. Yo no te puedo detener, pero tú no te puedes despegar de mí, al menos no puedes hacerlo como desearías. El cuerpo en el que me encuentro es sensible.

DETESTO TAMBIÉN ESE CUERPO. QUIERO DEJARLO.

Supongo que te sientes muy desdichada.

MUCHO (dice con una mueca).

¿Hay algo que te gustaría hacer y que quizás me guste a mí también? VIAJAR.

Sabes que no me gusta viajar. Es caro y me genera mucho estrés.

TÚ LO HAS PREGUNTADO. ¿Y QUÉ TAL UNAS LECCIONES DE PARAPENTE?

¿Adónde quieres ir de viaje?

A ALGÚN SITIO REALMENTE DIFERENTE. ¿QUÉ TAL BALI?

Nada de «Tercer Mundo»; sabes que pillo una disentería sólo con mirar un vaso de agua del grifo. ¿Qué tal Irlanda?

ABURRIDO. DEMASIADO VERDE, DEMASIADO INGLÉS. VAYAMOS A TURQUÍA.

En una gira. Sólo en una gira.

GRECIA, NO EN UNA GIRA.

Trato hecho.

Y SERÁ MEJOR QUE CUMPLAS.

Si tu mente deambula de aquí para allá durante la imaginación activa, simplemente tráela suavemente de vuelta. Te resultará más fácil si vas escribiendo lo que ocurre. Pero sé consciente de que el hecho de escribir puede hacer que la experiencia te parezca menos profunda, de tal modo que tengas la sensación de que estás escribiendo a partir de un estado «ordinario». Rara vez es éste el caso, pero el hecho de minusvalorar así tu trabajo interior y el problema de que la mente deambule nos plantean un problema importante...

La resistencia

Durante o después de la imaginación activa es habitual tener un ataque agudo de «Me lo estoy inventando todo». Por supuesto que, en ocasiones, la imaginación activa se ve impregnada por una poderosa e inevitable sensación de realidad, como si estuvieras hablando directamente con otra entidad o hubieras entrado en otro mundo. Pero con la misma frecuencia se nos antoja «estúpida» o «absurda». Me acuerdo de una vez en que un terapeuta me estaba ayudando con la imaginación activa. Durante cada segundo de aquella sesión no pude quitarme de la cabeza la idea de que, en realidad, no estaba ocurriendo nada, y me repetía a mí misma que debería estar discutiendo aquello que, en un principio, tenía pensado discutir con mi terapeuta. Sin embargo, con el tiempo me daría cuenta de que en aquellos momentos estaba trabajando con una de las piezas más decisivas de mi vida en el trabajo interior. Mi mente, que aquel día estaba evidentemente escindida, fue un ejemplo clásico de resistencia. Mi mente consciente se había sumido en el pánico e intentaba distraerme.

Cuando la resistencia emerge en forma de duda, te vendrá bien recordar que, por superficial que te parezca lo que «te has inventado», no deja de ser una pista sobre todo aquello de ti que no sabes. Otra persona se habría «inventado» algo muy diferente. Además, lo que hoy te parece superficial puede parecer profundo cuando la resistencia desaparece. *No juzgues* tu imaginación activa. Ni tampoco te juzgues a ti por tu resistencia. La resistencia ante la imaginación activa ocurre incluso en aquellas personas que están muy implicadas en tales cosas.

Probablemente, la mente consciente levanta toda esa resistencia porque tiene miedo de ser suplantada o de sentirse abrumada. Aunque un diálogo con las partes inconscientes de la psique podría darle a la mente consciente más poder en la relación, no por ello deja de sentir miedo ante esas partes, del mismo modo que nos da miedo pedirle un ascenso a la jefa. Así, demoramos cualquier contacto real con la psique inconsciente, «olvidándonos» o estando «demasiado ocupados» día tras día. Pero dado que estas «defensas del ego» cumplen un propósito, vas a tener que sentir si conviene forzar las cosas o no. Quizás convenga preguntarle al ego, ¡que no deja de ser simplemente otra parte de ti mismo!

Paso III: Honra conscientemente lo que haya ocurrido

Si dejas de hacer este último paso, «todo se habrá perdido». Este paso exige que se emprenda algún tipo de acción consciente en relación con lo aprendido. Míralo como si se tratara de un ritual esencial, sagrado. Y, normalmente, lo que hay que hacer es exactamente eso: realizar un ritual o un acto simbólico. Si a través de la imaginación activa has descubierto que tienes que contactar con tu padre fallecido, escríbele una carta y envíasela a través de las llamas, entregándosela al mar o de cualquier otra manera que te parezca adecuada. El objetivo psique-lógico se habrá conseguido.

Sin embargo, habrá ocasiones en que tendrás la certeza de que lo que se te pide es que hagas un cambio importante en tu vida, o al menos que hagas algo que va a estar más allá de lo simbólico. Quizás tengas que disculparte con alguien o releer un libro, o bien buscar el significado mitológico de un símbolo. Hacer algo de carácter artístico puede proporcionarte un recordatorio concreto; quizás tengas que dibujar o pintar algo de lo sucedido en la imaginación activa. Y, evidentemente, las PAS descubren con frecuencia que tienen que recuperar el equilibrio, tomarse un descanso.

Tras tu experiencia de imaginación activa, debería quedarte cierta sensación de lo que tienes que hacer. Y si tu relación con la psique más profunda tiene un buen nivel de integridad (es decir, si os escucháis de forma respetuosa) y no has emprendido la acción correcta, un sueño o un síntoma te lo hará saber más pronto que tarde.

Este último paso, el de honrar lo ocurrido y emprender la acción, no significa que tengas que hacer todo lo que te pueda decir una figura interior. La psique profunda es como una fuerza de la naturaleza; es poderosa y, de algún modo, impersonal. La mente consciente es pequeña en comparación con ella, pero es igualmente importante. La consciencia es un logro especial del ser humano, y tu mente consciente puede y debe sopesar de forma justa sus propios intereses y los intereses de aquellas personas que te rodean frente a las exigencias o peticiones de cualquier figura interior. Si yo tuviera que meterme en una deuda para hacer el viaje a Grecia acordado en el paso II, eso habría que discutirlo también en la imaginación activa con Su Majestad la Chica Dura. No des por hecho que estas partes interiores se conocen entre sí o saben qué ocurre en el mundo exterior.

Durante un proceso de imaginación activa, una mujer a la que conozco se encontró con que una poderosa voz interior varonil le decía que dejara su hogar, su familia y todos sus compromisos de inmediato, que cruzara el país y esperara nuevas instrucciones en determinada ciudad. Ella estaba convencida de que aquella voz procedía de Dios y se quedó muy impactada; pero, no obstante, no tuvo el coraje suficiente para seguir las instrucciones recibidas aquella misma noche. A la noche siguiente, cuando buscó más instrucciones en su interior, otra voz más suave, una voz femenina, le dijo que había hecho bien al no abandonar su hogar ni a su marido, consolándola así: «Siempre hay otro tren que abandona la estación; siempre hay otra vía». La mujer respondió, «Pero desobedecí a Dios». Y la voz femenina le dijo: «¿Y cómo sabes que yo no soy Dios también?».

Así pues, una línea a seguir consiste en esperar antes de actuar. Otra línea a seguir consiste en no esperar. ¡Cuán fácilmente una demora supone que al final no se haga nada! Y si no honras un mensaje de la psique profunda a través de algún tipo de acción, por pequeña o simbólica que sea, la psique profunda te dará la espalda (por un tiempo), o bien hará demandas más estridentes. Estás negociando con una fuerza formidable. Sin embargo, en estas negociaciones tienes los mismos derechos. Siempre existe la posibilidad de un compromiso. En vez de dejar a su familia para siempre, lo que hizo la mujer que escuchó la imperiosa voz varonil en su interior fue tomarse sucesivos retiros de fin de semana a solas en un monasterio, olvidándose durante un par de días de la familia. Probablemente, esta mujer no habría hecho ni siquiera esto de no ser por la exigente orden de aquella voz interior.

Se dice que una famosa analista junguiana recibía a sus analizados en cada sesión preguntándoles si habían hecho lo acordado en la última sesión que sería apropiado para honrar un sueño o una experiencia de imaginación activa. Si el analizado o analizada no lo había hecho, la analista cancelaba la sesión. Quizás cada sesión de imaginación activa debería terminar imaginando que tenemos que dar cuentas ante esta analista. Te la dejo como guía, con mis mejores deseos para que tengas un buen paseo interior.

Regresando al «quién» y haciéndolo realmente

He introducido el tema de la imaginación activa tan pronto en este libro porque quería que dispusieras de esta herramienta a medida que avanzas en las tareas. Así pues, al final de esta sección, te encontrarás con una página en blanco. Esa página es una invitación simbólica, el lugar que te he preparado para que te encuentres con aquellas partes de ti que descuidaste. Tanto si decides escribir en esa página como si prefieres utilizar un dispositivo informático o tu diario, espero que este espacio te parezca lo suficientemente seguro y atractivo. Por revisar los pasos:

I.   *Ponte cómoda e invita a tu psique a hablar.* Dispongo todo para escribir durante o después de la reunión. Métete dentro a través de la meditación o de cualquier otro método de tu elección y, a continuación, invita a aquello o aquella figura con la que desees dialogar, o la escena que desees que se desarrolle, como puede ser el final de un sueño que se interrumpió. Algunas figuras interiores que quizás hayan emergido mientras trabajabas con este libro pueden ser:

- Quienquiera que te haya hecho sentir que *no* deberías seguir este manual de trabajo o alguna parte de él.
- El crítico interior a quien conociste en «Qué no te gusta de ti mismo, y el motivo más profundo» *(véase* página 46).
- Quienquiera con quien hayas soñado desde que comenzaste con este libro; por ejemplo, quienquiera que apareciera la última noche.
- Cualquiera de las partes de tu cuerpo que conociste en la «Partida de Aventureros».

II. *Deja que la experiencia suceda.* No deberías asumir el control ni la responsabilidad de la experiencia, ni tampoco deberías conducirte como una testigo pasiva. Estate alerta ante cualquier cosa que llegue y, a continuación, responde. Tú creas la situación junto con tu psique inconsciente. Si tu mente consciente deambula de aquí para allá o piensa «Esto es una idiotez», entiende que es una resistencia y continúa lo mejor que puedas.

III. *Honra lo que haya ocurrido* tomando conciencia de lo que has aprendido y de qué acción (o no acción) debes emprender.

He aquí el espacio que se te ofrece para que tomes nota de tu experiencia de imaginación activa.

_____

_____

_____

_____

_____

_____

_____

_____

_____

_____

_____

_____

Parejas y grupos: Sólo C. Se trata de un trabajo muy personal. Yo no aconsejo la imaginación activa en grupo, pero puedes compartir los resultados aquí. En parejas, existe una variante de la imaginación activa denominada diálogo de voces que puede facilitarse a través de otra persona con experiencia en imaginación activa o métodos similares. Véase el libro *Manual del diálogo de voces,* de Hal Stone y Sidra Winkelman *(véase* «Recursos», página 345).

EN CONCLUSIÓN: Utiliza estas pocas líneas para reflexionar sobre la imaginación activa en general o sobre la imaginación activa concreta que has realizado.

_____

_____

_____

_____

_____

CAPÍTULO 3

El cuidado de tu yo sensible

Para una PAS puede ser ciertamente difícil llevar una vida apropiada, sana y feliz. Existen presiones en la vida, y es un hecho que el 80 % de las personas que te rodean no son PAS, y puede que vivan la vida de un modo diferente. Pero si tú te adaptas a su estilo de vida y te rebelas contra tu sensibilidad, estarás volviendo a la casilla de salida una y otra vez. Si no sigues el camino de la sensibilidad, sufrirás.

Como dije en la introducción del capítulo 1, un exceso de estimulación lleva a un estado físico de sobreexcitación que no sólo resulta molesto, sino que puede hacer que tu desempeño sea peor, profesionalmente, socialmente, deportivamente, mentalmente, sexualmente, económicamente, etc. La sobreexcitación afecta también a la simple capacidad de disfrutar de lo que sucede a tu alrededor. Y, debido a que las PAS captamos las sutilezas y procesamos las cosas en profundidad, lo más habitual es que nos sobreexcitemos con más facilidad en cualquier situación. La sobreexcitación es nuestro talón de Aquiles, de ahí que tengamos que convertirnos en expertas para evitar la sobreexcitación, sobrevivir a ella y recuperarnos de ella.

Vamos a comparar la sobreexcitación repentina con la crónica. La repentina supone normalmente una respuesta de sobresalto, una oleada de adrenalina que hace que el corazón lata con fuerza, que los músculos se tensen y que todo el organismo se prepare para luchar, huir o quedarse inmóvil. Si tu organismo considera el sobresalto inicial como una amenaza, generará cortisol, la hormona del estrés, diseñada para ayudar al cuerpo en esa respuesta de lucha, huida o inmovilidad. El cortisol corta la digestión y cualquier otra función de mantenimiento del organismo, desviando todos los recursos a las necesidades de tal emergencia. El cortisol y la adrenalina pueden presentarse al mismo tiempo, generando una intensa sensación de «inundación», incluso de pánico. Pero vamos a centrarnos ahora en el cortisol, dado que éste está siempre presente en la sobreexcitación crónica.

El cortisol permanece en el organismo más tiempo que la adrenalina, al menos durante veinte minutos más, pero puede estar ahí durante horas, días, meses o años. Evidentemente, no es bueno que el cortisol esté circulando por tus vasos sanguíneos durante tanto tiempo. Por ejemplo, puede interferir con la digestión y suprimir el sistema inmunitario, de tal modo que los tumores crecen con mayor rapidez. Podemos sentirnos exhaustas cuando nos vamos a dormir tras un día de mucho cortisol, pero éste se reciclará durante la noche y nos desvelará, o bien nos despertará muy temprano por la mañana. El cortisol puede dar lugar a un estado de ánimo temeroso, de sentirse amenazada, en el cual alimentamos todo tipo de preocupaciones. La falta de sueño y la hipervigilancia que supone durante todo el día pueden llevar a una disminución de los niveles de serotonina en el cerebro, y una baja serotonina significa que aumentan las probabilidades de caer en una depresión. Lamento asustarte así, pero tienes que conocer los efectos de una sobreexcitación crónica.

Si quieres convertirte en un experto en la sobreexcitación, sea breve o crónica, aquí tienes algunos indicadores. Un breve estado de sobreexcitación puede hacer que te sientas abrumado o ansioso, que te sonrojes, que tengas palpitaciones, que se te revuelva el estómago o se te tensen los músculos, sobre todo en el cuello y la mandíbula; puede hacer que tengas sudoraciones, problemas de memoria o de concentración; puede hacer que padezcas temblores o tengas una pobre coordinación, que te sientas furioso o «a punto de estallar». La sobreexcitación crónica puede percibirse, también aquí, con la sensación de estar abrumada, vagamente ansiosa, o ansiosa ante la idea de todo lo que tienes que hacer; con palpitaciones cardíacas inexplicables o con «nervios en el estómago»; conduciendo demasiado rápido, mostrando poca paciencia con todo aquél que te ralentiza por un instante; yéndote a la cama temprano para luego pasarte la noche en vela; caminando en mitad de la noche o a primeras horas de la madrugada; con dolores u opresiones musculares inexplicables, crónicas; dolores de cabeza permanentes; con sentimientos de desesperanza y desesperación; llorando más de lo habitual o «por nada»; sintiéndote como adormecida o, simplemente, exhausta. Todas estas señales de sobreexcitación breve o crónica varían en gran medida de persona a persona (e incluso de situación en situación), de modo que convendrá que tomes nota de tus señales personales de sobreexcitación.

Evidentemente, la sobreexcitación crónica constituye un problema grave. Los episodios frecuentes de sobreestimulación, aunque sea una sobreestimulación placentera, constituyen una de las vías para que de pronto te encuentres en un estado crónico de cortisol inducido. En este capítulo vamos a intentar que aprendas a enfrentarte a la estimulación que te llega del mundo exterior y del interior, así como a la breve sobreexcitación, posteriormente crónica, que pueda traer como resultado. Me gustaría poder ofrecerte más ayuda para enfrentarte a ese mundo no tan sensible que hay ahí fuera, pero la situación de cada individuo varía tanto que es muy complicado ofrecer un consejo que se ajuste a todo el mundo. Tenemos que ser personas de gran inventiva, para luego compartir nuestras soluciones con otras PAS en situaciones similares a las nuestras. Te será de gran ayuda ser plenamente consciente de tu rasgo, como harás en este capítulo. Y también te ayudará el mantener una actitud paradójica de aceptación, según la cual ahí donde te encuentras hoy es el momento y el lugar que se te han dado para aprender a gestionar (para llevar con valentía la carga cotidiana), junto con un rechazo activo a aceptar ser víctima de las condiciones óptimas de los demás, condiciones óptimas que no se corresponden con las tuyas.

Inventario y celebración de las maneras en las que te enfrentas a la sobreexcitación

La estimulación excesiva, la sobreexcitación y el estrés resultante constituyen la parte negativa del hecho de ser altamente sensible, de ahí que

93

todas las PAS desarrollemos métodos para enfrentarnos a nuestra tendencia a la sobreexcitación. Lo primero que vas a hacer es tomar nota de lo que ya haces para gestionar este problema haciendo una lista de las estrategias que más utilizas y mejores resultados te dan.

A modo de ejemplo para hacerte entrar en calor, te ofrezco aquí cinco estrategias de mi propia cosecha.

- Si una situación es excesivamente estimulante para mí, ¡me voy! He aprendido que no soy irremplazable. Siempre habrá tiempo para disculparse más adelante.
- Intento no decir que sí a cualquier petición que se me haga y me quite tiempo sin antes reflexionar sobre ello, diciendo «Deja que me lo piense y ya te contesto».
- Reservo espacios de descanso en mi agenda, y alargo esos espacios de descanso tras un día que presiento que va a ser altamente estimulante. El tiempo de descanso lo considero como algo sagrado.
- Me doy un paseo cuando las cosas se ponen demasiado intensas, preferiblemente por los bosques o en las cercanías de masas de agua.
- Respiro profundamente diez veces desde el abdomen *(véase* la página 103).

Ahora, haz tu propia lista:

_____

_____

_____

_____

_____

_____

_____

_____

_____

_____

_____

_____

_____

_____

_____

A continuación, revisa tu lista y reconoce cuántas de estas cosas haces ya correctamente. Durante el resto de este capítulo intentaremos mejorar en estos asuntos, pues en eso consiste un manual de trabajo. Pero es muy importante que tengas en cuenta todas las habilidades que ya has desarrollado, habilidades que te pueden ser de gran ayuda en este proceso.

Parejas y grupos: A, B y C.

En conclusión: Utiliza este espacio para comentar las habilidades que has desarrollado para abordar la sobreexcitación y cualquier otra cosa que hayas aprendido mientas confeccionabas esta lista.

_____

_____

_____

_____

_____

Tu nivel óptimo de excitación

He hablado ya en varias ocasiones de la importancia que tiene para cualquier organismo el mantener un nivel óptimo de excitación mediante la regulación de la cantidad de estímulos que le llegan. Nadie se siente bien ni se desempeña bien si está excesivamente estimulado o está aburrido, o si está demasiado estimulado y agitado. Todo el mundo necesita situarse en un término medio, pero, una vez más, esto es más difícil para las PAS porque, para situarnos en un rango óptimo de excitación, necesitamos menos estimulación que los demás. Así, con frecuencia nos vamos «demasiado afuera», nos vemos excesivamente expuestas a la estimulación, en entornos que son más adecuados para las no-PAS, o bien asumimos más responsabilidades o más placeres de los que podemos gestionar. (En la página 92 he detallado algunas de las señales que indican la existencia de sobreexcitación, sea breve o crónica, de modo que recurre a ello si necesitas un recordatorio).

Pero las PAS también puede que nos vayamos «demasiado adentro» y, por temor a la sobreexcitación, nos protejamos en exceso y terminemos en una situación de subexcitación, sintiéndonos mal tanto física como psicológicamente. Decimos que no al exceso, y nos cerramos la puerta a la esperanza, a hacer planes, a conocer personas nuevas, a viajar o a descubrir nuevas ideas. Señales de subexcitación (que, al igual que con la sobreexcitación, varían en gran medida) serían el aburrimiento, la inquietud, el hambre (cuando no existe una necesidad real de comer), dormir más de lo necesario, hacerse pesado o incordiar a la gente que te rodea, dar demasiadas vueltas a las ensoñaciones diurnas, sentirte insatisfecha con tu propia vida o contigo misma, o sentir envidia de aquellas personas que hacen más cosas.

La siguiente tarea que te propongo es que lleves un registro para saber en qué medida te sientes sobreexcitada o subexcitada durante el día. Este método de autocontrol constituye siempre un primer paso para hacer cambios. No hace falta que lleves el registro a la perfección. Puedes hacerlo antes de irte a dormir, confiando en tu memoria de los altibajos de la jornada, siempre y cuando hayas mantenido la intención firme de llevar el registro. Divide tu jornada entre tres y seis secciones naturales. Por ejemplo, un día laboral típico podrías dividirlo en estas seis secciones: preparativos para ir al trabajo hasta que llegas allí, la mañana en el trabajo, mediodía en el trabajo, las últimas dos horas de trabajo y volver a casa, últimas horas de la tarde, noche. En un día festivo en el que te levantas más tarde, podrías hacer una división diferente de tu jornada: levantarse y desayunar, salir avanzada la mañana a caminar, ir de compras por la tarde, salir a cenar con los amigos y las dos últimas horas antes de acostarte.

Para cada una de estas secciones, utiliza un signo de menos para indicar que, durante ese período, te hallabas en su mayor parte en un estado de subexcitación, un cero si sentías una excitación óptima y un signo de más si te hallabas en el rango de la sobreexcitación. Si te resulta útil (a mí, al menos, me sirve), utiliza dos signos de menos o dos sinos de más para estados extremos, y un signo de menos o de más para estados moderados. Tomando los dos días de muestra que se acaban de ofrecer, para el primer día quizás pongas ++ en preparativos y llegada al puesto de trabajo, 0 para la mañana en el trabajo, + para el mediodía, ++ para las dos últimas horas y la vuelta a casa, -- para las últimas horas de la tarde y 0 para la noche. En el ejemplo del día festivo, 0 para el desayuno, 0 para la caminata avanzada la mañana, ++ para el ir de compras, + para la cena con los amigos y 0 para las últimas horas antes de acostarte.

Al término de la jornada puedes calcular la media del día. Sumas el número de signos de más, restas el número de signos de menos y lo divides por el número de secciones en que has dividido la jornada. En el día laboral del ejemplo de arriba, hay 5 signos de más y 2 signos de menos, que nos da 3 signos de más. Si lo divides por las 6 secciones del día, nos da una media de ½ signo de más. Para el día festivo, hay 3 signos de más y ningún signo de menos, y hay 5 secciones. Esto significa que la media en este ejemplo sería 3 dividido por 5; es decir 0,6 en la dirección de la sobreexcitación.

No cuentes como períodos de subexcitación las veces en las que estés meditando o estés adormilado debido a la falta de descanso. Registra sólo las veces en que la subexcitación no resulta placentera, cuando estás aburrido, inquieto, apático, insatisfecho con lo poco que sales y te relacionas con gente, o con las pocas novedades que proporcionas a tu vida, o si estás soñoliento a pesar de haber dormido suficiente durante la noche. Para evaluar la sobreexcitación, echa un vistazo a la página 93. Puedes también identificar la sobreexcitación con determinados sucesos: veces en que te has sentido presionado para tomar una decisión rápida, que estabas nervioso al sentirte observado, o que has llorando. No te olvides de los casos de sobreexcitación positiva, como, por ejemplo, si te elogian en público o recibes una agradable sorpresa. Todo esto quizás lo recuerdes como excitación positiva, o como insensibilidad cuando deberías estar feliz. Todo esto no deja de pasarte factura.

Después de evaluar las distintas secciones de la jornada y de calcular la media, en la última columna, abajo, utiliza el mismo sistema de signos de más y de menos para valorar tu estado cuando te vas a la cama. Quizás necesites revisar esta valoración por la mañana, cuando seas consciente de lo bien o lo mal que has dormido. Una mala noche suele ser un indicador de sub o sobreexcitación mientras duermes. Las señales de sobreexcitación cuando te vas a la cama vienen determinadas por una sensación de cansancio que no proviene de la fatiga muscular o de la somnolencia exclusivamente. Si te fijas, puede haber señales de estrés (una mala digestión, diarrea, tensión muscular, etc.) o puedes tener la sensación de estar «nerviosa», exhausta, demasiado cansada como para dormir, desesperanzada, ansiosa o deprimida con respecto al día siguiente o al futuro. Las señales de subexcitación pueden estar empujándote a que te vayas a dormir, pero con una sensación física de inquietud, a quedarte levantada hasta altas horas de la noche o a sentirte insatisfecha contigo misma por no haber hecho demasiado durante el día o por no haber disfrutado de la jornada. Esta evaluación de antes de acostarte es importante porque el sueño, al igual que cualquier otra cosa, precisa de un nivel óptimo de excitación.

Ejemplo:

Fecha	Valoración de secciones del día (–, 0, +)					Media	General al acostarse
Día 1	++	0	+	++	--	0	0,5	-
Día 2	0	0	++	+	0		0,6	0

Valoraciones de tus jornadas:

_____
_____
_____
_____
_____
_____
_____
_____
_____

Al cabo de alrededor de una semana registrando tus niveles de excitación durante el día y en el momento de irte a dormir, podrás calcular tu media general de la jornada y también la media cuando te vas a dormir. (Para obtener la media general, suma las medias diarias —asegurándote de que sumas las medias positivas y restas las medias negativas— y las divides por el número de días. Para la media general en el momento de irte a dormir, suma el número de signos más, restas el número de signos menos y lo divides por el número de días). Observa también cuán amplio es el rango de excitación, dado que una fila de ceros es más fácil de asumir para tu cuerpo que una media diaria de cero pero que sea el resultado de igual número de ++ y – –.

Una nota final acerca de la excitación en el momento de irte a la cama, dado que ya no vamos a volver concretamente sobre esto. Si tu media en el momento de irte a dormir es superior a 0, convendrá que dediques más tiempo a proteger tus horas de sueño envolviéndolas de calma y tranquilidad. Esto significa que deberás calmarte antes de irte a dormir, aunque sea con algún momento de subexcitación, utilizando rutinas y leyendo materiales repetitivos que te permitan asentarte (yo utilizo el último número de *National Geographic,* seguido por una serie de salmos). Intenta que el despertar también sea calmado. Lo ideal es que te vayas a dormir lo suficientemente pronto como para dormir cuanto tu cuerpo necesite, aun cuando «desperdicies» algo de tiempo mientras te duermes o si te despiertas por la noche, *y* que duermas lo suficiente como para despertarte de forma natural, antes de que suene la alarma, si es que la has puesto. Esta rutina de sueño es muy conveniente, aunque las circunstancias actuales puedan ponerlo difícil. Considéralo una manera de vivir dignamente.

Parejas y grupos: A, B y C. Ésta es una buena tarea para discutir.

En conclusión: Observa de nuevo tus promedios, así como las variaciones que pueda haber en un mismo día y entre un día y otro. Reflexiona durante unos minutos y, a continuación, escribe lo que piensas acerca de tu nivel óptimo de excitación.

_____
_____
_____
_____
_____
_____

Cómo pasar más tiempo en tu rango óptimo de excitación

La siguiente tarea consiste simplemente en leer una o las dos listas que vienen a continuación, dependiendo de en cuál de ellas crees que necesitas ayuda justo en estos momentos: «Ideas para salir más» e «Ideas para descansar más». Si en la tarea anterior llegaste a la conclusión de que tu estado de excitación no suele ser el óptimo, al término de esta tarea voy a tener que pedirte que te comprometas a aplicar algunas de estas ideas. Si lo estás haciendo bien y estás manteniendo más o menos tu nivel óptimo de excitación, simplemente léete las listas, o bien léete solamente aquella que te resulte más útil.

Permanecer en tu rango óptimo de excitación, ni demasiado subexcitada ni demasiado sobreexcitada, no es una cuestión trivial. Tampoco es un objetivo egoísta, porque te va a proporcionar un sistema nervioso en el que te sientas confortable, y esto va a afectar a todas tus experiencias, determinando en gran medida tu salud y tu felicidad, así como el efecto que tienes tú en las personas que te rodean. De modo que tómatelo muy en serio.

Ideas para salir más

- Llama a un amigo o a alguien a quien te gustaría conocer mejor y quedad para veros pronto.
- Si estás evitando una situación o si estás evitando hacer algo que te gustaría hacer, pídele a alguien en quien confíes que lo haga contigo las primeras veces.
- Si tienes un miedo o un problema en concreto que te impide salir, busca un grupo de apoyo o de tratamiento; un ejemplo de ello sería la agorafobia (el miedo a salir a la calle y a permanecer en lugares en los que piensas que te va a resultar difícil o embarazoso marcharte) o cualquier otra fobia o miedo (el miedo a conducir el automóvil, por ejemplo) que te impida salir.
- Ésta es una difícil tarea, pero es muy importante. Decide qué quieres de la vida que no querrías morir sin haberlo hecho. Si crees que tu objetivo es inalcanzable por causa de tu sensibilidad, prueba a aceptar tu sensibilidad e intenta sortearla de forma creativa. Decide, para alcanzar esa meta, cuál sería el primer paso que tendría que dar *una PAS*. Por ejemplo, una PAS podría optar por escribir una carta o un correo electrónico para indagar algo, en vez de llamar, y obtener suficiente información antes de decidirse por determinado plan. Ahora, da ese primer paso.

- Discute con alguien en quien confíes tus motivos para no hacer lo que te gustaría hacer. Pídele a esa persona que, simplemente, te escuche y que refleje después tus sentimientos, no que te aconseje. *(Véase* la página 197 sobre cómo una persona puede ser reflexiva al escucharte).
- Haz un viaje, de unas cuantas horas o de unos cuantos días, o bien planifica algo más prolongado, y hazlo pronto.
- Supera cualquier obstáculo de transporte. Si no sabes conducir un automóvil (muchas PAS no saben), considera la posibilidad de aprender. Si conduces, pero no tienes automóvil propio, alquila uno de vez en cuando. Habitúate a tomar taxis en caso de necesidad. Domina el sistema de transporte público en una ciudad que no conozcas y así sabrás que puedes hacerlo. Toma un vuelo si eso te resulta sobrecogedor. Haz todas estas cosas hasta que te resulten fáciles, aunque no tengas necesidad de hacerlas, de manera que no supongan una fuente de excitación adicional llegado el momento en que tengas que ir a algún lugar novedoso. Además, el mero hecho de controlar estas situaciones puede proporcionarte una vivificante sensación de libertad y presentarte nuevas oportunidades, como la de explorar otros barrios o vecindarios, o mantener conversaciones interesantes con personas desconocidas. Date cuenta de que un viaje, por corto que sea, no es una cuestión baladí para una PAS, pues no nos gusta abandonar el seguro «agujero de hobbit» que es nuestro hogar. Ten claro que justo antes de salir vas a desear no hacerlo. Ten claro que te vas a preocupar mucho por si te has olvidado de algo, si vas a perder algo o si vas a hacer algo mal. Ten claro que te vas a sobreexcitar fácilmente con todo aquello que no te resulte familiar, con la sutil sensación del peligro y con lo poco natural que te resulta cualquier movimiento rápido. Yo conozco estas cosas y, aunque siguen siendo fuente de estímulos intensos, he conseguido superar mis limitaciones haciendo todo eso el suficiente número de veces. Confía en mí; tú también puedes hacerlo.
- La estimulación no siempre precisa de salir de casa. Lee, disfruta de algún programa de radio o televisión, métete en Internet, recurre al teléfono, toma este manual.

En las siguientes líneas, haz una relación de aquellos miedos (uno en cada línea) que te dificultan salir de casa, especialmente los «miedos tontos». A continuación, imagina a un padre o una madre interior sabia, una persona muy diestra en el trato con niñas sensibles, que respeta cada uno de tus miedos y te ayuda con ellos. Junto a cada miedo, escribe algo que esta madre o padre sabio diga acerca de tu miedo.

_____

_____

_____

_____

Haz un plan para ir saliendo cada vez más de casa, un plan gradual. Escribe cada uno de esos pasos en las líneas de abajo, pero asegúrate de que los pasos son muy pequeños, y date mucho tiempo para habituarte a cada uno de ellos. Pero tienes que dar el primero de esos pasos hoy.

_____	_____
_____	_____
_____	_____
_____	_____
_____	_____

Ideas para descansar más

- Aspira a poner en práctica la siguiente fórmula (padres, madres y demás personas, que *simplemente no puedan hacerlo,* quedan excusadas, de momento):

  a. 8-10 horas en la cama a diario, durmiendo o no, más 2 horas adicionales de reposo para meditar, contemplar, holgazanear, etc. (Si es necesario, esto *puedes* hacerlo mientras conduces o haces las tareas del hogar, siempre y cuando permanezcas en silencio). Más una hora de ejercicio al aire libre.

  b. Un día a la semana completamente libre, sin hacer recados ni trabajar en casa.

  c. El equivalente a un mes libre al año; preferiblemente, este tiempo debería distribuirse a lo largo del año. Aprecia el hecho de que, probablemente, no haya ninguna otra cosa que funcione mejor para una PAS.

- Saca tu agenda y reserva los tiempos estipulados en el punto anterior. Si en una semana en concreto no pudieras hacerlo, hazlo a la semana siguiente. Tómate tiempo extra después de cualquier situación que te suponga una mayor sobreexcitación, como una presentación en público o un vuelo.

- No dejes la agenda y planifica unas vacaciones, preferiblemente de dos semanas; unas vacaciones en las que puedas dormir todo cuanto quieras. Nada debe tener prioridad sobre el sueño. La segunda prioridad podría ser cualquier otra cosa que te plazca: un programa espiritual, hacer turismo, restaurantes agradables, bonitos lugares de naturaleza por los cuales pasear, oportunidades para escuchar música o contemplar obras de arte, etc. Unas vacaciones así pueden ser baratas; sólo necesitas una casa rural tranquila o un hotel en temporada baja. Pero probablemente tendrás que alejarte de casa.

- Piensa en qué tipo de experiencias espirituales te elevan el ánimo y planifícalas en tu agenda diaria, semanal y trimestral. Si no estás seguro de qué experiencias podrían ser ésas, dedica algún tiempo a explorar este asunto.

- Aprende a meditar y hazlo a diario. A mí me gusta la meditación trascendental (*véase* «Recursos», página 345), pero cada persona puede necesitar un tipo de meditación diferente.

- Practica la respiración abdominal. La respiración superficial desde la parte superior del pecho está relacionada con la tensión y, a menos que respires con rapidez, no te va a proporcionar el oxígeno suficiente. Por otra parte, si respiras desde el abdomen, no puedes estar tensa. Respiración abdominal no tiene por qué significar respiración profunda (que terminarías mareada por el exceso de oxígeno). Más bien, tu respiración debe de ser lenta. Para asegurarte de que respiras abdominalmente, inspira de forma normal, pero lenta, a través de la nariz, y luego espira lentamente a través de la boca, como si soplaras una vela. Esto hace que tu próxima respiración venga, automáticamente, desde el abdomen. Sin embargo, no espires a través de la boca *todo* el tiempo, sino hazlo sólo ocasionalmente para restablecer la respiración abdominal. Prueba a hacer diez de estas respiraciones, «soplando velas», en cualquier momento, en cualquier lugar, para calmarte de forma rápida.

- Dispón un lugar seguro y agradable en tu casa simplemente para meditar, orar, leer y cualquier otro tipo de reposo privado. Intenta que el lugar resulte hermoso, aunque sencillo. Pon flores, una vela, incienso o aceites esenciales para darle un aroma relajante. Quizás podrías comprar el mecanismo para una fuente en una tienda de artesanías y hacerte una pequeña fuentecilla con piedras que tú mismo hayas encontrado. También puedes tener un pez de colores en una pecera. Cómprate una tela de seda o un manta de materiales naturales para envolverte o sentarte sobre ella. Llévate una taza de tu té preferido o de cualquier otra bebida. En resumen, complace todos tus sentidos.
- Lleva un diario que estimule la reflexión y te dé una perspectiva más amplia sobre lo que estás haciendo con tu tiempo.
- Crea un grupo para compartir anotaciones de diarios y experiencias vitales. Que el grupo te ayude con tus dificultades para encontrar el equilibrio en tu vida.
- Discute con un amigo de confianza tus dificultades para encontrar el equilibrio en tu vida.
- Lleva siempre contigo algún tentempié proteínico; quizás palitos de queso, un huevo duro, una barrita energética, una lata de atún, unas cuantas nueces o quesitos en porciones. (Puedes guardar en el frigorífico un pack frío y guardártelo en el bolso junto con el tentempié cuando vayas a salir). La sobreexcitación puede mermar considerablemente el azúcar en sangre, y esto puede hacer que te sobreexcites aún más. Una vida ajetreada puede complicarte mucho encontrar los alimentos adecuados y, en cuanto la química de tu organismo se descompense, tus decisiones pueden verse mermadas a la hora de mantener el nivel óptimo de excitación. De este modo, terminarías entrando en un círculo vicioso, sobre todo pasados los treinta años de edad. Confía en mí; yo he pasado por ahí.
- Aprende cuanto puedas acerca de nutrición y de los suplementos dietéticos que puedas necesitar. Hay infinidad de libros y boletines sobre estos temas, pero asegúrate de que lo que haces esté bien fundamentado en investigaciones recientes, y evita los cambios súbitos

o los extremos de cualquier tipo. Y *tómate* las pastillas. No te olvides de ellas.

- Lleva contigo unos tapones para los oídos, para aquellas ocasiones en que te puedas ver expuesto a ruidos intensos.
- Lleva contigo un libro de inspiración, pues te puede ayudar a mantener una perspectiva mejor sobre las exigencias a las que te enfrentas. A mí me gusta la poesía.
- Procura que te hagan un masaje semanal. Si no puedes permitírtelo, quizás puedas hacer equipo con una amiga íntima para daros masajes mutuamente, leyéndoos previamente un libro o participando en un curso de masaje.
- Utiliza la aromaterapia, pues es algo muy adecuado para las PAS. Existen aromas, como el de la lavanda, que rebajan el nivel de excitación. Además, en cuanto asocies un aroma a la paz interior, ese aroma reducirá tu nivel de excitación en cuanto lo percibas.
- Dedica tiempo de forma regular a los animales y las plantas, y procura estar cerca de bosques y masas de agua.
- Deja que la música u otros sonidos te tranquilicen.
- Piensa en todo aquello que toque tu piel (ropa, sábanas, jabones, lociones, etc.) y procura que no tengan productos irritantes, para que te sientas realmente cómoda.
- Piensa en qué relación te genera más tensiones en tu vida. ¿Puedes alterarla de algún modo para que te resulte menos estresante, quizás estableciendo unos límites claros, expresando tus necesidades, yendo juntos a un mediador u orientadora, pasando menos tiempo con esa persona, procurando que haya otras personas presentes o incluso dando por concluida la relación? O bien lee un libro sobre cómo tratar con personas difíciles. *(Véase* «Recursos», página 345).

Parejas y grupos: A, B y C pueden discutir esta tarea.

EN CONCLUSIÓN: Vuelve a mirar tu nivel promedio óptimo de excitación y tu nivel de excitación medio al irte a dormir que estableciste en la tarea anterior. Si estos promedios fueran cercanos a 0 u óptimos, utiliza el espacio de abajo para reflexionar sobre las listas que acabas de leer y en qué medida tus métodos son similares o diferentes. Si tus niveles de excitación estuvieran alejados del nivel óptimo (0) con frecuencia, haz aquí una lista de lo que vas a hacer al respecto y *cuándo*, tomando como referencia las ideas concretas que se ofrecen en las dos listas de arriba.

_____

_____

_____

_____

_____

Si todavía no haces lo que tienes que hacer

Si estás demasiado «dentro» o «fuera» con frecuencia y no te has decidido a hacer más de uno o dos elementos de las listas que se te proporcionan arriba (o cualquier otra actividad que a ti se te ocurra), reflexiona seriamente sobre el motivo de ello. Soy consciente de que algunas personas tienen responsabilidades con otras personas y que no pueden eludirlas, o que no pueden sustentarse sin trabajar muchas y largas horas. Pero conviene que pienses detenidamente si ésa es realmente tu situación. Haz imaginación activa *(véase* la página 81) con cualquier parte de ti que decida no esforzarse más con el fin de mantenerte en tu rango óptimo de excitación. Pregúntale *por qué* a esa parte de ti. Si la respuesta que te da no te satisface, pregúntale de nuevo por qué te empuja y no te deja descansar lo suficiente, o por qué te mantiene subexcitado, llevándote a adoptar un papel de espectador ante la vida.

Aunque esa parte de ti que se resiste al cambio tenga motivos que puedan parecer realistas («Simplemente, no tengo tiempo»), deberás confrontarla con la verdad: estás poniendo en peligro tu salud, así como tu potencial para la felicidad, y esto afecta también a las personas que te rodean. ¿Que no tienes tiempo? Si caes enferma o tienes que guardar cama por un accidente debido a que has ido demasiado lejos con tu nivel de excitación, vas a tener tiempo de sobra.

Si este trabajo interior no te proporciona pista alguna sobre lo que para ti es un comportamiento totalmente irracional (es decir, movido por necesidades inconscientes), entonces deberías tomar en consideración la posibilidad de ir a psicoterapia, con el fin de encontrar una respuesta y cambiar de hábitos. *Véase* la página 233 para ver cómo encontrar una terapia asequible, aunque deberías plantearte también el cambio de hábitos como una inversión en ti mismo. Te conducirás de forma más inteligente, productiva, enérgica y saludable si operas con más frecuencia desde tu nivel óptimo de excitación.

Siempre resulta útil dejar de negar lo que está ocurriendo, de modo que escribe en estas líneas *por qué* no cambias.

_____

_____

_____

_____

_____

Parejas y grupos: A, B y C. A las personas que están demasiado «afuera» y las que están demasiado «adentro» les puede resultar difícil empatizar u ofrecerse ayuda debido a que son muy diferentes. En un grupo, quizás aquellas personas con problema similares deberían de hablar entre sí mientras el resto escucha, y viceversa.

El paseo del paraguas

Esta tarea surgió a petición de muchas PAS, que me preguntaban cómo no verse afectadas por los estados de ánimo de personas extrañas o de otras personas a las que no deseaban dedicar su tiempo. Las PAS estamos diseñadas para ser receptoras, «diseñadas para detectar», raudas en el procesamiento profundo de cada mensaje, por pequeño que sea. Sabemos muy bien lo que significa «energía sutil» y «vibraciones». Así pues, ¿cómo podemos protegernos de estas cosas?

Paul Radde, PAS, terapeuta y conferenciante motivacional en Washington D. C., me dio la idea que ha dado lugar a esta tarea. Al abordar este problema, Paul utiliza la analogía del paraguas. Un paraguas cerrado y boca abajo acumula un montón de agua cada vez que se pliega y se despliega; pero si está con la punta hacia arriba y abierto, repele el agua como lo haría el lomo de un pato. Del mismo modo, si tú estás «hacia arriba», te va a resultar más fácil repeler cualquier cosa que caiga sobre ti. Y cuando digo «hacia arriba» no me refiero a estar alegre o de buen humor (pues aunque esto podría ser de gran ayuda, es aún más importante tener el paraguas abierto y hacia arriba cuando no te sientes tan bien). Cuando digo «hacia arriba» me refiero a estar emitiendo en vez de recibiendo. Tanto si lo dices de palabra como si no, el mensaje es «Hola, buenos días, estoy ocupada». O, simplemente, «Estoy ocupada». Estás emitiendo eso constantemente. En ese momento, *no* estás recibiendo.

Cuando tienes el paraguas hacia arriba, tus propias intenciones tienen prioridad en tu mente. Vas de camino a la oficina de correos. Vas a la sección de productos de la tienda. No entras en la tienda para saber qué le ocurre a cada persona que puedas encontrarte allí. Tú no sales sin un propósito, a menos que *quieras* recibir.

Todo el mundo desea que les atendamos, y muchas veces lo consiguen, porque nosotras las PAS somos curiosas por naturaleza. Pero la atención de una PAS es un bien precioso que se echa a perder fácilmente, por lo que vas a tener que decidir quién recibe tu atención y quién no. No dejes que eso ocurra al azar o que sea otra persona quien lo decida por ti.

¿Una persona sin hogar pidiendo monedas? Estas personas nos alcanzan en lo más hondo. Decide cuál va a ser tu actitud hacia las personas sin hogar y síguela estrictamente. Puede ser el silencio si así lo deseas, estás en tu derecho. Puede ser un «no» si es lo que prefieres. O bien puedes tener una bolsa llena de monedas y adoptar una actitud de «sí». Después, puedes decir simplemente, «Que tenga un buen día», y continúas con tus cosas.

¿Alguien que te quiere vender algo o que te anuncia algo? Si tu propósito hoy es el de no comprar, no tienes por qué adoptar una actitud receptiva. Punto. No cedas ante el asalto de alguien que te quiere vender algo. No leas siquiera las indicaciones publicitarias. Te van sacar de tu rumbo.

¿Gente interesante a la que observar? Estupendo, obsérvalas si es así como quieres emplear tu energía hoy. Si no es así, no observes a la gente. Mantén la mirada fija en tu destino.

Un comentario acerca del *mindfulness* y la meditación. Quizás hayas aprendido por ti misma a «oler las flores», a ser plenamente consciente, de manera que una tarea que supone aislarse del mundo te puede parecer extraña o equivocada. Pero el ser consciente del nivel de excitación de tu organismo y protegerlo siendo consciente de tus objetivos también es una especie de *mindfulness*.

Prueba con los siguientes ejercicios para ponerte en modo emisor y no receptor.

1. Ahora, o la próxima vez que salgas a la calle, date un «paseo del paraguas» deliberado. Sal con un propósito y con paso raudo. Piensa en dónde vas y qué vas a hacer allí. Mantén una actitud afable, pero una actitud de «estoy ocupado», hacia los demás. Puedes incluso decir, *para ti,* «Lo siento, hoy no estoy recibiendo».

2. Echando la vista atrás hacia tu primer «paseo del paraguas», valora en una escala de 1, fácil, a 10, imposible, cuán difícil te ha resultado _____. Toma nota de tus observaciones en este primer intento aquí:

_____

_____

_____

_____

_____

3. Si crees que puedes probar a darte el «paseo del paraguas» en un entorno diferente, hazlo en el trabajo, cuando estás yendo a hacer algo a alguna parte y no quieres que te detengan; o hazlo mientras estás sentada en vez de caminando. Valora este intento entre 1, fácil, y 10, imposible, y toma nota de tus observaciones en relación con este intento.

_____

_____

_____

_____

_____

4. Utiliza el «paseo del paraguas» cuantas veces puedas durante unas semanas con el fin de desarrollar esta habilidad y el hábito de hacerlo. Con el tiempo se convertirá en algo automático y podrás olvidarte de la imaginería del paraguas.

Parejas y grupos: A, B y C. Puedes intentar caminar en silencio con otra persona, realizando ambas el «paseo del paraguas», para discutir juntas vuestra experiencia más tarde. En un grupo, podéis discutir vuestras experiencias con esta tarea.

EN CONCLUSIÓN: Reflexiona sobre lo que has observado acerca de ti mismo mientras intentabas realizar esta tarea y registra tus observaciones aquí.

_____

_____

_____

_____

_____

Aislarse del sonido

¡Ruido! Es la cruz de nuestra existencia, ¿no es así? Somos de lo más sensibles al ruido, simple y llanamente. No es que nuestra audición sea mejor que la de los demás, pero las investigaciones demuestran que, en su camino hacia el cerebro, los estímulos auditivos de las PAS «se amplifican». Y a diferencia de las ondas lumínicas, las ondas sonoras son capaces de atravesar las paredes. Dado que no tenemos «párpados para los oídos», ¿qué podemos hacer? Pues bien, yo he estado recogiendo sugerencias de toda la gente que he podido, incluido un ingeniero acústico.

- *Utiliza tapones para los oídos.* Para dormir, en el metro, donde pongan el volumen de la música muy alto. Y sí, queridas y precavidas PAS, probablemente escucharéis la alarma de incendios aun con los tapones puestos (aunque no lo garantizo). Los podéis comprar en cualquier farmacia, pero compradlos de los que bloquean el sonido, no el agua. A mí me gustan los tapones de gomaespuma, que los enrollas con los dedos y los introduces a presión en los oídos, donde se expanden. Pero sigue las indicaciones y cambia de tapones con frecuencia, y no descuides hacer de vez en cuando una revisión médica para cerciorarte de que no ocurre nada extraño en tus oídos. Y para dormir en el más profundo de los silencios, utiliza, además de los tapones, un cojín muy ligero sobre el oído que queda al descubierto (si duermes de lado). Sólo tendrás que habituarte a ponértelo del otro lado cuando te des la vuelta.

- *Compra tranquilidad.* Compra electrodomésticos silenciosos, sobre todo el frigorífico, y que al teléfono se le pueda quitar el sonido. Los contestadores telefónicos digitales son más silenciosos que los que llevan cintas de grabación, aunque también puedes poner el contestador en un cajón.

- *Entérate de las ordenanzas municipales sobre el ruido.* Las horas de silencio suelen estar marcadas por ley. Por otra parte, las normativas de construcción suelen especificar que los edificios cercanos a fuentes de ruido, como las autopistas, deben construirse con un buen aislamiento acústico. Si los ruidos se desplazan con absurda facilidad en el edificio en el que vives, de tal manera que sabes más de lo que nunca quisiste saber de tu vecino, puede que ese edificio no haya sido construido según la normativa. Averigua si el lugar donde vives cumple con los requisitos legales en lo relativo a aislamiento acústico y a quién puedes reclamar si no los cumple. Esto lo puedes saber consultando a un ingeniero acústico. Puedes encontrar algunos en las páginas amarillas.

- *Considera la posibilidad de aislar acústicamente tu vivienda,* tanto si eres la propietaria de la casa como si estás alquilada y tienes una casera comprensiva (ten en cuenta que las sugerencias que vienen a continuación incrementarán el valor de la vivienda). Si la fuente de ruido es externa, el ruido se difunde a través del aire y las estrategias son similares a las que utilizas para evitar las corrientes de aire. Por ejemplo, pon ventanas de doble acristalamiento en la zona de la casa más cercana al ruido. Asegúrate de que el cristal tiene, al menos, un cuarto de pulgada de espesor (0,625 cm), con tanto espacio como sea posible entre un cristal y el otro, y que no haya contacto entre ellos. Calafatea y sella la ventana en las juntas con la pared y procura que la ventana no se pueda abrir. Sólo necesitas hacer esto en el lado de la casa de donde procede el ruido, de tal modo que siempre puedas abrir el resto de las ventanas de la casa para airearla o como salidas de emergencia. También, las puertas de la zona de donde proceden los ruidos deben ser lo más gruesas posibles y ajustar bien cuando se cierren.

Los ruidos que proceden del interior se difunden en parte a través de la construcción, es decir, de paredes, suelos y techos, que actúan como conductores del sonido. Podrías construir una pared nueva en el lado de donde vienen los ruidos, completamente separada de la pared vieja. Así tendrías un doble muro, con fibra de vidrio entre ellos. La pared que dé a tu lado debería estar hecha de tablero de yeso de media pulgada (1,25 cm) o más de espesor.[2] Las sujeciones con las que se conecte la pared a la construcción deberían ponerse en «canales resilientes» (o barras flexibles) para absorber la energía. También aquí, un ingeniero acústico puede darte buenos consejos.

- *En el trabajo, averigua si a los demás también les molesta el ruido.* Sobre todo, si no estás sola, siempre puedes argumentar tu postura diciendo que la productividad se puede ver afectada. Si estás sola, deberás tener suficientes «puntos a tu favor» como para pedir un tratamiento especial. Si eres la única persona de tu grupo que puede resolver determinados problemas, te hallarás en mejor posición para decir, «Por supuesto, en cuanto apagues la radio». Pero déjate en casa las fantasías de que la organización va a cuidar de ti, a menos que tu problema afecte a los cimientos de la empresa o bien haga peligrar la posición de tu supervisora inmediata. Por tanto, es posible que tengas que cambiar de empleo, o ponerte tapones en los oídos... o bien utilizar un *walkman* con grabaciones tranquilizadoras.

- *Utiliza «reductores de ruidos»,* unos dispositivos que borran exclusivamente determinadas frecuencias que resultan molestas *(véase* «Recursos», página 345). Se llevan como unos audífonos.

- *Utiliza generadores de ruido que crean ruido blanco, el sonido de la lluvia u otros sonidos a tu elección,* pero en frecuencias que interfieran con ruidos molestos, como los ronquidos, el tránsito de vehículos, las voces o los ladridos de perros. Son muy útiles, dado que los sonidos terminan asociándose con el descanso *(véase* «Recursos», página 345).

- *Pide un rincón silencioso* cuando entres en un restaurante, en una peluquería u otros lugares que deberían ser tranquilos, pero que

---

2. Téngase en cuenta que los modos de construcción en los Estados Unidos son muy diferentes a los de España y otros países de la América Latina. *(N. del T.)*

muchas veces son ruidosos. El personal del establecimiento normalmente sabrá dónde ubicarte, incluso hay restaurantes que incluyen zonas tranquilas en su diseño. Al igual que ocurrió con el tabaco, los tiempos están cambiando. En San Francisco, donde yo vivo, en las calificaciones de los restaurantes se valora ahora el nivel de decibelios con unos iconos de campanitas. En un cine, considera la posibilidad de quejarte si el sonido está demasiado alto. O bien alquila un vídeo y controlas tú mismo el volumen.

- *Reconsidera tus actitudes acerca de la fuente de ruidos.* ¿Por qué un goteo te resulta molesto mientras la lluvia te tranquiliza? En su mayor parte, todo esto está en la cabeza. La manera más perfecta de torturarme con un ruido es hacerme la víctima, como cuando pido silencio y no se me respeta. Si el ruido fuera de mi agrado (por ejemplo, si quisiera que arreglaran los baches de mi calle y, finalmente, vinieran los obreros del ayuntamiento con sus martillos neumáticos), le daría la bienvenida al mayor de los alborotos. De modo que sé creativo. Entabla relación con los perros que ladran en el vecindario y con los niños que gritan y quiérelos. O bien acepta el consejo que, acerca del ruido, me dio una vez una maestra de meditación: «El océano no puede escapar a sus olas». Es decir, que no nos encontramos donde nos encontramos por azar, al menos no del todo, y los martillos neumáticos son tus olas, una parte de tu destino. Ellos son tus maestros hoy, martilleando tu necesidad de ser más paciente.

- *Desarrolla la capacidad para aislarte del sonido.* Esto *no* es fácil, claro está. Es decididamente más difícil que el «paseo del paraguas». Sin embargo, he conocido a gente que era capaz de conseguirlo por completo, otros podían hacerlo parcialmente, y todos ellos decían que era una habilidad aprendida, aunque sólo a los verdaderos profesionales les parece tan buena como el silencio real; no obstante, siempre tiene un coste de energía para ellos.

Esto es lo que puedes hacer para practicar. Siéntate en algún lugar donde otras personas estén hablando, quizás en una sala de espera, y experimenta con distintas formas de no escucharlas. Por ejemplo, puedes optar por escuchar sus palabras, pero que el significado de éstas no penetre en tu mente profunda. También puedes distraerte con otros pensamientos, o bien crear un campo de fuerza imaginario en torno tuyo.

Parejas y grupos: A, B y C. Compartid métodos entre vosotras.

EN CONCLUSIÓN: Explica aquí lo que vas a hacer para reducir el ruido en tu vida, pero reflexiona también sobre el significado del ruido para ti y sobre qué puedes aprender acerca de ti misma en tu lucha con él.

_____

_____

_____

_____

_____

CAPÍTULO 4

Tu infancia y tu sensibilidad

Esa psicología nos ha habituado a pensar en nuestra personalidad como un producto de nuestra infancia y de las experiencias de aprendizaje y traumas por los que hemos pasado. Pero antes de la psicología, la gente pensaba que la personalidad venía determinada en gran medida por la herencia o la «buena crianza». Curiosamente, el antiguo punto de vista está regresando con el descubrimiento de que muchos rasgos de personalidad, incluida la sensibilidad, están genéticamente determinados. ¿Cómo deberías ver las fuerzas que conforman tu vida, ahora que sabes que un rasgo hereditario te ha afectado tanto?

La idea de que un rasgo hereditario pueda tener tanta influencia en la propia vida puede ser en ocasiones perturbadora, pues a todas nos gusta pensar que podemos cambiar nuestra personalidad y mejorar. La existencia de un rasgo hereditario tan importante podría darnos la sensación de que todo en la vida está predeterminado. De hecho, las investigadoras que estudian problemas tales como la depresión, la ansiedad y la timidez se dividen en dos bandos hostiles en cuanto a si estos problemas son hereditarios o aprendidos. A pesar de mi interés en el temperamento heredado, el bando que dice que toda la personalidad es heredada nunca recibió mi apoyo; pues aunque los genes juegan evidentemente un papel importante en la personalidad y en la salud mental, cualquier psicoterapeuta dispuesta a escuchar la historia vital de una persona encontrará conexiones iguales o más poderosas entre la personalidad y la salud mental de una persona adulta y ciertas experiencias vitales objetivas y bastante obvias que suelen tener lugar en la infancia. Por decirlo de un modo sencillo, una familia negligente va a dar lugar a niños desdichados y adultos angustiados. Sin embargo, tampoco me puedo unir al bando que afirma que todo en la personalidad radica en la infancia, porque todas nos hemos encontrado con evidencias claras sobre las diferencias hereditarias; por ejemplo, en lo diferentes que son dos niños de una misma familia desde el mismo instante en el que nacen, antes de que cualquier experiencia pueda marcar diferencias entre ellos. Así, debería parecer obvio que la verdad se encuentra a mitad de camino, en la interacción existente entre el temperamento heredado y el entorno en la infancia. Por desgracia, no ha habido demasiada investigación sobre este punto debido a la división existente entre los investigadores. No obstante, vale la pena que conozcas las investigaciones de algunas personas pioneras, porque tienen una relevancia directa en tu vida.

Megan Gunnar ha descubierto que los bebés de nueve meses saben si están con una persona atenta y cariñosa, y que esto determina hasta dónde va a llegar su estrés cuando se ven separados de la madre. Sólo cuando se les deja al cuidado de una persona poco atenta y aparentemente indiferente es cuando se observa, en su saliva, una elevada tasa de cortisol, la hormona del estrés. Este efecto, según Gunnar, es aún más intenso en los bebés sensibles.

Pero aún más importante para tu vida debería ser este otro estudio. Las colegas de Gunnar han estado estudiando las atenciones que las niñas sensibles reciben de sus propias madres, algo que les afecta en gran medida en su vida diaria. Se compararon las respuestas de un grupo de niños de dieciocho meses, con apegos seguros e inseguros con la madre, en cuatro situaciones diferentes, todas ellas novedosas y altamente estimulantes (con un payaso en vivo, con un robot payaso, en un espectáculo de marionetas, etc.). Las investigadoras midieron tanto los niveles de adrenalina (la hormona de los sobresaltos súbitos, esperable en cualquier niña sensible ante una situación novedosa) como los de cortisol (hormona indicadora del estrés y de la sensación de amenaza). Puedes imaginarte los resultados, pero te van a resultar más ilustrativos si entiendes primero los estilos de apego y piensas en el tipo de relación que mantenías con quienes cuidaron de ti en la infancia.

El estilo de apego en niños se puede discernir fácilmente observándolos durante un corto período de tiempo en su interacción con sus «cuidadoras principales», que normalmente son las madres. Hay madres que parecen sintonizar bien con sus hijas, mientras que otras se muestran inconsecuentes, distraídas o poco atentas, dando prioridad a sus propias necesidades por encima de las de las pequeñas. Lo que conviene que sepamos como personas adultas es que los estilos de apego son muy resistentes al cambio; se establecen durante la infancia como la forma más segura de comportamiento en una relación estrecha y perduran en la edad adulta, a menos que otras relaciones refuten las suposiciones básicas que puedas tener sobre con qué personas puedes contar y con cuáles no.

Un apego seguro significa que el niño siente que tiene una base hogareña segura a partir de la cual explorar. Sus necesidades vienen primero, no las de su cuidadora. Si el niño necesita explorar, estupendo. Si necesita estar cerca de su cuidadora para sentirse seguro y confortado, estupendo. Las personas adultas con un estilo de apego seguro en sus relaciones íntimas con otros adultos suelen estar de acuerdo con las siguientes afirmaciones: me resulta relativamente fácil estrechar lazos con los demás y me siento cómoda dependiendo de ellos y aceptando que ellos dependan de mí. No me suele preocupar la idea de ser abandonado o de que alguien establezca lazos demasiado estrechos conmigo.

El apego inseguro viene con dos «sabores». El primero, el apego ambivalente ansioso, es el resultado de haber tenido una cuidadora inconsecuente en sus atenciones y ansiosa con respecto a las exploraciones del niño, de ahí que la mejor estrategia para el niño sea la de mantenerse cerca de la cuidadora. Las personas adultas con este tipo de apego suelen estar de acuerdo en afirmaciones como las siguientes: los demás no parecen querer estrechar lazos conmigo tanto como a mí me gustaría. Me preocupo frecuentemente de que mi pareja no quiera estar conmigo o no me quiera realmente. Me gustaría tener una relación muy estrecha con alguien, incluso una relación íntima, pero parece que esto hace que los demás se sientan incómodos conmigo.

El segundo, el apego evasivo, es el resultado de haber tenido una cuidadora que está demasiado ocupada como para atender a la niña; está demasiado estresada, está enferma o ausente, o quizás sea una persona negligente o peligrosa, de tal manera que la mejor estrategia que encontró la niña fue la de mantenerse a distancia de ella y evitar en todo momento el necesitar o molestar a esa persona. Los adultos con un estilo de apego evasivo suelen estar de acuerdo con las siguientes afirmaciones: me siento un poco incómoda si mantengo una relación demasiado estrecha con alguien. Prefiero no depender de los demás. La gente que me rodea quiere que sea más cariñosa y abierta de lo que estoy dispuesta a ser.

Pero volvamos con los niños en la sala de juegos. Los niños sensibles con un apego seguro que se enfrentaban a situaciones altamente estimulantes tuvieron una clara respuesta de adrenalina, pero no aparecieron rastros de cortisol en su saliva. Sin embargo, los niños con apegos inseguros tuvieron respuestas tanto de adrenalina como de cortisol.

Dado que sólo en torno al 50 o 60 % de los niños, sean sensibles o no, tienen un estilo de apego seguro con su cuidadora principal, podemos llegar fácilmente a la conclusión de que casi la mitad de las personas que están leyendo este libro crecieron sin el suficiente apoyo social emocional que necesitaban para explorar nuevas situaciones y disfrutar de ellas. En vez de eso, estas personas sintieron temor porque no podían contar con su cuidadora. Físicamente, su organismo se veía inundado de cortisol frente a cualquier situación novedosa, lo cual significa que su sistema nervioso y su organismo en su conjunto se estaban desarrollando en condiciones deficientes. Esto debió de tener un efecto claro en su visión de las personas y del mundo en general.

En mis propias investigaciones me he encontrado repetidas veces con este mismo tipo de interacción entre temperamento y entorno. Los niños sensibles parecen desenvolverse bien, incluso inusualmente bien, bajo unas buenas circunstancias, e inusualmente mal en condiciones problemáticas.

La línea base aquí es muy importante, pues para comprender cómo funcionas en tanto que PAS, tienes que investigar tu infancia. No todas tus virtudes y tus problemas se deben al hecho de ser altamente sensible, ni tampoco se deben exclusivamente al tipo de crianza que recibiste. Ambos aspectos interactuaron entre sí. No es fácil discernir qué viene de cuál de estos aspectos, pero bien vale la pena el esfuerzo. Clarificando esta interacción entre temperamento y experiencias vitales, las PAS con y sin un pasado perturbador se hallarán en mejor disposición para repeler las etiquetas negativas que nos acusan de ser genéticamente «inhibidas», «temerosas», «reactivas», «negativas» y «vulnerables hasta el punto del trastorno mental». Somos mucho más que eso. Y las PAS con una infancia turbulenta serán capaces de verse de un modo más afable, dándose permiso para buscar ayuda fuera. Ya no tendréis que inclinar la cabeza avergonzadas cuando oigáis de otras personas (no-PAS) que han tenido una infancia mala o peor que la vuestra y están «estupendamente», o que lo resolvieron todo con diez sesiones de psicoterapia.

Cómo determinar tu estilo de apego en la primera infancia

Para comenzar a discernir en qué medida te afectan tu temperamento y tu estilo de apego en tu vida adulta, tendrás que determinar el estilo de crianza que tu cuidadora principal (probablemente, tu madre) empleó contigo a través de las tres declaraciones que tienes a continuación. Utiliza una escala del 1 al 9, en la que 1 es «en absoluto fue así mi madre/padre», y 9 es «se parece mucho a mi madre/padre».

_____ Ella/él se comportaba normalmente de forma cariñosa, atenta a mis necesidades, discerniendo bien cuándo yo podía necesitar ayuda y cuándo prefería hacer las cosas por mí mismo. Fue una relación confortable, básicamente cálida y receptiva. Me siento bien cuando pienso en esa relación.

_____ Ella/él variaba mucho en el modo en que me trataba. Creo que sus necesidades solían tener prioridad sobre las mías. En ocasiones, se podía contar con ella/él, pero otras veces no. Me sentía querida, pero no podía confiar en cómo expresaría ese cariño.

_____ Ella/él no solía ser cariñosa conmigo. Me sentía ignorado, a veces incluso rechazado. Ella/él ponía sus propias necesidades casi siempre por delante. Muchas veces me he preguntado si en realidad hubiera preferido que yo no hubiera nacido.

Si has valorado la primera declaración con la puntuación más alta, esto indica que en tu infancia tuviste probablemente una relación segura. Valorar la segunda declaración como la más alta indica un apego ambivalente ansioso, y la tercera, un estilo de apego evasivo. Pero estas declaraciones son sólo el principio de la exploración y, evidentemente, pasan por alto muchos matices. Escribe un poco más aquí abajo sobre cuál crees tú que fue tu estilo de apego en la primera infancia, en función del comportamiento de tu cuidadora principal.

_____

_____

_____

_____

_____

Cuando consideres que ha llegado el momento, utiliza la imaginación activa tal como se describe en el capítulo 2 para invitar a tu consciencia a ese niño o niña que vivió la situación que acabas de describir. Pregúntale cómo sucedió, cómo se siente ahora y qué puedes hacer tú para ayudar, si es que la ayuda es necesaria. Al igual que toda imaginación activa, esto no se puede hacer a la ligera. Pero cuando sientas que estás preparada para hacerlo, utiliza este espacio para el diálogo o para tomar nota de lo que hayas aprendido con ello.

_____

_____

_____

_____

_____

_____

_____

_____

_____

_____

_____

_____

_____

_____

Parejas y grupos: B y C pueden discutir esta tarea.

En conclusión: Se suele subestimar el papel que cumplen los primeros años de la vida, de modo que tómate tiempo ahora para reflexionar sobre ellos, sobre el impacto que tuvieron en ti y en lo que eres ahora, y sobre cómo puedes aprovecharte de esta fuerza que ha conformado tu vida. (Sé que si tu primera infancia fue dura, te va a resultar difícil imaginar una manera de convertir eso en una ventaja, pero las investigaciones sobre aquellas personas que desarrollaron la seguridad siendo ya adultas indican que son personas inusualmente conscientes y muy interesantes. Y, al menos, los evasivos pueden manejarse bien en soledad, en tanto que los ambivalentes ansiosos pueden apreciar de verdad las atenciones congruentes de otra persona).

_____

_____

_____

_____

_____

Reconsiderar los acontecimientos de la infancia

Gran parte del concepto que tenemos de nosotras mismas ahora es el producto del modo en que nosotras mismas y otras personas interpretamos nuestro propio comportamiento en la infancia. Por otro lado, las partes negativas de ese autoconcepto son el producto de lo que nosotras mismas u otras personas considerábamos fracasos, momentos humillantes u ocasiones en que se nos criticó duramente en la infancia. Tu alta sensibilidad estuvo casi siempre implicada, de un modo u otro, en estos acontecimientos; de ahí que reconsiderarlos y reformularlos sea ahora esencial.

Pero tómate tu tiempo. No intentes reconsiderar más de un acontecimiento al día. De hecho, si tienes pensado reconsiderar algo especialmente traumático, como pudo ser tu reacción ante una violación (algo que aparece en la vida de una de cada tres mujeres, según algunas fuentes), y nunca has trabajado con estos recuerdos anteriormente, por favor, *no* intentes reconsiderar ese acontecimiento sin ayuda profesional.

Abajo encontrarás los pasos con los que te familiarizaste en «Reconsiderar tu pasado» (página 38). Elige una experiencia de tu infancia que te parezca decisiva en el desarrollo de algunos puntos bajos en tu autoestima. Podría ser un único momento que te conformó profundamente hasta ser lo que ahora eres, como cuando te sentiste abrumado en tu primer día en el jardín de infancia; o bien puede ser toda una categoría de acontecimientos, como tus intentos por triunfar en la liga de béisbol infantil o juvenil. Recuerda que en ciertos aspectos hasta pudo ser un momento positivo, como una fiesta de cumpleaños sorpresa o la primera vez que te subiste a un caballo; pero si nunca te gustó el modo en que reaccionaste, convendrá que lo reconsideres.

Tiene que ser una experiencia que, con el tiempo, puedas ver bajo una nueva luz, siendo ahora consciente de tu rasgo. Pero no te plantees demasiadas cosas en un principio; piensa simplemente en aquel acontecimiento perturbador que pudo ser más decisivo, pues es muy probable que guarde relación con tu sensibilidad, con el hecho de que, probablemente, te hallabas en un estado de sobreexcitación.

Escribe aquí aquel acontecimiento o categoría de acontecimientos de la infancia que te gustaría reconsiderar.

_____

_____

_____

_____

_____

Ahora vamos a reconsiderarlo. Cada paso está numerado, tiene un ejemplo debajo y, a continuación, espacio para que tomes tus propias notas.

1. Recuerda cómo respondiste ante aquel acontecimiento; tantas emociones, conductas e imágenes como puedas evocar.

Ejemplo: *Me encantaba el agua, pero no pude aprender a nadar. Para mí (sólo para mí), las clases eran humillantes. Siempre me quedaba atrás, pues no podía meter la cabeza debajo del agua. Practicaba en casa, en el lavabo, durante horas, pero me resultaba imposible sumergir la cara. Dado que el resto de las niñas sí que lo hacía, iban pasando de grupo, hasta que, con el tiempo, me quedé sola. Entonces, alguien me sugirió que quizás sería mejor que dejara las clases. A la mayor parte de los chicos y chicas los conocía, y tenía la sensación de que mi fracaso no hacía otra cosa que incrementar en ellos la convicción de que yo era un bicho raro, alguien a quien había que evitar.*

---

2. Recuerda qué te ha hecho sentir todo esto a lo largo de los años.
   Era una demostración más de que algo no iba bien en mí. Era un defecto mío. Era cobarde, pero no podía hacer nada por evitarlo. Eso es lo que lo convertía en un defecto.

---

3. Piensa en aquella situación a la luz de lo que sabes ahora acerca de tu rasgo (o bien imagina que yo misma te lo explico).
   La causa de aquello fue mi sensibilidad, pues yo detestaba que se me metiera el agua en los ojos, en los oídos y la nariz. (De hecho, finalmente aprendí a nadar con una profesora privada, que me dio tapones para los oídos y la nariz). Tenía miedo del agua porque había aprendido de mi padre y mi madre el miedo a ahogarme. Por otra parte, el hecho de estar delante de mis compañeros me generaba una intensa sobreexcitación. Me disgustaban los ruidos, los chapoteos, y el agua fría hacía que me tensara más que los demás. La impaciencia del profesor fue la gota que colmó el vaso. Aprender así fue imposible para mí.

_____

_____

_____

_____

_____

4. Piensa en si se podrían haber evitado todas las cosas negativas de aquella situación o si todo hubiera sido diferente en caso de que tú o las demás personas hubierais sabido que tú eras una PAS y se hubieran hecho los ajustes necesarios.

Se podría haber evitado, porque al final pude aprender a nadar con trece años, cuando aquella instructora de natación, una mujer joven e inteligente, me enseñó finalmente a nadar. Te enseñaba a bucear, con mucha calma y de forma individualizada, en la parte profunda de la piscina, para luego dejarme sola en la parte menos profunda, haciendo que recogiera piedras del fondo. Nunca hizo que me sintiera avergonzada. Simplemente, se limitaba a elogiarme cuando conseguía hacer las cosas. Al final, terminó dejando caer las piedras en la parte más profunda. Yo me sumergía y, tras alcanzarlas, me dejaba flotar para ascender a la superficie. Yo le he enseñado a nadar a mi hijo (que también es altamente sensible) de la misma manera, después de que lo intentara una vez en grupo, igual que hice yo al principio. Mi hijo tuvo suerte.

_____

_____

_____

_____

_____

5. Si lo que sabes ahora te hubiera evitado ese sufrimiento o que perdieras un tiempo de tu vida en el esfuerzo, tómate unos instantes para sentir lo que sea que eso te haga sentir ahora.

Es difícil dejarse alcanzar por esos sentimientos; es como si fuera otra persona, aquella aterrorizada y humillada niña que nunca expresó sus sentimientos en voz alta. Pero fue terrible; todos los veranos era así. Recuerdo que se me revolvía el estómago. Era una depresión y una ansiedad constantes, debido a esto y a otros acontecimientos similares.

_____

_____

_____

_____

_____

Plasma por escrito cómo entiendes ahora lo acontecido y léetelo con frecuencia hasta que hayas absorbido su pleno significado.

No había nada equivocado en mí. No hay nada equivocado en mí. Simplemente, soy diferente. Soy de una clase diferente, con cualidades interesantes y maravillosas como consecuencia de ello, incluida mi arquetípica pasión por estar en el agua (nado siempre que puedo, hasta en la bahía de San Francisco en pleno invierno). Simplemente, deberían haberme dado atenciones especiales, pero nadie sabía eso. Por encima de todo, necesitaba tener experiencias de logro, y nunca sentirme avergonzada por mis reacciones sensibles. Se podría haber evitado mucho dolor si mi madre y mi padre lo hubieran sabido; pero, al menos, ahora soy una persona más compasiva a causa de lo vivido.

_____

_____

_____

_____

_____

Parejas y grupos: B y C. Los grupos, recurriendo al capítulo 11, harán esta tarea en la quinta sesión (página 335).

En conclusión: Reflexiona sobre lo que has aprendido acerca de ti mismo y resume esto en la página 44 del capítulo 1.

Reconsiderar la adolescencia

Ahora, reconsidera los momentos más dolorosos, momentos que quizás alteraron tu vida, de tu adolescencia (con la misma advertencia de que no trabajes tus reacciones sensibles ante acontecimientos profundamente traumáticos sin ayuda profesional, al menos la primera vez).

Mis investigaciones demuestran que la adolescencia puede ser la época más difícil de la vida para una PAS, de ahí que merezca una atención especial. En otras investigaciones se ha descubierto que es en esta época cuando suelen tener inicio los comportamientos de timidez.

Escribe aquí el acontecimiento o la categoría de acontecimientos que te gustaría reconsiderar.

Ejemplo: *Mi reacción en términos generales al descubrir que ser una adolescente de «éxito» suponía experimentar sexualmente con un montón de chicos y que yo no iba a poder hacer eso.*

_____

_____

_____

_____

Ahora, vamos a reconsiderarlo.

1. Recuerda cómo respondiste ante aquel acontecimiento, con tantas emociones, comportamientos e imágenes como puedas evocar.
   Fue en la primera fiesta en la que se hicieron juegos de besos. Lo había olvidado. Una amiga de la infancia me recordó que me había ido, y luego tomé conciencia de que lo había hecho porque sabía que yo no podría participar en los juegos. *En aquella fiesta vi en un instante de qué iba aquello de la adolescencia, de chicos que querían darte un beso y de ti esperando que te gustara y que, al mismo tiempo, pusieras obstáculos, sin saber nunca con certeza cuándo hacer qué cosa, y con el embarazo en aquellos tiempos como una amenaza peor que la muerte. Poco después de aquello, a los trece años, me eché novio, un chico delgaducho, mucho mayor que yo, de quien yo pensaba que nadie más lo iba a querer. Una especie de protector, para sentirme a salvo. Salimos juntos y, con el tiempo, terminamos casándonos, simplemente para evitar todo aquello del sexo con extraños que tanto me aterrorizaba.*

_____

_____

_____

_____

_____

2. Recuerda qué has sentido a lo largo del tiempo en relación con esto.
Nunca comprendí mi primer matrimonio, ni tampoco mi largo noviazgo con él. Para mí era una prueba de que algo no estaba bien en mí; esta vez, mi baja autoestima. Di por supuesto que me quedaría con él porque pensaba que nadie más me iba a querer.

_____

_____

_____

_____

_____

3. Piensa en tu respuesta ante esta situación a la luz de lo que ahora sabes acerca de tu rasgo.
Siendo sensible, supongo que siempre he visto la sexualidad como algo profundo, misterioso y poderoso; posiblemente mucho más de lo que pudieran verlo los niños y niñas que estuvieron en aquella fiesta. Pero mi sensibilidad también me hizo consciente del aspecto depredador del sexo, de ese lado cruel de los chicos que buscan «puntuar». No podía confiar en sus motivaciones, pero temía herir sus sentimientos rechazándoles, de modo que el único rumbo seguro que se me ocurrió fue el que tomé.

_____

_____

_____

_____

_____

4. Piensa en si podría haberse evitado todo lo negativo de lo acontecido, o si las cosas hubieras sido diferentes, en caso de que tú u otras personas hubierais sabido que tú eras una PAS y se hubieran hecho los ajustes necesarios.
No lo sé. Quizás alguien no me entendió, ni me ayudó a conocer a chicos como yo. Quizás si se hubiera hablado del sexo abiertamente y hubiéramos tenido permiso para no ir más allá sin sentirme una gallina…, quién sabe.

_____

_____

_____
_____
_____

5. Si lo que sabes ahora te hubiera evitado ese sufrimiento o que perdieras un tiempo precioso de tu vida en el esfuerzo, tómate unos instantes para sentir lo que sea que eso te haga sentir ahora.

En cierto modo, funcionó bien. Mi iniciación a la sexualidad tuvo lugar a mi propio ritmo. Pero el matrimonio resultó ser un desastre y llegué a desear con toda mi alma que no hubiéramos iniciado nuestra relación. Me sentí muy triste por él, porque al final le hice mucho daño.

_____
_____
_____
_____

6. Plasma por escrito cómo entiendes ahora lo acontecido y léetelo con frecuencia hasta que hayas absorbido su pleno significado.

Mi sensibilidad afectó sin duda mi sexualidad, haciéndome temerosa y llevándome a buscar una solución segura. Nadie me ayudó con la sensibilidad ni con la sexualidad, de modo que lo hice lo mejor que supe y pude. No tengo ningún trastorno, ni soy una rareza sexualmente; tampoco es que no sea atractiva. Simplemente es que soy altamente sensible. Eso es todo.

_____
_____
_____
_____

Parejas y grupos: B y C sólo.

EN CONCLUSIÓN: Reflexiona sobre lo que has aprendido acerca de ti mismo en esta fase de la vida y resume tus pensamientos de la página 44.

Las lecciones que aprendiste de tus progenitores

La forma en que abordas situaciones novedosas y la vida en general se han visto profundamente afectadas por tu temperamento, pero los métodos concretos que utilizas para abordar nuevas situaciones y para gestionar tu temperamento los has aprendido en gran medida de tu madre y tu padre. Si te sientes en general satisfecho con el modo en que aprendiste a enfrentarte a los desafíos de la vida, será bueno que reconozcas el origen de tus fortalezas. Si, por el contrario, deseas cambiar, te ayudará saber que tus comportamientos vienen de alguna otra parte. Entonces, podrás ver con claridad que estas conductas no te pertenecen y podrás comprometerte plenamente con el cambio.

En las páginas que vienen a continuación te encontrarás con las mismas dos series de preguntas repetidas tres veces, de modo que puedas hacer esta tarea en tres tandas, abordando tres áreas diferentes de tu vida. La primera serie de preguntas indagan en lo que tu madre o tu padre (o quienquiera que influyera más en tu vida en esta área) decían o hacían cuando tú te enfrentabas a un problema en ese aspecto de tu vida. La segunda serie trata de lo que tú haces o te dices a ti mismo cuando te enfrentas a un problema en ese aspecto en concreto de tu vida. Al final, se te pide que compares tus respuestas en ambas series. Convendrá que respondas a la primera serie de preguntas de las tres áreas de tu vida el mismo día, para contestar a la segunda serie y hacer la comparación otro día distinto. (Se te va a recordar esto en otros lugares del texto).

Primera área de la vida

1. Después de leer la siguiente lista, escribe en la línea que hay al final qué área de tu vida deseas explorar. Te vas a centrar en tres áreas (aunque puedes centrarte en más si lo deseas) a elegir de entre las que figuran en la lista, o bien investiga en cualquier otra área de la vida que desees.
   - Habilidades y riesgos de carácter físico, como aprender a cabalgar, a montar en bicicleta o a conducir un automóvil.

- Habilidades y riesgos relacionados con lo «extraño», como tratar con gente desconocida, viajar sola o salir de tu barrio.
- Vida escolar o laboral, como la elección de estudios o profesión, comprometerte con esa decisión, llevar a cabo las tareas asignadas, aceptar nuevas responsabilidades y no trabajar ni poco ni demasiado.
- El trato con profesorado u otras autoridades, reacción ante la retroalimentación de otros, hablar en tu propia defensa.
- Actividades sociales, como puede ser unirse a un club, practicar deportes con los demás, ir a fiestas y sentirse aceptada por un grupo de amigas que te gusta.
- Liderazgo social, como hablar en público, hacer una interpretación o presentar una candidatura a un cargo.
- Sexualidad y relaciones románticas, como el modo en que gestionas las citas y las tentativas sexuales, si comprendes tus impulsos sexuales y cómo reaccionas ante el sexo en los medios de comunicación.
- Decidir sobre amistades íntimas y cómo desarrollarlas.
- Juegos, aficiones y aventuras, sola o con otra gente.

Cómo me enfrento a los problemas relacionados con [área de la vida] _

_____

2. Escribe a continuación el nombre de la persona o personas en las que piensas cuando se te pregunta por la persona que más ha influido en ti en esta área [madre, padre, ambos, abuelo, etc.] _____

_____

3. Responde a las preguntas que vienen a continuación, que tratan del modo en que esa persona o personas manejaban tus tentativas en esta área. Puntúa cada comportamiento de la lista entre 1, «rara vez», 2, «a veces» o 3, «con frecuencia».

____ a. Temía por mí de forma considerable si asumía el más mínimo riesgo. No hacía nada más que repetir «Ten cuidado».

____ b. Echaba las culpas a un problema físico (aparte de la sobreexcitabilidad) si yo fracasaba o para insistirme en que no asumiera un riesgo.

____ c. Dentro de ciertos límites, me decía que confiaba en que yo haría lo que tenía que hacer.

____ d. No me dejaba asumir riesgos.

____ e. No prestaba atención a lo que yo pudiera hacer.

____ f. Intentaba llevarme a una nueva situación pasito a pasito, dándome todo el tiempo que necesitara para habituarme a cada situación.

____ g. Me forzaba para que hiciera más cosas de las que yo quería hacer.

____ h. Se enfadaba conmigo cuando no era capaz de hacer lo que él o ella quería que hiciese.

____ i. Me apuntó a actividades extraescolares con mi consentimiento.

____ j. Me inscribió en clases que yo quería recibir.

____ k. Ignoraba o negaba el problema por completo.

____ l. Si yo fracasaba, intentaba consolarme con comida, regalos y otras cosas.

____ m. Me comparaba con los demás de forma negativa.

____ n. Me comparaba con los demás de una forma positiva y realista, intentando fomentar mi autoestima.

____ o. Me comparaba con los demás de una forma positiva, aunque yo sabía que lo que decía era falso.

____ p. Criticaba mis decisiones.

____ q. Me elogiaba cuando tomaba una buena decisión.

____ r. No solía comentar mis decisiones, pero parecía preocuparse o mostraba insatisfacción conmigo o con mis decisiones.

____ s. Consultaba a profesionales buscando consejo acerca de mí.

____ t. Discutía con los demás mis problemas, contando con mi consentimiento.

____ u. Discutía con los demás mis problemas, sin contar con mi consentimiento.

4. Deja los pasos 5 a 7 para otro día. Ve ahora a la «Segunda área de la vida», en la página 133, y haz los pasos del 1 al 4 de nuevo en esa sección.

5. En cada uno de los comportamientos que se relacionan a continuación, pon un 1 en todo aquello que *tú* hagas rara vez en esta área de la vida, un 2 si lo haces a veces y un 3 si lo haces con frecuencia.

____ a. Siento un miedo considerable hasta con los riesgos más pequeños.

____ b. Busco o veo un problema físico (aparte de la sobreexcitabilidad) como justificación para no asumir un riesgo

___ c. Confío en mis decisiones y en cómo las tomo, en mi juicio, mi razonamiento, mi intuición o «voz interior».

___ d. No asumo riesgos.

___ e. No pienso para nada en este tema.

___ f. Intento introducirme en una nueva situación pasito a pasito, dándome todo el tiempo que necesito para habituarme a cada fase.

___ g. Me fuerzo a mí mismo para hacer más cosas de las que quiero hacer.

___ h. Me enfado conmigo misma cuando no soy capaz de hacer lo que otros hacen.

___ i. Busco cursos, instructores o libros para aprender a manejar esta situación.

___ j. Me obligo a aprender las cosas, aunque no quiera.

___ k. Me esfuerzo mucho por no pensar en eso.

___ l. Si fracaso o pienso que voy a fracasar, me consuelo con comida, bebida o comprándome algo.

___ m. Me comparo con los demás de forma negativa.

___ n. Me comparo con los demás de una forma positiva, señalándome mis puntos fuertes.

___ o. Me señalo mis puntos fuertes, o bien otras personas me los destacan, pero tengo dudas de que todo eso sea verdad.

___ p. Critico mis decisiones o dudo de ellas después de haberlas tomado.

___
___ q. Me siento orgulloso cuando tomo una buena decisión.

___ r. Normalmente, me siento un poco ansiosa, preocupada o insatisfecha conmigo misma o con mis decisiones.

___ s. Consulto a un profesional buscando consejo.

___ t. Discuto mis problemas en esta área con personas a las que elijo cuidadosamente, personas que pueden ayudarme o enseñarme.

___ u. Discuto mis problemas en esta área con cualquiera que esté dispuesto a escuchar, aunque no me vaya a ser útil.

6. **Compara cada pregunta a la que has respondido en el paso 5 con la pregunta de la misma letra en el paso 3, acerca de las reacciones de tu madre, padre o quienquiera a quien nombraras en el paso 2. A continuación, escribe junto a los ítems del paso 5 «lo mismo» si haces lo mismo que hacía contigo tu progenitor. Escribe «lo contrario» si tú ahora haces lo contrario de lo que hacía tu progenitor.**

7. Vuelve a leer la segunda serie de preguntas e, independientemente de cómo respondieras antes, pon una estrella junto a aquellos elementos que tú consideres que son una buena manera de abordar un problema. Suma el número de elementos con estrellas (valorándolos con un 2 o un 3), subrayándolos a medida que lo haces, de tal modo que puedas verlos fácilmente más tarde. Lo más habitual es que no haya grandes discrepancias entre lo que haces y lo que piensas que deberías de hacer. Abundaremos sobre esto más tarde.

Ahora, haz los pasos del 5 al 7 en la «Segunda área de la vida», en las páginas 134-135.

Segunda área de la vida

1. Escribe el área de la vida que quieres explorar (puedes utilizar la lista que se te ofrece en las páginas 129-131, o bien puedes elegir la que prefieras).
   Cómo me enfrento a los problemas relacionados con [área de la vida] _____
2. Escribe a continuación el nombre de la persona o personas en las que piensas cuando se te pregunta por la persona que más ha influido en ti en esta área [madre, padre, ambos, abuelo, etc.] _____
   _____

3. Responde a las preguntas que vienen a continuación, que tratan del modo en que esa persona o personas manejaban tus intentos en esta área. Puntúa cada comportamiento de la lista entre 1, «rara vez», 2, «a veces» o 3, «con frecuencia».

___ a. Temía por mí de forma considerable si asumía el más mínimo riesgo. No hacía nada más que repetir «Ten cuidado"».

___ b. Echaba las culpas a un problema físico (aparte de la sobreexcitabilidad) si yo fracasaba o para insistirme en que no asumiera un riesgo.

___ c. Dentro de ciertos límites, me decía que confiaba en que yo haría lo que tenía que hacer.

___ d. No me dejaba asumir riesgos.

___ e. No prestaba atención a lo que yo pudiera hacer.

___ f. Intentaba llevarme a una nueva situación pasito a pasito, dándome todo el tiempo que necesitara para habituarme a cada situación.

___ g. Me forzaba para que hiciera más cosas de las que yo quería hacer.

___ h. Se enfadaba conmigo cuando no era capaz de hacer lo que él o ella quería que hiciese.

___ i. Me apuntó a actividades extraescolares con mi consentimiento.

___ j. Me inscribió en clases que yo quería recibir.

___ k. Ignoraba o negaba el problema por completo.

___ l. Si yo fracasaba, intentaba consolarme con comida, regalos y otras cosas.

___ m. Me comparaba con los demás de forma negativa.

___ n. Me comparaba con los demás de una forma positiva y realista, intentando fomentar mi autoestima.

___ o. Me comparaba con los demás de una forma positiva, aunque yo sabía que lo que decía era falso.

___ p. Criticaba mis decisiones.

___ q. Me elogiaba cuando tomaba una buena decisión.

___ r. No solía comentar mis decisiones, pero parecía preocuparse o mostraba insatisfacción conmigo o con mis decisiones.

___ s. Consultaba a profesionales buscando consejo acerca de mí.

___ t. Discutía con los demás mis problemas, contando con mi consentimiento.

___ u. Discutía con los demás mis problemas, sin contar con mi consentimiento.

4. Deja los pasos 5 a 7 para otro día. Ve ahora a la «Tercera área de la vida», en la página 136, y haz los pasos del 1 al 4 de nuevo en esa sección.

5. En cada uno de los comportamientos que se relacionan a continuación, pon un 1 en todo aquello que *tú* hagas rara vez en esta área de la vida, un 2 si lo haces a veces y un 3 si lo haces con frecuencia.

___ a. Siento un miedo considerable hasta con los riesgos más pequeños.

___ b. Busco o veo un problema físico (aparte de la sobreexcitabilidad) como justificación para no asumir un riesgo.

___ c. Confío en mis decisiones y en cómo las tomo, en mi juicio, mi razonamiento, mi intuición o «voz interior».

___ d. No asumo riesgos.

___ e. No pienso para nada en este tema.

___ f. Intento introducirme en una nueva situación pasito a pasito, dándome todo el tiempo que necesito para habituarme a cada fase.

___ g. Me fuerzo a mí mismo para hacer más cosas de las que quiero hacer.

___ h. Me enfado conmigo misma cuando no soy capaz de hacer lo que otros hacen.

___ i. Busco cursos, instructores o libros para aprender a manejar esta situación.

___ j. Me obligo a aprender las cosas, aunque no quiera.

___ k. Me esfuerzo mucho por no pensar en eso.

___ l. Si fracaso o pienso que voy a fracasar, me consuelo con comida, bebida o comprándome algo.

___ m. Me comparo con los demás de forma negativa.

___ n. Me comparo con los demás de una forma positiva, señalándome mis puntos fuertes.

___ o. Me señalo mis puntos fuertes, o bien otras personas me los destacan, pero tengo dudas de que todo eso sea verdad.

___ p. Critico mis decisiones o dudo de ellas después de haberlas tomado.

___ q. Me siento orgulloso cuando tomo una buena decisión.

___ r. Normalmente, me siento un poco ansiosa, preocupada o insatisfecha conmigo misma o con mis decisiones.

___ s. Consulto a un profesional buscando consejo.

___ t. Discuto mis problemas en esta área con personas a las que elijo cuidadosamente, personas que pueden ayudarme o enseñarme.

___ u. Discuto mis problemas en esta área con cualquiera que esté dispuesto a escuchar, aunque no me vaya a ser útil.

6. Compara cada pregunta a la que has respondido en el paso 5 con la pregunta de la misma letra en el paso 3, acerca de las reacciones de tu madre, padre o quienquiera a quien nombraras en el paso 2. A continuación, escribe junto a los ítems del paso 5 «lo mismo» si haces lo mismo que hacía contigo tu progenitor. Escribe «lo contrario» si tú ahora haces lo contrario de lo que hacía tu progenitor.

7. Vuelve a leer la segunda serie de preguntas e, independientemente de cómo respondieras antes, pon una estrella junto a aquellos elementos que tú consideres que son una buena manera de abordar un problema. Suma el número de elementos con estrellas (valorándolos con un 2 o un 3), subrayándolos a medida que lo haces, de tal modo que puedas verlos fácilmente más tarde. Lo más habitual es que no

haya grandes discrepancias entre lo que haces y lo que piensas que deberías de hacer. Abundaremos sobre esto más tarde.

Ahora, haz los pasos del 5 al 7 en la «Tercera área de la vida», en las páginas 137-138.

Tercera área de la vida

1. Escribe el área de la vida que quieres explorar (puedes utilizar la lista que se te ofrece en las páginas 129-131, o la que tú quieras).

2. Cómo me enfrento a los problemas relacionados con [área de la vida] _____

3. Escribe a continuación el nombre de la persona o personas en las que piensas cuando se te pregunta por la persona que más ha influido en ti en esta área [madre, padre, ambos, abuelo, etc.] _____
   _____

4. Responde a las preguntas que vienen a continuación, que tratan del modo en que esa persona o personas manejaban tus intentos en esta área. Puntúa cada comportamiento de la lista entre 1, «rara vez», 2, «a veces» o 3, «con frecuencia».

____ a. Temía por mí de forma considerable si asumía el más mínimo riesgo. Ni hacía nada más que repetir «Ten cuidado».

____ b. Echaba las culpas a un problema físico (aparte de la sobreexcitabilidad) si yo fracasaba o para insistirme en que no asumiera un riesgo.

____ c. Dentro de ciertos límites, me decía que confiaba en que yo haría lo que tenía que hacer.

____ d. No me dejaba asumir riesgos.

____ e. No prestaba atención a lo que yo pudiera hacer.

____ f. Intentaba llevarme a una nueva situación pasito a pasito, dándome todo el tiempo que necesitara para habituarme a cada situación.

____ g. Me forzaba para que hiciera más cosas de las que yo quería hacer.

____ h. Se enfadaba conmigo cuando no era capaz de hacer lo que él o ella quería que hiciese.

____ i. Me apuntó a actividades extraescolares con mi consentimiento.

____ j. Me inscribió en clases que yo quería recibir.

____ k. Ignoraba o negaba el problema por completo.

____ l. Si yo fracasaba, intentaba consolarme con comida, regalos y otras cosas.

____ m. Me comparaba con los demás de forma negativa.

____ n. Me comparaba con los demás de una forma positiva y realista, intentando fomentar mi autoestima.

____ o. Me comparaba con los demás de una forma positiva, aunque yo sabía que lo que decía era falso.

____ p. Criticaba mis decisiones.

____ q. Me elogiaba cuando tomaba una buena decisión.

____ r. No solía comentar mis decisiones, pero parecía preocuparse o mostraba insatisfacción conmigo o con mis decisiones.

____ s. Consultaba a profesionales buscando consejo acerca de mí.

____ t. Discutía con los demás mis problemas, contando con mi consentimiento.

____ u. Discutía con los demás mis problemas, sin contar con mi consentimiento.

4. Ahora detente y, al día siguiente u otro día, ve al paso 5 de la «Primera área de la vida» en página 131 y haz los pasos del 5 al 7. Después, haz lo mismo con la «Segunda área de la vida» y con la «Tercera área de la vida».

5. En cada uno de los comportamientos que se relacionan a continuación, pon un 1 en todo aquello que *tú* hagas rara vez en esta área de la vida, un 2 si lo haces a veces y un 3 si lo haces con frecuencia.

____ a. Siento un miedo considerable hasta con los riesgos más pequeños.

____ b. Busco o veo un problema físico (aparte de la sobreexcitabilidad) como justificación para no asumir un riesgo.

____ c. Confío en mis decisiones y en cómo las tomo, en mi juicio, mi razonamiento, mi intuición o «voz interior».

____ d. No asumo riesgos.

____ e. No pienso para nada en este tema.

____ f. Intento introducirme en una nueva situación pasito a pasito, dándome todo el tiempo que necesito para habituarme a cada fase.

____ g. Me fuerzo a mí mismo para hacer más cosas de las que quiero hacer.

____ h. Me enfado conmigo misma cuando no soy capaz de hacer lo que otros hacen.

____ i. Busco cursos, instructores o libros para aprender a manejar esta situación.

____ j. Me obligo a aprender las cosas, aunque no quiera.

____ k. Me esfuerzo mucho por no pensar en eso.

_____ l.   Si fracaso o pienso que voy a fracasar, me consuelo con comida, bebida o comprándome algo.

_____ m. Me comparo con los demás de forma negativa.

_____ n.   Me comparo con los demás de una forma positiva, señalándome mis puntos fuertes.

_____ o.   Me señalo mis puntos fuertes, o bien otras personas me los destacan, pero tengo dudas de que todo eso sea verdad.

_____ p.   Critico mis decisiones o dudo de ellas después de haberlas tomado.

_____ q.   Me siento orgulloso cuando tomo una buena decisión.

_____ r.   Normalmente, me siento un poco ansiosa, preocupada o insatisfecha conmigo misma o con mis decisiones.

_____ s.   Consulto a un profesional buscando consejo.

_____ t.   Discuto mis problemas en esta área con personas a las que elijo cuidadosamente, personas que pueden ayudarme o enseñarme.

_____ u.   Discuto mis problemas en esta área con cualquiera que esté dispuesto a escuchar, aunque no me vaya a ser útil.

6. Compara cada pregunta a la que has respondido en el paso 5 con la pregunta de la misma letra en el paso 3 acerca de las reacciones de tu madre, padre o quienquiera a quien nombraras en el paso 2. A continuación, escribe junto a los ítems del paso 5 «lo mismo» si haces lo mismo que hacía contigo tu progenitor. Escribe «lo contrario» si tú ahora haces lo contrario de lo que hacía tu progenitor.

7. Vuelve a leer la segunda serie de preguntas e, independientemente de cómo respondieras antes, pon una estrella junto a aquellos elementos que tú consideres que son una buena manera de abordar un problema. Suma el número de elementos con estrellas (valorándolos con un 2 o un 3), subrayándolos a medida que lo haces, de tal modo que puedas verlos fácilmente más tarde. Lo más habitual es que no haya grandes discrepancias entre lo que haces y lo que piensas que deberías de hacer. Abundaremos sobre esto a continuación.

Los últimos pasos: los tres a la vez

Fíjate en los elementos que tienen estrellas y están subrayados; es decir, fíjate en todo aquello que haces bien. Allí donde veas que pone «lo mismo», reconoce el bien que te hicieron tus progenitores cultivando esa actitud en ti. Y donde ponga «lo contrario», llénate de orgullo por haber superado la mala actitud que te inculcaron, pero reflexiona sobre si ésa ha sido una elección consciente o una reacción inconsciente, pues esta última supondría mayores riesgos, en la medida en que podrías tener una recaída a «lo mismo» si te hallaras bajo presión.

Fíjate ahora en los elementos con estrella que no haces y en los elementos sin estrella que sí que haces; es decir, aquellas cosas que quieres cambiar. Si estos elementos tienen muchos «lo mismo» al lado, ya sabes que tienes que liberarte de muchas cosas aprendidas en la infancia. Si hay muchos «lo contrario» al lado, convendrá que te preguntes de qué se trata. Son demasiadas preguntas como para discutirlas todas aquí, pero, básicamente, hacer lo contrario en elementos que tienen estrellas estaría indicando que te rebelas contra ideas que en sí mismas son buenas. Quizás lo hagas por el mero placer de rebelarte, lo cual significaría en última instancia que tus progenitores dirigen tu vida por completo, como si tú estuvieras haciendo exactamente lo que ellos hubieran querido que hicieras.

Parejas y grupos: B y C pueden discutir los resultados, pero se trata básicamente de una tarea individual.

EN CONCLUSIÓN: Utiliza este espacio para reflexionar sobre lo que has aprendido y para concretar todo aquello que quieras cambiar a la hora de gestionar situaciones novedosas o problemáticas.

Conocer a la niña que hay en tu interior

Se ha dicho mucho (y se han hecho muchas bromas) sobre el niño interior. Personalmente, sé que la niña que hay dentro de mí, siendo una persona que prefiere la discreción, detesta todo el alboroto que se ha terminado montando en torno a este tema. Pero no por ello hay que rechazar la validez de la idea subyacente. Claro está que llevamos siempre con nosotras aquello que hemos sido en cada fase de nuestra vida. Pero, cuando trabajamos con la infancia, sería estúpido (y sería un insulto para ese niño o niña) que no la tratáramos como a la más respetada de nuestras asesoras.

¿Por qué escuchar a un niño?

Los niños y niñas interiores son sorprendentemente sabios, sobre todo los que son altamente sensibles. Nos advierten cuando los problemas de la infancia regresan a nuestra vida, nos facilitan el juego y tienen un poderoso instinto sobre lo que es bueno y lo que es malo para nosotras. Si todo esto no te convence, piensa en si alguna vez has tenido la sensación como si alguien necesitado o con un carácter infantil se hubiera adueñado de tu vida, pues el niño interior puede hacer eso. De pronto, ante la más mínima provocación, nos comportamos como niños iracundos, abandonados, maltratados, asustados o avergonzados. Pero en cuanto escuches a ese niño sensible interior, y quizás negocies con él un poco, ya no tendrá necesidad de asumir el control de tu vida. Podréis llegar a un acuerdo en un tipo de vida que se os acomode a ambos.

  ¿Cómo se establece contacto con estos niños y niñas interiores? Se nos aparecen en los pensamientos, en fantasías y comportamientos «infantiles», y sobre todo en nuestros sueños. También podemos ponernos en contacto con ellos a través de la imaginación activa, de la que hemos hablado en el capítulo 2, en la página 75.

La niña de tus sueños

¿Qué podemos decir de esa niña que se aparece en tus sueños? Al principio, mi niña se me aparecía como un cachorro de algún animal. Supongo que tenía demasiado miedo de mostrarse tal cual era, o bien pensaba que no sería capaz de gestionarlo. Después se me apareció bajo las formas más angustiosas: enferma, maltratada, sufriendo, muriendo. Ahora sé que no hacía aquello para molestarme. Lo único que buscaba era llamar la atención para advertirme que ella, nosotras, teníamos un problema.

Probablemente, el detalle más importante en todo sueño lo constituyan las emociones que se sienten, o que no se sienten. Cuanto más intensos sean los sentimientos que alguien exprese en el sueño, o cuanto más intensos sean los sentimientos que *deberían* expresarse (como cuando alguien muere trágicamente y a nadie le importa), más atención hay que ponerle a ese sueño y a ese sentimiento, que o bien se está reprimiendo o bien domina tu vida justo en estos momentos.

La edad de la niña en un sueño indica la edad de tu vida que es relevante para la situación actual. De modo que si sueñas contigo misma a los siete años, pregúntate que te ocurrió a esa edad. Quizás muriera tu abuelo, o bien cambiaras de escuela. Sea lo que sea que te llegue primero a la cabeza, ésa es *normalmente,* aunque no siempre, la conexión que se supone tienes que hacer. El entorno del sueño también es importante, pues te ofrece el tema del sueño. Por ejemplo, si el sueño se desarrolla en el hogar de tu infancia será un indicio de que el tema tiene relación con la dinámica familiar. Si se desarrolla en un aula, estará apuntando a tu proceso de aprendizaje, en tanto que un país extranjero puede estar apuntando a un tema con el que no estás familiarizada.

Las mujeres tienen sueños de niños, y los hombres tienen sueños de niñas. En cada caso habrá que pensar con detenimiento sobre los motivos. Si se trata de un niño o una niña a quien conoces, como ya dije en el capítulo 2, el sueño puede tener que ver con ese niño o niña. Pero también puede guardar relación con una parte infantil tuya que se parece al niño o la niña real. Un hombre puede que sueñe con que su sobrina recién nacida es abandonada porque no está preparado para verse abandonado de un modo u otro en su propia vida. El soñador se protege para no verse a sí mismo en esa situación, de tal manera que es «alguna otra persona», en este caso la niña. En términos generales, cuando una parte del propio yo aparece bajo la forma de una figura del sexo opuesto, representará normalmente aspectos que están muy lejos del concepto que tenemos de nosotras mismas, sobre todo teniendo en cuenta nuestra propia visión de género. Por ejemplo, una mujer que recién comienza a comportarse de un modo más asertivo puede soñar al principio con un niño muy activo y asertivo; es decir, una parte de ella que aún es joven y está en evolución, pero que no obstante le resulta extraña debido a sus ideas de lo que es femenino y lo que no. Por otra parte, un hombre que comienza a reconocer su sensibilidad puede soñar con una dulce y delicada niña, una parte de sí mismo que, en su mente, no puede aparecer aún como un niño.

Si sueñas con juguetes o sueñas con que eres mucho más pequeño que todo lo que hay a tu alrededor, también puede ser la cauta manera en que tu psique te está presentando a tu niño interior.

Tu tarea

Tu tarea consiste en establecer contacto, sea renovado o por vez primera, con la niña o el niño que hay dentro de ti. Si es la primera vez, estate preparada para cualquier cosa. No siempre se trata de ositos de peluche ni de cajitas de música. Una de vosotras, o bien ambas, puede tener sentimientos ambivalentes, incluso hostiles. En mi caso, mi primer impulso, un impulso incontrolable y difícil de creer, fue el de emprenderla a golpes y a patadas con la Niñita; en mi imaginación, claro está. Ahora soy consciente de que, durante mi infancia, yo me *detestaba* a mí misma por ser «tan sensible». Y hasta no hace mucho he tenido el reiterado sueño de ser un hombre muy ocupado que la ahogaba por interponerse en su camino. ¡Comprendo que es bastante feo el asunto, pero todas tenemos flaquezas!

En esta misma línea, y una vez más, busca ayuda profesional si las cosas se ponen excesivamente intensas. Y ve poco a poco.

Existen dos maneras de establecer contacto con tu niño interior:

- A través de la imaginación activa, invitándole a hablar. Si necesitas estimular el contacto un poco más, pregunta por el niño que no está contento contigo en estos momentos, o que se vio profundamente afectado por ser sensible, o que pasó por la situación que reconsideraste en la página 125.
- Trabajando sobre un sueño que hayas tenido acerca de una niña y pensando en ella de las maneras que se detallan arriba: emociones, edad, entorno y situación de la niña (en las páginas 79 y 271 se habla más sobre el trabajo con los sueños). También puedes combinar la imaginación activa con el trabajo onírico si utilizas la imaginación activa a partir de un sueño.

Utiliza este espacio para registrar lo sucedido en la imaginación activa o para tomar notas de tu trabajo onírico.

_____

_____

_____

_____

_____

_____

_____

_____

_____

_____

_____

_____

_____

_____

Parejas y grupos: C sólo.

EN CONCLUSIÓN: Escríbele un mensaje al niño o niña que hayas encontrado a través de la imaginación activa o el trabajo onírico. Exprésale tu respeto, tu cariño y hazle patente tu intención de ayudar, y dile que vuestra relación va a discurrir en un plano de intimidad; prométele que no hablarás de él o de ella con nadie, a menos que sea una persona de plena confianza. Quizás podrías explicarle también por qué las cosas son como son, sobre todo si has tenido que hacer cosas que a tu niño o niña no le gustaban. Esto es muy importante, teniendo en cuenta vuestras futuras conversaciones, pues *tendrás* que hacer cosas que no te gustan. La vida no siempre es divertida. Y no des por hecho que tu niña sabe lo mismo que sabes tú. Sin embargo, escucha sus respuestas y, si se sume en la desdicha, intenta llegar a un compromiso compasivo. Os deseo lo mejor a ambas en esa relación en desarrollo.

_____

_____

_____

_____

CAPÍTULO 5
Las PAS en el mundo social

El 30 % de las PAS son extrovertidas; es decir, del tipo de personas con las que nos sentimos cómodas socialmente. Pero todas las PAS pueden sobreexcitarse y sentirse abrumadas en situaciones sociales, que es probablemente la razón por la cual el 70 % de nosotras optamos por la introversión; es decir, que evitamos los grupos y a los extraños, y sobre todo aquellas situaciones sociales que son especialmente importantes, ruidosas o formalmente tensas. No hacemos otra cosa que evitar un exceso de estimulación. (Las PAS extrovertidas normalmente se vieron frecuentemente expuestas durante su crecimiento a situaciones de este tipo, de ahí que les resulten familiares y se sientan cómodas en ellas, pero no por eso dejan de precisar de un considerable tiempo de descanso, de soledad y silencio).

El problema es que este patrón que nos lleva a evitar a los extraños y los grupos puede convertirse en ocasiones en algo más permanente y problemático; es decir, en timidez o fobia social. De modo que, aunque *no* estoy equiparando sensibilidad y timidez, este capítulo intenta reformular y reconsiderar esos momentos de timidez que pueden sobrevenirnos, para que podamos gestionarlos a la manera de una PAS. También se pretende entrar aquí en algunos otros «fracasos» sociales, además de llevarte a desempolvar tus habilidades sociales, todo ello a la luz de tu sensibilidad.

Las cuatro estaciones de la timidez

La timidez. Un tema importante, ¿no te parece? Pero esto se debe a que nuestra cultura idealiza lo opuesto, el estar muy orientado hacia afuera y no ser demasiado sensible. Sin embargo, lo cierto es que casi nadie satisface ese ideal, de ahí que el 40 % de las personas (lo cual significa no sólo muchas PAS, sino también montones de no-PAS) se consideran a sí mismas tímidas.

Uno de los motivos por los cuales a veces puedes pensar que eres tímido es porque aspiras a un estilo de comportamiento tan extrovertido e idealizado que muy poca gente es capaz de alcanzar tales cotas. Otra posible razón de la timidez se hallaría en una infancia difícil y con pocos apoyos. Al igual que con la depresión y la ansiedad, he descubierto que las PAS que han tenido una infancia difícil es más probable que sean tímidas en la edad adulta que las no-PAS con una infancia igualmente difícil. Si piensas bien en lo que has leído acerca de las investigaciones de Megan Gunnar y los tres estilos de apego, al principio del capítulo anterior, te darás cuenta de que el miedo a relacionarse con extraños y a ser juzgada es más habitual entre aquellas personas con estilos de apego inseguro, y que la sobreexcitación con cortisol será más habitual en PAS inseguras, haciendo que la sobreexcitación sea un problema añadido a la hora del «desempeño» social. Específicamente, las PAS ambivalentes ansiosas estarían tan ansiosas por obtener un apego que su nivel de excitación sería excesivamente alto al relacionarse con otras personas en situaciones sociales. Las PAS evasivas, en cambio, se retraerían, quizás excusándose demasiado por el exceso de estimulación, y se comportarían como si relacionarse con otras personas fuera algo carente de importancia para ellas; ésa sería la manera más segura de que las dejaran en paz. Sin embargo, en privado, posiblemente se sientan desdichadas o piensen que algo no funciona bien en ellas, pues, al fin y al cabo, los seres humanos somos seres sociales.

El tercer motivo por el cual una PAS podría volverse tímida es por el hecho bien investigado de que las experiencias sociales traumáticas son una causa frecuente de timidez, sobre todo en la adolescencia. Muchas personas son capaces de recordar el momento exacto en que se volvieron tímidas, y muchas de esas personas son, probablemente, también PAS. Por último, está lo que yo llamo «deslizarse en la timidez». Una PAS se puede encontrar de pronto en una situación social que le resulte excesivamente estimulante, de tal modo que piense que las relaciones sociales no son lo suyo. Si esta persona no comprende que el problema está en el exceso de estimulación (normalmente debido a un ambiente demasiado ruidoso o estimulante), lo más probable es que la próxima vez que se relacione socialmente se sienta más nerviosa, se comporte de un modo más torpe y desarrolle así un temor aún mayor a las situaciones sociales. Y así sucesivamente. La persona terminará evitando esas situaciones, se sentirá cada vez más incómoda en ellas debido al hecho de que sus habilidades sociales se le irán «oxidando», y tanto ella como las demás personas que la rodean la calificarán de forma global como una persona tímida, «socialmente evasiva» o «fóbica social».

En los cuatro casos, tu sensibilidad juega un papel importante, o incluso decisivo, en tu timidez. De modo que aquí tienes una manera de abordar la timidez si eres una PAS.

Tres actitudes que debes desarrollar en relación con la timidez

1. *Deja de etiquetarte como tímido, y no dejes que los demás te etiqueten como tal,* pues esto tiene muchas connotaciones negativas y suena como algo definitivo. Tú no naciste tímido. Todo el mundo es tímido en ocasiones. De modo que tanto tú como la gente que te rodea debéis evitar ese adjetivo, que no es otra cosa que una especie de profecía autocumplida.
2. *Recuerda que el exceso de estimulación, que es el causante de la sobreexcitación, es con frecuencia el problema inicial.* Puede que te parezca miedo o timidez, pero no es lo mismo. No califiques tu respuesta como de miedo o timidez cuando en realidad es sobreexcitación. En ocasiones, «Lo único que tememos es al miedo en sí». De manera que, en situaciones sociales, mira a ver si puedes explicar tu miedo como sobreexcitación y a continuación reduce tus niveles de excitación.

3. *Deja de buscar el ideal imposible.* Abandona la expectativa de comportarte como una no-PAS extrovertida en las relaciones sociales y valora tu contribución a la sociedad como persona introvertida. Por ejemplo, es muy probable que tus relaciones más cercanas funcionen muy bien debido a tu sensibilidad, y probablemente seas una persona con una gran capacidad de escucha y de ayuda a los demás cuando las conversaciones derivan en problemas, pérdidas, fallecimientos y similares.

Volveremos sobre la timidez más adelante, en este mismo capítulo. Pero la siguiente tarea es incluso para las PAS extrovertidas, pues *todas* tenemos nuestros fracasos sociales.

Analizando tus fracasos

En el desarrollo de cualquier habilidad, conviene revisar lo sucedido y ver si hay algo que se pueda mejorar. No necesitas cambiar lo que ya te funciona, de modo que céntrate en lo que no funciona y también en lo que puede estar funcionando mejor de lo que crees si lo miras más de cerca.

Piensa en las últimas veces en las que te sentiste socialmente torpe, te quedaste sin palabras o te sentiste rechazado durante una conversación con otra persona.

Describe aquí una o dos de tales ocasiones: _____ ....
.... _____

Ahora, recorre la lista que se te ofrece a continuación y comprueba cualquier cosa que creas que pudo pasar.

☐ *La otra persona no parecía tener ganas de hablar contigo.* Éste es el gran temor, ¿no es así? Que te juzguen y consideren que no das la talla. Ésta es la esencia de un momento de timidez.

En primer lugar, ¿estás segura de que la actitud de la otra persona tenía que ver contigo?

Segundo, no siempre aparece una atracción mutua entre dos personas. Esto es algo que suele ocurrir entre personas que son similares y, dado que tú formas parte de una minoría y no te pareces a la mayoría de la gente, sobre todo a aquellas personas que se desenvuelven bien en situaciones sociales, habrá muy pocas personas presentes con las cuales puedas compatibilizar.

Tercero, ¿realmente importa el hecho de que esa persona no quiera hablar contigo? ¿Acaso puedes complacer a todo el mundo? Quizás sea ésta la mejor ocasión para que te liberes de tantas preocupaciones al respecto.

Cuarto, puede que sí que importe que la persona en cuestión no quiera hablar contigo, en el sentido de que esto quizás ocurra con demasiada frecuencia y con muchas personas diferentes. Hasta puede parecer que es por culpa tuya. Pero ten cuidado en llegar a esta conclusión. Las investigaciones demuestran que las personas calificadas como tímidas piensan que no les gustan a los demás en mayor medida de lo que los demás sienten por ellas.

Supongamos por un momento que estás haciendo algo mal. En primer lugar, siempre podrás obtener retroalimentación y formación para mejorar tus habilidades sociales. Existen libros sobre habilidades sociales y timidez, y probablemente haya terapeutas en tu zona donde puedas encontrar terapia de grupo para mejorar tus habilidades sociales. Incluso hay cursos sobre timidez *(véase* «Recursos», página 345).

Si ya has intentado aprender habilidades sociales y no te ha servido de mucho, quizás convenga que te preguntes si es que tienes un problema de apego *(véase* la página 119). Los estilos de apego inseguro pueden hacer que otras personas desconecten; en unos casos por el sutil mensaje de una necesidad desesperada; en otros ante el sutil mensaje de «a quién le importa». Sea cual sea el caso, la terapia individual te puede ayudar mucho para desarrollar una relación segura con alguien fiable a quien no le importen tus mensajes de necesidad o frialdad mientras aprendes a confiar, una persona que pueda ayudarte más tarde mientras desarrollas relaciones con otras personas. Mientras tanto, trabaja con el niño o la niña interior que conociste en el anterior capítulo. Pídele que no aparezca cuando conoces a otra persona nueva, por mucha inseguridad que sienta. Las necesidades de infancia pueden ser excesivas para personas que no te conocen lo suficiente como para darse cuenta de que tú eres mucho más que eso.

☐ *La otra persona no quería hablar con nadie en aquel momento.* En ningún momento se te ocurrió pensar en eso, ¿verdad? El problema no era tuyo, ¿no te parece? Piensa en cuántas veces te has sentido tú en un estado de ánimo inadecuado para entablar conversación con alguien. Hay personas que se hallan con frecuencia en modo silencioso y que lo manifiestan en una conversación, algo que quizás tú no hagas porque no quieres hacerle daño a los demás. O puede que piensen que no se traslucen sus pocas ganas de hablar porque, no siendo tan sensibles como tú, *ellas* no se darían cuenta si otra persona se comportara así. Una ligera variante de esto es que hayas encontrado a esa persona en un momento en el que está muy ocupada o cansada, o en un momento de su vida en que son demasiadas las personas que se le acercan para pedirle algo (¡como le puede ocurrir a una escritora en una firma de libros!). No te lo tomes como algo personal.

☐ *Eras tú quien en realidad no quería hablar.* Intentar hacer algo que no quieres hacer es como remar contra corriente; evidentemente, es hacer oposiciones al «fracaso». Aquí tu trabajo no es social, sino interno: discernir tus conflictos internos y poner en sincronía lo que *quieres* con lo que *haces.*

☐ *No se te ocurría qué decir.* No es un gran problema. Se arregla fácilmente. La próxima vez, ve preparado. Echa un vistazo a la siguiente tarea sobre la conversación social.

☐ *Fuiste tú quien lo puso todo en la conversación, e insististe, para al final sentirte avergonzado o inadecuado.* Puede haber diversas causas para esto. En primer lugar, la otra persona quizás estuvo «entrevistándote» porque no quería hablar, de tal modo que dejaste que la otra persona dirigiera la conversación de algún modo. No pasa nada con eso, siempre y cuando seas consciente de lo que está ocurriendo.

O bien esa persona estaba muy interesada en ti, lo cual no está mal, aunque no estés habituado a ello.

También puede ser que estuvieras hablando con una no-PAS que, simplemente, estaba atónita y abrumada con tus perspectivas del mundo. Te darías cuenta demasiado tarde de que, desde la perspectiva de una no-PAS, eres un poco raro. No pasa nada. No vas a resultar excepcional si no fueras ya excepcional.

También es posible que estuvieras hablando con otra PAS. Nos podemos abrumar unas a otras, ya sabes, y darnos cuenta con posterioridad. Estamos tan habituadas a relacionarnos con no-PAS que nos olvidamos de que en el mundo hay otras PAS, y que pueden reaccionar de forma sensible ante cosas que no esperaríamos.

Quizás durante esta conversación terminaste deslizándote en uno de tus «complejos». Un complejo es un tema en torno al cual pones una elevada energía emocional, sentimientos intensos y opiniones acaloradas. *Todo el mundo* los tiene. En el capítulo 8 hablaremos más de los complejos. En su mayor parte pueden ser personales, pero siempre tienen una vena «arquetípica» (casi universal, instintiva) por debajo que los alimenta con una energía intensa. Sabes que te hallas en un complejo, o que otra persona se halla en un complejo, cuando la energía se intensifica (se nota especialmente en la voz) y tú, o la otra persona (o ambas si dais con un complejo mutuo), no podéis dejar de hablar de eso. Te sientes un poco como fuera de control, como si fueras cuesta abajo a demasiada velocidad. Un ejemplo de ello es el tema del divorcio si estás en medio de un divorcio, o el de una infancia traumática si tuviste una infancia así, o un problema de género. Casi inevitablemente, *a posteriori,* sientes que dijiste más de lo que querías decir y te preocupas por lo que la otra persona haya podido pensar de ti; en ocasiones, por desgracia, justificadamente.

Ciertos complejos no son tan personales, son más bien colectivos, y son buenos para una conversación, aunque peligrosos por la intensidad de las opiniones. La religión y la política constituyen complejos perennes. Otros complejos recientes han sido el tema de los malos tratos y los recuerdos reprimidos de la infancia, las diferencias entre hombres y mujeres, el tema del aborto o los desastres naturales. También toca la vena arquetípica cualquier operación de cirugía o parto. En lo que todos suelen coincidir es en que estas conversaciones pueden ser tonificantes, pero que ambas partes se van a sentir al final un poco extrañas. Normalmente, será bueno reconocer que algo inusual ocurrió, diciendo cosas como: «Por la energía que le pongo, creo que es obvio que no lo he conseguido resolver *del todo*». En ocasiones, admitirlo puede tranquilizar a la otra persona y profundizar la relación más que si no hubiera ocurrido nada. Un complejo en una conversación puede incluso ser un amigo disfrazado, aunque algunos de ellos es mejor que sigan disfrazados.

Hace falta práctica para no meterse en complejos, o para gestionarlos adecuadamente cuando te metes en ellos. Ten mucho cuidado con el tema de la historia de tu vida si ésta ha sido traumática. De hecho, una de las maneras en las que las investigadoras identifican un estilo de apego inseguro es por el tono y el estilo en el que se habla de la infancia. Los «seguros» simplemente te la cuentan. Los «evasivos» no se acuerdan. Y los «ambivalentes ansiosos» no pueden dejar de contarte cosas de su infancia. Creo que te sentirás mejor si conservas esa historia en privado para tus relaciones más íntimas.

☐ *La otra persona llevó toda la conversación y tú te aburriste.* Esto le suele ocurrir a mujeres y a personas introvertidas en particular. Las PAS creemos que si, por una cuestión de cortesía, nos limitamos a escuchar y hacer preguntas a la otra persona, ésta no tardará en hacernos preguntas a su vez y en escucharnos cortésmente. Pero hay personas que siguen reglas diferentes. Para ellas, interrumpir está bien, y entrometerse en lo que estás diciendo es asertivo y perfectamente normal. El truco con estas personas estriba en adoptar una actitud agresiva, similar a la suya. Normalmente les gustará, o al menos no les va a importar. Quizás te sorprendas, e incluso disfrutes. De todos modos, tienes derecho a que los turnos de palabra sean equiparables, de modo que, si prefieres el modo de exigir tus derechos, aplícalo.

☐ *La otra persona se fue al cabo de un rato.* Existen muchas razones por las cuales alguien podría abandonar la conversación y, normalmente, nunca sabrás el motivo. El truco aquí estriba en dar por supuesto el motivo que más atractivo y halagador te resulte, y en no darle más vueltas.

Aún mejor, vete tú antes. En serio. En las fiestas, las PAS estamos tan encantadas de mantener una conversación que no la abandonaríamos jamás, aunque también puede ser que no sepamos cómo desentendernos con gracia de una conversación, aunque sepamos que ésta ha alcanzado ya su término natural.

Planea de antemano cómo vas a conseguir liberarte y liberar a la otra persona. «¡Vaya, he disfrutado mucho de esta conversación, pero creo que voy a acercarme a la mesa a tomar algún tentempié!» Esto puede resultar bastante asertivo.

☐ *La otra persona fue grosera, discutidora e hirió tus sentimientos.* Aquí el problema *no* es tuyo, es de la otra persona. Y si eres inusualmente sensible a tales situaciones, esto no es un defecto ni un fracaso. Simplemente, es que eres así. Las personas con buenos modales jamás van a entrar en líneas de conversación que puedan resultar hirientes, no al menos de forma intencionada. Respetarán las diferencias de personalidad, opinión y temperamento y estarán dispuestas a dejar espacio para todo eso en las conversaciones. Lo único en lo que puede que te hayas equivocado es en no haber hecho saber a la otra persona que te hacía sentir mal y que no te gustaba el trato que te estaba dando.

Parejas y grupos: A, B y C. Es muy bueno para discutir los fracasos de unos y otros, así como para compartir experiencias y opiniones.

EN CONCLUSIÓN: ¿Has aprendido algo útil aquí? Si así fuera, deja que arraigue en ti reflexionando sobre ello, para luego tomar nota de tus perspectivas.

_____

_____

_____

_____

_____

Cómo reconocer los patrones de una conversación social

A las PAS no les suelen gustar los cotorreos sociales, las conversaciones insustanciales. Nos aburren, y no se nos dan bien porque tenemos el hábito de zambullirnos rápidamente en conversaciones profundas. Somos intensas. El mero hecho de saber que vamos a entablar una conversación insustancial no nos ayuda mucho. No estamos habituadas a esto y no sabemos qué decir. Si nuestro nivel de excitación se eleva, ciertamente no vamos a saber qué decir. Así pues, en nuestro caso, y por idiota que parezca, el éxito en una conversación insustancial precisa de cierta planificación.

Nos vendrá bien comenzar por reconocer los patrones de estas chácharas, que utilizan tanto las PAS como las no-PAS, de tal modo que puedas dirigir la conversación hacia el patrón que mejor se te acomode a ti, teniendo en cuenta a la persona y tu estado de ánimo. Esto te mantendrá también alerta, con el «paraguas abierto», en lugar de sólo «recibiendo». Así pues, primero vas a conocer los patrones, para luego practicarlos.

Pero antes me gustaría decir algo acerca de la sinceridad. Quizás pienses que dirigir una conversación hacia algún punto o planificar lo que vas a decir antes incluso de conocer a la persona puede parecer un poco falso o poco auténtico; y, bueno, hasta cierto punto, lo es. Si puedes ser auténtico en ese momento, adelante, cómo no. Pero si una pequeña planificación puede proporcionarte una conversación más prolongada, así como la oportunidad de averiguar si os caéis bien, la planificación tendrá entonces un propósito auténtico y, ciertamente, no le va a hacer daño a nadie. Por decirlo de un modo sencillo, yo creo que es difícil llegar a conocer a una PAS, pero también creo que realmente vale la pena hacerlo. Por tanto, dale la oportunidad a los demás de que te conozcan, y si la otra persona es otra PAS, daos mutuamente la oportunidad.

Entrevista a la otra persona

Uno de los patrones consiste en que tú hagas preguntas y escuches, en tanto que la otra persona se entrega a un monólogo. Esto es lo más fácil para ti, y puede ser aburrido, pero también puede ser iluminador, dependiendo en gran medida de las preguntas que hagas. La clave aquí estriba en tener preparadas unas buenas preguntas, algo que sea personal, pero no en exceso. Tendrás que hacer preguntas que no se respondan fácilmente con un sí o un no. Unas preguntas ingeniosas (repito, tendrás que pensarlas de antemano) harán que la otra persona piense que la conversación va a valer la pena. Una de las preguntas que yo suelo formular es «¿Qué haces habitualmente, cuando no vienes a las fiestas de _____?» (Bueno, no es demasiado ingeniosa, pero nos bastará de momento).

Otras preguntas podrían ser, «Se te ve feliz [si a los demás no se les ve así, claro]. ¿Te está yendo bien últimamente?». Después puedes continuar haciendo preguntas sobre su trabajo, su vida familiar o cualquier otra cosa que pueda surgir.

«Llevo mirando ese [cuadro, arreglo floral, árbol, la vestimenta que lleva alguien] desde hace un rato, intentando saber por qué me atrae tanto. ¿Te pasa a ti lo mismo? ¿Podrías expresar con palabras qué tiene de especial?».

«El hecho de no estar trabajando ahora me hace pensar que tengo que tomarme más tiempo libre, pero no consigo determinar qué tipo de vacaciones me gustaría más tomarme. ¿Has estado de vacaciones recientemente?».

«No paro de darle vueltas, y no dejo de preguntarme qué piensas tú acerca de [una película reciente, un tema candente en los titulares de los periódicos]».

Inténtalo a tu manera.

Para aquellas personas a las que les resulta difícil entablar una conversación insustancial:

Escribe abajo tres preguntas que puedas formularle a algún extraño y que podrían dar pie a un interesante monólogo por su parte. Puedes intentar continuar la situación imaginando la respuesta que te podría dar esa persona, de tal manera que te sientas más preparada para mantener rodando la bola.

Para aquellas personas que son adeptas a las conversaciones insustanciales en la mayoría de las situaciones:

Piensa en una persona o situación que te haga sentir *muy* ansioso o tímido, sea recordando o anticipando una conversación con esta persona o en esta situación. Escribe abajo tres preguntas, específicamente para su utilización en esa situación, y luego intenta continuar imaginariamente las respuestas de la otra persona.

Pregunta 1: _____

_____

Continuación: _____

_____

Pregunta 2: _____

_____

Continuación: _____

_____

Pregunta 3: _____

_____

Continuación: _____

_____

Durante un patrón de «entrevista» aprendes mucho acerca de la otra persona, y eso significa que también puedes hacerle algún cumplido. Un cumplido sincero siempre es bienvenido, y las investigaciones demuestran que, en general, hay que excederse mucho para que no parezca sincero. ¿Qué puedes decir? Prueba con esto, «Su opinión acerca de [este tema, por ejemplo, una película] es de lo más interesante. ¿Es usted crítico de cine? Eso explicaría sus comentarios. ¿O se trata de otra cosa?».

Intenta escribir tres cumplidos ingeniosos. Quizás te sirva de ayuda imaginarte a una persona a la que hayas conocido recientemente o que esperes conocer, y qué podría aplicársele a esa persona en esa situación.

1. _____

_____

2. _____

_____

3. _____

_____

La otra persona te entrevista a ti

Incitar el interés de otra persona de tal manera que sea ella la que te entreviste a ti es otra habilidad que puedes desarrollar. La ventaja de este enfoque es que no te aburres, y quizás te venga bien que la otra persona te conozca, si, por ejemplo, estás intentando establecer contactos. La clave aquí estriba en planificar de antemano los comentarios que vas a hacer, comentarios que sean capaces de *incitar* a la otra persona a que pregunte acerca de eso. Puedes recurrir a cualquier tema que te resulte especialmente interesante, incluso a la comida que se sirve en la fiesta, siempre y cuando utilices tu mente sensible, creativa e intuitiva y te mantengas activa, no pasiva. Por ejemplo, «La comida es estupenda. Me va a venir muy bien para la carrera». O bien, «Estupenda comida. A mis serpientes les encantaría». O «Estupenda comida. Me gustaría hacer una foto de la mesa para incluirla en mi libro».

Piensa en tres temas de los que podrías hablar con facilidad y que sean lo suficientemente inusuales como para interesar a alguien; es decir, un tema del que tú sepas algo que los demás no saben. Normalmente, se tratará de asuntos que tú conoces por tu trabajo o aficiones. A continuación de cada tema, toma nota de esos comentarios que vas a dejar caer en cualquier conversación, tras la pausa adecuada. Debe ser algo que cualquier persona que esté deseando conversar lo aproveche de inmediato para hacerte una pregunta.

Tema 1: _____

_____

Comentario: _____

_____

Tema 2: _____

_____

Comentario: _____

_____

Tema 3: _____

_____

Comentario: _____

_____

Voleibol

Las conversaciones más difíciles y gratificantes son aquéllas en las cuales se da un ingenioso intercambio, un toma y daca que *va más allá* de las versiones breves de los dos tipos de conversaciones de arriba (en las cuales yo te entrevisto y tú me entrevistas acerca del trabajo, condiciones de vida, vacaciones recientes, películas vistas, etc., sin escuchar nada en profundidad). La conversación voleibol es esa que aparece en las comedias románticas, precisamente porque los guionistas estaban repantigados en un apartamento de la playa de Malibú pensando en estas cosas y no bajo la presión de tener que contestar al último comentario que ha lanzado tu interlocutora. No tenían que improvisar de pronto una respuesta en una fiesta, algo que no muchas PAS hacen.

No obstante, cuando se da una conexión especial, puedes encontrarte de pronto en una *conversación* de toma y daca, y no simplemente gestionando una serie de monólogos. Quizás te estás enamorando o estás entablando una nueva amistad o, simplemente, disfrutando de una conversación interesante. Obviamente, tales conversaciones no se pueden ensayar, pero sí que se puede pensar alguna forma de darles entrada, del mismo modo que se aprende a sacar la pelota en voleibol.

Prueba a escribir dos o tres líneas de entrada que pudieran dar inicio a una conversación más profunda.

Ejemplos:

«Te va a parecer idiota, pero cuando entraste por la puerta tuve la sensación de que teníamos que charlar».

«Llevo toda la velada esperando la ocasión de charlar contigo un poco a solas. Lo que dices me resulta, habitualmente, muy provocativo».

«Por algún motivo, siempre me siento bien cuando estoy contigo».

«Para ser sincero, pienso con frecuencia en ti, y esto son cosas de las que me fío mucho cuando me ocurren».

Línea de entrada 1: _____

_____

Línea de entrada 2: _____

_____

Línea de entrada 3: _____

_____

Intenta ampliar una de estas entradas con un diálogo imaginario. Quizás te sirva de ayuda imaginar una escena similar a la de una buena película romántica, una de tus preferidas; quizás esa escena en la que ambos protagonistas se dan cuenta de que existe un interés mutuo.

Diálogo imaginario _____

_____

_____

_____

_____

_____

_____

_____

_____

Grupos

Las conversaciones insustanciales en grupo pueden resultar dificultosas para las PAS porque nos gusta procesar las cosas en profundidad, en tanto que la conversación puede moverse y cambiar con demasiada rapidez para nosotras, o también porque el mero hecho de observar y escuchar nos puede suponer tal volumen de estimulación que ni nos acordemos de hablar. A las PAS que tengan una baja autoestima, que sean tímidas o que tengan un historial de críticas en el entorno familiar, escolar o laboral les puede resultar especialmente complicado pronunciarse, en tanto que otras PAS quizás no quieran molestarse en decir gran cosa, debido a que les causa una gran sobreexcitación el hecho de que recaiga sobre ellas la atención del grupo.

Lo primero que hay que recordar en los grupos es que estar en silencio no te va a hacer invisible. Al contrario, conforme pasen los minutos, la atención va a terminar recayendo sobre ti. Así pues, no dejes de decir algo, por poco o inocuo que sea, si no quieres que la gente piense que la ignoras. La atención del grupo es limitada y la mayor parte de la gente desea obtenerla, por lo que estará encantada de que tú no la desees.

Por otra parte, si quieres tener influencia, guarda silencio durante un rato y observa lo que ocurre. Llegará un momento en que alguien mostrará curiosidad por lo que tengas que decir, y tus comentarios estarán impregnados de la reflexividad de un consejero sacerdotal PAS en perfecto funcionamiento. Probablemente te pedirán que sigas hablando, y llegará un momento en que te sentirás integrado *y* llevando al grupo más allá de la superficialidad de la conversación insustancial.

El capítulo 11 trata íntegramente de grupos, pero aquí tienes una tarea que te ayudará a meterte más y a sacar más de una conversación insustancial en cada reunión. Piensa en un grupo en el que hayas estado recientemente y reflexiona en profundidad sobre lo que sucedió. A continuación, toma algunas notas sobre estos puntos.

- Lo que pensaste que estaba ocurriendo o se estaba diciendo realmente por debajo de la cháchara aparente.
- Lo que podrías haber dicho o hecho tú en esta situación y que hubiera sido útil para ti o para el grupo.
- Si no lo hiciste, ¿por qué no lo hiciste?

_____

_____

_____

_____

_____

_____

_____

_____

_____

_____

Parejas y grupos: A, B y C. Los tres patrones de conversación insustancial se practican *mejor* en parejas o grupos. Los grupos, a su vez, se pueden dividir por parejas. Marcaos un tiempo límite de entre cinco y diez minutos, y dejaos tiempo para discutir vuestras experiencias con la totalidad del grupo.

EN CONCLUSIÓN: Piensa un poco en ti misma como ser social a partir de los que has aprendido con estas tareas y escribe aquí abajo tus conclusiones.

_____

_____

_____

_____

_____

Reconsiderar tus momentos de timidez

Abajo encontrarás los pasos que aprendiste en «Reconsiderar tu pasado» (página 38) y con los que ya deberías sentirte familiarizada. Recuerda algún momento en el que te sentiste *muy* tímida, socialmente incómoda o torpe *(todo el mundo* se ha sentido así en algún momento, aunque puede resultarnos difícil de recordar, dado que intentamos olvidarnos de eso en cuanto podemos). Si recuerdas alguna situación que destaque por encima de las demás, una situación decisiva que pudo afectar a tu autoestima social, elígela, pues podría tratarse de algo más que de un «pinchazo» momentáneo. Podría ser aquel momento que dio forma a la persona que eres actualmente, como aquella vez en que te quedaste sin palabras cuando te levantaste para dar una charla. O podría ser toda una categoría de acontecimientos, como cada vez que tienes que hacer algo formal, como hacer un brindis o presentar a alguien.

Conviene que sea una experiencia que puedas llegar a ver bajo una nueva luz a partir de lo que ahora sabes de tu rasgo. Pero no lo tomes en consideración en un principio; simplemente intenta recordar un suceso o una serie de acontecimientos que pudieron ser decisivos en tu timidez, aunque no parezcan estar relacionados con tu sensibilidad. Existen muchas probabilidades de que guarden relación con eso, porque probablemente debías de estar sobreexcitada.

Describe aquí ese momento de timidez que te gustaría reconsiderar.

_____

_____

_____

_____

_____

Ahora, vamos a reconsiderarlo. En esta ocasión no te he puesto un ejemplo, ya que a estas alturas del libro tú ya sabes qué hacer.

1. Recuerda cómo respondiste ante aquel acontecimiento; intenta evocar todas las emociones, comportamientos e imágenes que puedas.

_____

_____

_____

_____

_____

2. Piensa en cómo te has sentido cada vez que te has acordado de aquello.

_____

_____

_____

_____

_____

3. Considera tu respuesta a la luz de lo que sabes ahora acerca de tu rasgo.

_____

_____

_____

_____

4. Reflexiona sobre si todo lo negativo de aquel acontecimiento se podría haber evitado de algún modo o si hubieran discurrido las cosas de forma diferente si tú o los demás hubierais sabido que eras una PAS y hubierais hecho los ajustes necesarios.

_____

_____

_____

_____

5. Si el hecho de haber sabido eso hubiera impedido tu sufrimiento o que echaras a perder una parte de tu vida, tómate tiempo para sentir cualquier cosa que eso te haga sentir.

_____

_____

_____

_____

_____

6. Plasma por escrito cómo ves ahora aquel acontecimiento y léelo con frecuencia hasta que hayas absorbido su pleno significado.

_____

_____

_____

_____

Parejas y grupos: A, B y C.

EN CONCLUSIÓN: Reflexiona sobre lo que has aprendido al reconsiderar esa situación y reflexiona sobre ti misma como ser social. Haz un resumen de lo que piensas en la página 44.

CAPÍTULO 6

Vocación, trabajo y sensibilidad

L as PAS se enfrentan a un verdadero reto a la hora de elegir una vocación y de encontrar un entorno laboral confortable. Algunos de los motivos por los cuales lo pasamos peor que los demás en estos trances son aquellos que se derivan del hecho de que los demás nos dicen qué deberíamos hacer o qué debería dársenos bien, aunque también lo pasamos mal al intentar imitar a otras personas o cuando intentamos tolerar algo que para una PAS es realmente intolerable. Esto nos lleva a demorarnos demasiado a la hora de adecuar las cosas a nuestro rasgo, y esto puede significar que cambiemos de empleo o de profesión con más frecuencia que el resto de las personas.

No pasa nada por cometer un error o dos. Es tu vida, y sólo tú puedes juzgar si estás trabajando en el sitio correcto para ti. Espero que este capítulo te ayude a abordar mejor este difícil tema.

El problema de la vocación en las PAS

Tu vocación es, normalmente, aquello en lo que te desenvuelves bien, lo que «te llama» (que es el significado literal de *voc* en la palabra «vocación»). Si tienes un punto romántico en este tema, es «aquello para lo que naciste». Para las PAS, la vocación suele tener arquetípico del consejero sacerdotal.

Es una gran bendición poder ganarse la vida haciendo aquello para lo que te sientes llamada, o incluso recibir una buena paga por un trabajo en el que «la mayor de tus dichas confluye con las necesidades que tiene el mundo». Pero muchas PAS tienen problemas para encontrar esa confluencia. Muchas artistas y músicos, por ejemplo, se encuentran con que el mundo no les paga bien, a menos que hagan algo que se les antoja demasiado comercial, o que simplemente va contra su naturaleza. Hay veces en que sabes que estás llamado a una vocación en concreto, pero la manera en que se practica esa vocación en nuestros días es demasiado estresante (muchos enfermeros y maestras se quejan de esto), o bien no puedes acceder a esa formación, quizás porque tenías que ayudar a otros y no pudiste tomarte el tiempo necesario para aprender. Se trata de verdaderas tragedias que tenemos que lamentar, o bien de obstáculos que tendremos que superar posteriormente en la vida.

El problema del puesto de trabajo

Algunas personas tienen que ganarse la vida con trabajos en los cuales no disfrutan demasiado, y quizás tengan que ir en pos de su verdadera vocación por otro lado. Pero si el puesto de trabajo es agradable, se puede disfrutar de cualquier empleo. Las investigaciones demuestran que disfrutar de la relación con las compañeras de trabajo suele ser el principal motivo de satisfacción laboral. Para las PAS, el hecho de poder trabajar en casa, al aire libre o en una zona donde les guste vivir es motivo suficiente para sentirse satisfechas con su empleo.

Sin embargo, muchas muchas PAS trabajan en situaciones que las hacen desdichadas. Y lo cierto es que las PAS son *diferentes;* tenemos habilidades especiales que podemos aportar a la sociedad, pero también tenemos algunas necesidades especiales que, normalmente, se pueden satisfacer sin demasiados contratiempos. Claro está que no tenemos un aspecto diferente y que, en el clima de ignorancia existente hoy en día en lo relativo a temperamentos, si decimos que somos diferentes la gente se piensa que somos extrañas, quejicas o arrogantes. Y si intentamos hacer nuestro trabajo de un modo diferente sin dar explicaciones, la gente nos dice que estamos haciendo las cosas «mal» o de forma «ineficaz». De modo que éste no es un problema del todo personal; es un problema social en el cual no se te comprende o aprecia.

Nuestro rasgo es, básicamente, un tema de «diversidad humana en el puesto de trabajo» (tema candente en la gestión de recursos humanos hoy en día) y este tema suele ser más relevante e inevitable que la diversidad de género o étnica. Biológicamente, las PAS somos diferentes. Se nos valora por nuestra meticulosidad, por nuestra visión y creatividad, por nuestra capacidad cooperativa, por la vigilancia sobre los errores, el perfeccionismo y la sensibilidad ante cualquier tema y necesidad de la organización, del consumidor, de aquellas personas que supervisan nuestro producto. Pero si mostramos el otro lado de nuestra diferencia (que nos sentimos abrumadas con facilidad, que necesitamos más tiempos de descanso y que somos más proclives a enfermar si ignoramos nuestro rasgo), nos vamos a sentir discriminadas negativamente. Una vez más, haremos lo que podamos en este capítulo, pero puede llevar tiempo hasta que veamos progresos reales en el mundo.

Pero *habrá* progresos

Algún día se nos valorará tanto, creo yo, que las organizaciones competirán por su lote de PAS. Nuestras necesidades serán satisfechas porque será conveniente económicamente hablando. Evidentemente, tendremos que estar muy bien formadas y entrenadas, y tendremos que ser muy competentes. Ésta es una de las responsabilidades de los consejeros sacerdotales desde siempre. Hasta que ese momento llegue, aquellas de nosotras que hayamos tenido la fortuna de desarrollar una competencia inusual podemos hacer uso de nuestra influencia para reeducar el mundo laboral, pidiendo un tratamiento diferente (trabajando desde casa, que el lugar de trabajo sea silencioso, horarios razonables, tiempo de recuperación después de un viaje, etc.), un tratamiento que sea acorde con nuestras tan especiales aportaciones.

No obstante, hasta que el mundo laboral cambie, el problema del tipo de trabajo que hagas y del lugar de trabajo en el que lo desempeñas es un problema que tú, como PAS, vas a tener que solventarte por ti mismo, sea o no sea justo. Lo primero que tendrás que hacer es valorarte plenamente como PAS. Sólo después de esto podrás enseñar al resto del mundo a valorar tu sensibilidad.

El inventario de activos de las PAS

Si hay alguna tarea en este libro que tengas que llevar a cabo sí o sí, esa tarea es ésta. De hecho, a menos que me resulte imposible, esta actividad la incluyo en todos mis cursos. Al principio siempre me encuentro con resistencias, pero al final la gente se muestra agradecida: «Al fin dispongo de las palabras para describir mi sensibilidad de una manera positiva». De modo que hazla.

En el espacio de abajo, haz una relación de todos los posibles activos, virtudes, bendiciones, ventajas o talentos que una PAS podría tener. Pueden ser rasgos de las PAS en general o tuyos en particular. Pero en la relación no pongas sólo aquellos activos que están obviamente relacionados con el trabajo, sino cualquier activo o ventaja que se te ocurra. También puedes relacionar el resto de tus virtudes y talentos. Pero no te olvides de ninguna de tus cualidades como PAS, pues eso es lo que vas a necesitar destacar justo en estos momentos.

Se trata de una actividad del tipo de «lluvia de ideas», en la cual abres tu mente ante cualquier idea posible, sin criticar nada. No importa si escribes dos palabras que sean similares o si no todas las PAS tienen esa cualidad en la que piensas. Simplemente, escribe cada una de las ideas que te vengan a la cabeza y sigue adelante, y toma nota de todas cuantas se te ocurran. Si te quedas atascado, puedes recorrer cada uno de los capítulos y todas las áreas de la vida (mental, emocional, social, espiritual, natural, física, etc.) que hayas trabajado ya y hazlo de forma sistemática.

Tienes que intentar rellenar *todos* los espacios que se te proporcionan abajo; incluso puedes escribir más rasgos en los márgenes de las páginas. Te ayudaré a que inicies el proceso con los cinco primeros activos.

compasión				
cuidado				
buena escucha				
creatividad				
reflexión profunda				

Parejas y grupos: A, B y C. Decididamente, haced esta tarea. En grupos, haced juntos una lista de los rasgos de las PAS en general.

EN CONCLUSIÓN: Tómate unos instantes para asimilar esta lista. Sé que probablemente tienes miedo de hacerte engreída o de caer en la egolatría. Pero eso no va a ocurrir. Hacer esta tarea es simplemente el antídoto a tanta minusvaloración como has vivido, para que, con el tiempo, las cosas se puedan poner en su sitio. A continuación, plasma por escrito cómo te sientes contigo misma y con esta lista.

Escribir una carta o un guion acerca de tu rasgo

Ésta es también una de las tareas más esenciales de este libro, aunque en este momento se te valore mucho en tu puesto de trabajo. También es un buen ejercicio para que lo utilices con tus relaciones. La tarea consiste en escribir una carta o el guion de una charla con el fin de insertarlo en una entrevista o conversación en la cual te vendes a ti misma o das a conocer tus virtudes, incluyendo en ellas tu alta sensibilidad. Utiliza las palabras de la tarea previa y ofrece pistas sobre en qué condiciones esas virtudes pueden salir a la luz. Dicho de otro modo, y expresado con mucho cuidado, manifiesta algunas de tus necesidades como PAS.

He aquí un ejemplo de carta:

En cuanto a los activos que creo que puedo aportar a este cargo, en mis años de experiencia como directora de control de calidad, muchas personas han comentado que parezco tener una sensibilidad innata para los pequeños detalles (un talento que poseo desde la infancia y que aporto a cualquier equipo de producción), así como una aguda intuición ante lo que es probable que se convierta en un problema y lo que no. Por ejemplo, mis anteriores superiores en el trabajo comentaban que era como si yo poseyera un «sexto sentido» para todo aquello que permite mantener la armonía en el equipo de trabajo sin perder eficiencia.

También da la impresión de que mi sensibilidad y mi intuición me llevan a ser concienzuda, lo cual hace que me pregunte regularmente «¿Qué pasaría si nos sucediera esto?» y busque respuestas al respecto Simplemente, no me consiento equivocaciones ni permito que los malos entendidos persistan durante demasiado tiempo.

Me he dado cuenta de que, para maximizar esta sensibilidad e intuición, preciso de cierta tranquilidad y privacidad durante la jornada, lo cual se compensa con creces con una notable mejora de mi productividad. Una posibilidad a considerar sería la de que pudiera trabajar desde casa un día a la semana. No obstante, soy flexible, y podríamos regular este requisito si se me ofrece cierto grado de «protección».

Escribe tu propia carta o guion en las líneas de abajo. Si hay un cambio de empleo o una revisión de trabajo en ciernes, o bien los hubo en el pasado y te hubiera gustado gestionarlos de un modo diferente, puedes pensar en ese caso en concreto mientras escribes. Si crees que sería mejor trabajar sobre un entorno completamente diferente (como el ámbito escolar, de amistades o de citas), siéntete libre para adaptar la tarea a tus necesidades. Prepara una carta o un guión dirigiéndote a un posible profesor, amiga, cita o pareja.

_____

_____

_____

_____

_____

_____

_____

_____

_____

_____

_____

_____

_____

_____

_____

_____

_____

_____

_____

_____

Parejas y grupos: A, B y C. Decididamente, haced esta tarea. Cada persona puede leer en voz alta su carta o guión, y los demás pueden comentarla, siendo muy sensibles en sus opiniones, por supuesto.

En conclusión: ¿Cómo te sentiste haciendo esta tarea? Convendría que observaras tu reacción a la hora de valorarte y que tomaras nota de ello.

_____

_____

_____

_____

_____

Cómo liberar tu elección vocacional

Existen multitud de libros, libros excelentes, que te ayudan a descubrir tu vocación *(véase* «Recursos», página 345, donde se te proponen unos cuantos). También puedes encontrar consejeros vocacionales en el listín telefónico, así como en multitud de escuelas, institutos y organizaciones, de modo que no voy a reinventar la rueda aquí. Sin embargo, para aquellas personas que seguís forcejeando con la pregunta de «qué hacer», convendrá que llevéis a término la tarea que viene a continuación, en la que vais a pensar a fondo en vuestro rasgo. Si te sientes completamente satisfecho con el trabajo que desempeñas en estos momentos, puedes saltarte esta tarea, aunque puedes disfrutar también haciéndola como un ejercicio de creatividad.

1. En las líneas que tienes abajo, haz una relación de *todas* aquellas cosas que te encanta hacer, *o bien* de aquellas áreas de la vida en las que te gustaría ser muy competente. No te detengas a pensar si son profesiones potenciales o no. Si te gusta ir en bicicleta, anótalo. Si te gustan los perros, anótalo. Si te encanta leer libros o artículos sobre desastres o enfermedades, sobre huidas heroicas o tratamientos alternativos de salud, anótalo.

_____

_____

_____

_____

_____

_____

2. Ahora, utiliza tu creatividad para discernir si habría alguna manera de ganarte la vida haciendo eso. Si es algo que muchas personas ya hacen o de lo que tienen conocimientos, bien puede haber espacio para uno más, o bien para un nuevo servicio o producto. Si es algo que hacen pocas personas, pero que lo disfrutan, piensa que podrían involucrarse más personas si tuvieran la ayuda de una especialista como tú. (O quizás aún no eres una especialista, pero te encantaría serlo). El conocimiento es un recurso que se puede vender, como asesora, escritora, maestra, etc.: los papeles naturales de los consejeros sacerdotales PAS. *Piensa: ¿existe en esto alguna necesidad o deseo en los demás que tú podrías satisfacer?* Si lo hay, siempre habrá gente que te pague por ello.

Me acuerdo de una noche en que estaba chapoteando en una piscina en San Juan Bautista, California, entusiasmada con la «lluvia de ideas» que estaba teniendo: «La gente no deja de pedirme que haga un curso para personas altamente sensibles, incluso que escriba un libro sobre el tema. La gente me lo está pidiendo. Supongo que estarían dispuestos a pagarme por ello». Esto ocurrió después de que terminara con mi investigación y me convirtiera en una experta en el tema, por puro amor al tema, no por ganar dinero. Pero resultó que venía a satisfacer una necesidad en la gente, por lo cual terminaría siendo compensada, pues la gente pagaría por mi tiempo, a la vez que yo hacía lo que más deseaba hacer.

Claro está que una nunca tiene la certeza de con qué actividad en concreto se va a poder ganar la vida. Quizás sobrestimes las necesidades de los demás o tu propia competencia en el tema. Una vez desarrolles una idea, vas a tener que someterla a la «prueba del mercado». Las PAS no están acostumbradas a asumir riesgos, de modo que haz algo a pequeña escala mientras conservas tu puesto de trabajo y mira a ver qué pasa.

Para los tres elementos de la lista de arriba, haz una lluvia de ideas sobre cómo podrías ganarte la vida con eso. No obstante, no seas demasiado crítico; más bien, recurre a la creatividad y juega con las posibilidades.

1. _____
_____
_____
_____
_____
_____

2. _____
_____
_____
_____
_____

3. _____
_____
_____
_____
_____

Parejas y grupos: A, B y C. Discutid esta tarea, animaos mutuamente y compartid ideas y experiencias.

EN CONCLUSIÓN: Reflexiona por un momento sobre cómo te has sentido mientras le dabas vueltas a tu futuro con esta tarea. Quizás te hayas percatado de que tiendes a ponerte límites, de modo que puedes preguntarte por qué lo haces. Quizás también te hayas dado cuenta de que te sientes incómodo pensando demasiado en las cosas materiales. Toma nota aquí de tus descubrimientos.

_____
_____
_____
_____

Evaluando tu historial laboral

Para cada una de las afirmaciones que tienes abajo, especifica si es *muy* cierta en tu caso (marcándolo con una **M**), si es *algo* cierta (marcándolo con una **A**) o si *no* es cierta en absoluto o *casi nunca* (marcándolo con un **N**). Después, léete los comentarios que aparecen sobre cada una de esas afirmaciones en la sección que viene a continuación.

Afirmaciones

1. _____ He tenido empleos con organizaciones muy diferentes.
2. _____ Soy yo quien deja los empleos, aunque la mayoría de la gente me pide que continúe.
3. _____ Mis jefas me han pedido que me fuera.
4. _____ Cualquiera que sepa de lo que va mi trabajo diría que me pagan poco.
5. _____ Pocas personas en mi empleo son conscientes del buen trabajo que hago.
6. _____ He rechazado ofertas de empleo porque tenía miedo de lo que podría suponer tal cambio.
7. _____ Mi trabajo es la cosa más importante de mi vida.
8. _____ Me llevo bien con mis compañeros de trabajo; estas relaciones contribuyen mucho a que disfrute con mi empleo.
9. _____ Mi infelicidad en el trabajo es la mayor fuente de desdichas en mi vida.
10. _____ Temo que las condiciones físicas en las cuales desarrollo mi trabajo estén perjudicando mi salud.
11. _____ Mis jefes me acosan o me tratan mal.
12. _____ Estoy orgullosa del trabajo que hago.

Evalúa tus respuestas a estas afirmaciones

1. Si cambiar de empleo con frecuencia es *muy* cierto o *algo* cierto en tu caso, muchos dirán que eres una persona inestable o que no eres capaz de comprometerte; y, ciertamente, ésa es una posibilidad. Pero cambiar de empleo también puede ser algo bastante normal y

razonable en el caso de una PAS pues, como tal, te va a llevar tiempo discernir lo que necesitas, en contraposición a lo que los demás puedan necesitar o puedan creer que tú necesitas.

Si tu respuesta fue *casi nunca* (por haber estado siempre en el mismo puesto de trabajo), ¿se debe esto a que se trata de un empleo muy adecuado para ti? ¿O sigues en ese empleo sólo por miedo al cambio?

2. Si sueles abandonar los empleos que consigues, incluso cuando se te pide que te quedes, se pueden aplicar los mismos comentarios que en el punto 1, pero de una forma más intensa. ¿Los cambios de empleo te han supuesto una mejora laboral o una mejora en tu vida? ¿O es que te cuesta comprometerte? ¿Estás siendo injusto con aquellas personas que te valoran? ¿Tienes miedo a aferrarte demasiado o a depender de algo o alguien? ¿Dejas un trabajo cuando se te dan mayores responsabilidades o se te pide que dirijas o supervises a tus compañeras? (Sin embargo, dirigir a los demás no siempre es una buena idea para una PAS, sobre todo cuando tienes que dirigir a personas que no son PAS. Para que nos tomen en serio, tenemos que hablar como esas personas lo harían, con firmeza, incluso con dureza para nuestros estándares. Y tendríamos que asumir también palabras duras cuando vinieran de vuelta. *Podemos* dirigir a otras personas, pero nos resulta duro).

Por otra parte, si *nunca* has dejado un trabajo por voluntad propia, ignorando que se te necesita allí donde te encuentras, quizás es que estés minusvalorándote, lo cual podría indicar el momento de darse la oportunidad de cambiar de aires.

3. Si respondiste *muy cierto* (que se te ha pedido con frecuencia que te vayas), los motivos son obviamente muy importantes. Puede que hayas tenido mala suerte en un momento económico delicado o una mala racha para tu tipo de trabajo. O bien, si te han despedido con frecuencia de tus puestos de trabajo, quizás es que te cueste comprender lo que se espera de ti y qué estás dispuesto o eres capaz de hacer. Echa la vista atrás e intenta discernir si ha habido un patrón o un problema que se haya repetido y luego trabaja sobre eso, bien a solas o bien con ayuda profesional. Por otra parte, perder un empleo por el motivo que sea al menos en una

ocasión es probablemente inevitable, dado el amplio rango de personalidades existentes entre los que te contratan y los múltiples motivos que pueden aducir para «dejarte ir». Al igual que ocurre cuando una persona se cae de un caballo, quizás hasta sea necesario haber sobrevivido a la experiencia una vez para no pasarte la vida temiendo que ocurra.

4. Si es *muy* cierto que los demás dicen que te pagan poco para el trabajo que haces, probablemente tengan razón. Las investigaciones con personas tímidas (que quizás no sea tu caso, pero sí el de otras PAS) demuestran que a éstas se les suele pagar por debajo de su rendimiento. Yo creo que las PAS suelen albergar la esperanza de que serán recompensadas si no levantan la voz demasiado y durante el tiempo suficiente. También pueden pecar de lealtad, afirmando que no les preocupa esa situación, incluso pueden mostrarse encantadas de ahorrarle dinero a su empresa. Pero no es justo, ni tampoco es bueno para ti. Ni es bueno para el mundo, pues alimenta el estereotipo que tenemos las PAS de que es fácil aprovecharse de nosotras. Reivindícate en nombre de todas las PAS.

Por otra parte, las PAS suelen gravitar hacia campos que suelen estar mal pagados, como la enseñanza artística, o bien trabajan en agencias no lucrativas o gubernamentales. De modo que convendrá que te compares con otras personas del mismo calibre, en este campo y en los demás. Pregúntate: ¿mi caso es el de una persona que acepta una mala paga con tal de hacer lo que quiere, o se me está pagando mal según cualquier otra regla y estoy permitiendo que se me trate injustamente? Una frase que conviene repetirse y que me enseñó alguien a quien respeto es: *no te des por vencida*.

5. Si son pocas las personas en tu empresa que son conscientes del buen trabajo que haces (es decir, si es *muy* cierto o *algo* cierto en tu caso), considéralo como algo normal, dado que eres una PAS. Sin embargo, convendrá cambiar las cosas. Una vez más, no es justo ni para ti ni para la organización, porque los que están por encima de ti van a cometer errores en decisiones relacionadas con el personal si no disponen de información relevante; es decir, si no son conscientes de lo valioso que eres.

6. Rechazar *alguna* oferta de empleo por miedo al cambio es de lo más razonable, además de ser una buena señal. Pero si es *muy* cierto en tu caso y esos empleos se hallaban dentro del rango de tu vocación, entonces es posible que los demás estén viendo un considerable potencial en ti que tú te niegas a reconocer y a desarrollar. La responsabilidad es buena para las PAS, siempre y cuando la desarrollemos sin excesivas tensiones. El mundo nos necesita.

7. Creo que no está mal el hecho de que consideres en alguna medida cierto que el trabajo es la cosa más importante en tu vida. Si fuera *muy* cierto, convendría que consideraras la posibilidad de darle un poco más de equilibrio a tu vida, pues puede que incluso te haga mejorar en tu trabajo. Pocas vocaciones hay que no se vean realzadas con la lectura de un libro que no tenga nada que ver con tu trabajo o con mantener relaciones con personas que no pertenezcan a tu profesión.

   Por otra parte, si tu trabajo no es importante para ti, quizás es que ha llegado la hora de cambiar de trabajo. ¿Qué es lo que más disfrutas haciendo? ¿Con qué te diviertes? Tiene que haber algún lugar para tu vocación, aunque no puedas hacer dinero con ella. O puede que hayas definido mal el concepto de trabajo. A mi hijo le encantaba dibujarlo todo, hasta que un día llego a casa con la tarea de hacer un dibujo de la Niña, la Pinta y la Santa María de Colón, y se puso a despotricar por tener que hacer aquel trabajo. La palabra «trabajo» le había arrebatado de pronto el gozo de la creatividad. ¿Te sigue ocurriendo eso a ti?

8. Aquí, un *muy cierto* está bien; es decir, disfrutar con los compañeros de trabajo suele ser un factor que se pasa por alto en lo relativo a la satisfacción laboral. De hecho, puede ser una de las mejores cosas del trabajo. Escucharnos y ayudarnos unos a otros, reírnos juntos, puede compensar muchos momentos menos agradables. Hasta puede suceder que tu verdadera vocación se halle oculta en el papel que cumples dentro del grupo.

   Un *casi nunca* no es bueno. Quizás convenga que te sumes más a las conversaciones. Si no mantienes conversaciones con tus colegas porque hay una o dos personas que te incomodan, entonces considera la posibilidad de cambiar de empleo. Del mismo modo que hay familias buenas y familias terribles, hay buenos entornos sociales de trabajo y los hay malos. Tú necesitas un buen entorno para conservar la salud y rendir en tu trabajo. Mira también los comentarios sobre la afirmación 11.

9. Si es *muy* cierto que tu infelicidad en el trabajo es la mayor fuente de desdichas en tu vida, es obvio que habrá que hacer algo, ¿no? Admitir esto ya es importante, y las razones de ello pueden ser numerosas. Si no se puede hacer absolutamente nada acerca de la situación externa, quizás tengas que considerar formas en las cuales puedas utilizar esa situación para desarrollar tu propio carácter.

10. Si es *muy* o *algo* cierto que las condiciones físicas en las cuales desarrollas tu trabajo pueden estar perjudicando tu salud, eso es algo que habrá que abordar también. En todo trabajo hay cierto desgaste físico (aunque estés sentada tranquilamente escribiendo). Pero si los peligros son inusuales, la mera tensión que te genera el estar en un entorno del que te gustaría huir es sumamente estresante. Afortunadamente, las empresas no pueden obviar durante demasiado tiempo los riesgos que pueda tener un trabajo sin meterse en problemas legales. Pero si es sólo una persona la que se queja, los empresarios o supervisores van a decir que esa persona tiene una sensibilidad excesiva. Y dado que tú eres ciertamente más sensible, quizás tengas que asumir que ese trabajo no es para ti, en vez de forcejear con tus circunstancias. La propia salud es el fundamento de todo lo demás en la vida, como cualquier persona con una salud delicada te podrá decir.

Por otra parte, quizás puedas sugerir cambios de poco calado que mejoren la productividad de ese 20 % de empleados que deben ser PAS como tú. Incluso podrías utilizar tus conocimientos relativos al rasgo para demostrar que es más rentable acomodar las cosas a una PAS como tú que perder las muchas ventajas que las PAS tienen para una empresa.

11. Si es *casi nunca* cierto que te sientes maltratada por aquellas personas para las que trabajas, celebra tu buena suerte. (Y también podrías preguntarte a ti misma si el hecho de que se te trate tan bien es porque alguien sabe que mereces más de lo que se te paga, y ésta es una manera de retenerte). Pero si es *muy* cierto que te tratan

mal, considera si es éste un patrón regular en tu vida. Si no lo ha sido, y especialmente si otras muchas personas están teniendo el mismo problema con el tipo de dirección o supervisión bajo el cual trabajan, convendrá que te plantees que quizás tengas que alejarte de una situación que te perjudica. Si es un patrón regular, o si los demás no se muestran tan molestos como tú, cabe la posibilidad de que tu sensibilidad sea en parte el motivo por el cual vives ese patrón reincidente. No sólo las PAS se sienten heridas por las palabras duras, pero podemos ser un objetivo fácil para los acosadores, dada la intensidad de nuestra reacción. Hasta puede que nos habituemos al acoso y caigamos en un papel victimista sin darnos cuenta. Esta situación, tan desagradable como sutil, se exacerba cuando no comprendemos lo valioso de nuestro rasgo, y toda vez que es devaluado por nuestra cultura. Claro está que tendemos a sentirnos inferiores, débiles e impotentes, y eso hace que la dominación de los demás se nos antoje como algo natural y merecido.

Otro error en el que podemos caer y que puede explicar una mala situación laboral es el miedo a la cólera ajena (o a la nuestra, cuando se nos desata finalmente), de tal modo que no ponemos los límites que deberíamos haber puesto desde un principio. («Lo siento, pero no voy a aceptar que me traten así»). Quizás tengamos miedo al cambio; quizás temamos perder un empleo o determinados privilegios o beneficios. También podemos querer ser agradables, leales y escrupulosos, o justificar el comportamiento de otra persona porque su trabajo es muy importante o porque los demás respetan mucho a esa persona.

Todo el mundo tiene su «sombra», ese lado no tan agradable que parece que forma parte de la condición humana. Yo creo que una relación –sea laboral, de amistad o romántica– no ha comenzado realmente en tanto no conozcamos la sombra de la otra persona y decidamos si queremos convivir con eso. Sin embargo, las PAS tenemos la tendencia a idealizar a los demás, sobre todo cuando nos sentimos defectuosas o débiles, cuando no comprendemos nuestro rasgo. En esos casos, queremos estar cerca de personas que son más fuertes que nosotras, queremos apoyarnos en ellas y formar parte de sus vidas. Pero es como si no quisiéramos ver nuestra propia fuerza ni la sombra de las demás personas. Entonces, la sombra idealizada de los demás termina llevándonos a la desilusión y al *shock* cuando finalmente nos percatamos del espejismo. Puede que reaccionemos de forma excesiva, manifestando odio o temor por esa persona, pero en muchas ocasiones nos quedamos atascadas en un papel negativo de reciprocidad; nos convertimos en admiradoras del narcisista, en esclavos del gran maestro, o mimamos a bebés grandes que deberían cuidar de sí mismos (y si ese bebé grande es nuestra jefa, deberíamos cuidar de nosotras mismas).

Hace falta cierta experiencia para captar, al cabo de un tiempo, con qué clase de problemas de sombra en la otra persona vas a tener que lidiar eventualmente. Pero el primer paso es tener en cuenta, aunque sin amargarse, que va a haber *algún* tipo de problema. Esperar que aparezca la sombra en todo ser humano es especialmente útil cuando tienes que decidir si realmente vas a ser más feliz en un trabajo diferente o si vas a pasar de la sartén al fuego. El hecho de conocer a las personas y el entorno y saber cómo lidiar con ellos tiene sus ventajas, siempre y cuando no se den situaciones abusivas. A veces, la línea es muy fina. Por otra parte, las cualidades problemáticas de algunas personas pueden llegar a ser excesivamente angustiosas para cualquiera. De modo que vas a tener que decidir hasta qué punto lo malo se pasa o no de la raya.

Vas a tener que prestar especial atención a ese tipo de relaciones malas en las que te sumerges una y otra vez, o en las que permaneces durante demasiado tiempo. En estos casos, tendrás que llevar a cabo un trabajo interior con aquella parte de ti, interiorizada a partir de una relación del pasado, que te lleva a hacer eso.

12. Si te sientes *muy* orgulloso del trabajo que haces, enhorabuena. Eso es *muy* importante. No obstante, si no te sientes orgulloso, convendrá que te preguntes por qué. «La vida no es un ensayo», y no hay más. No te vayas a la tumba lamentándote por cómo desperdiciaste tu energía.

Parejas y grupos: Sólo C. Esta es una tarea muy buena para discutir sobre ella, pero nos encontramos con temas ciertamente serios. Precisarás de cierta seguridad para poder recibir los comentarios y las sugerencias que necesitas de las personas que hayan llegado a conocerte bien.

EN CONCLUSIÓN: Reflexiona sobre la interacción existente entre nosotras: mis preguntas, tus respuestas y lo que yo pienso de tus respuestas. Por favor, tómate mis pensamientos simplemente como lo que son: ideas que te ayudan a pensar. Dado que yo no te conozco, pero tú sí te conoces bien, lo que escribas aquí abajo será, probablemente, más importante. Así pues, a partir de esto, observa que otras ideas puedes obtener sobre tu historia laboral y plásmalas aquí abajo por escrito.

_____

_____

_____

_____

_____

Reconsidera un momento crítico en tu historia vocacional y laboral

A estas alturas, deberías hallarte en una buena posición para reconsiderar uno de los acontecimientos cruciales de tu vida profesional o tu carrera; por ejemplo, sobre las decisiones que tomaste, o dejaste de tomar, en tu profesión; por qué dejaste determinado empleo o no aceptaste determinado empleo, o te quedaste en un empleo demasiado tiempo; qué dificultades has tenido en el trabajo. Si no eres feliz con tu profesión o empleo, presta atención especialmente a qué persona o situación pudo haber influido para que lo aceptaras.

Abajo encontrarás los pasos que ya seguiste en «Reconsiderar tu pasado» (página 38). Al igual que antes, elige algo que destaque como decisivo en la medida en que dañó tu autoestima. Podría ser un momento o una decisión en concreto que conformó de manera profunda el quién eres ahora, como el comentario de un instructor o una jefa. También podría ser toda una categoría de acontecimientos, como aquéllos en los que se te pone a prueba, se te observa o se te evalúa. Tiene que ser una experiencia que, eventualmente, puedas ver bajo una nueva luz por el hecho de conocer mejor tu rasgo. Pero no lo tomes en consideración en un principio; simplemente, piensa en el acontecimiento o categoría de acontecimientos que puedan haber sido decisivos en un sentido negativo en tu vida laboral, aunque no parezcan guardar relación con tu sensibilidad. Aunque es muy probable que sí que la guarden.

Escribe aquí ese momento relacionado con tu vocación o trabajo que deseas replantearte.

_____

_____

_____

_____

_____

Y, ahora, vamos a reconsiderarlo.

1. Recuerda cómo respondiste a ese acontecimiento, y hazlo con cuantas emociones, comportamientos e imágenes puedas evocar.

_____

_____

_____

_____

_____

2. Piensa en lo que esa respuesta te ha hecho sentir siempre.

_____

_____

_____

_____

_____

3. Considera tu respuesta a la luz de lo que sabes ahora acerca de tu rasgo.

_____

_____

_____

_____

_____

_____

_____

_____

_____

_____

_____

4. Piensa en si podrían haberse evitado los aspectos más negativos de esa situación, o si las cosas hubieran sido diferentes en caso de que tú o las demás personas hubierais sabido que eras una PAS y hubierais hecho ajustes adecuados al respecto.

_____

_____

_____

_____

_____

_____

5. Si el hecho de saberlo te hubiera impedido sufrir o desperdiciar una parte de tu vida, permítete la expresión de los sentimientos que esto te provoca.

_____

_____

_____

_____

_____

_____

6. Resume tu nueva interpretación del acontecimiento y léela con frecuencia hasta que hayas absorbido plenamente su significado.

_____

_____

_____

_____

_____

_____

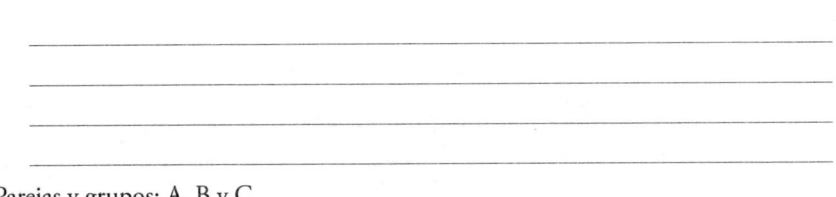

Parejas y grupos: A, B y C.

EN CONCLUSIÓN: Deja a un lado por unos instantes todo esto y reflexiona sobre lo que has aprendido acerca de tu vocación y tu vida laboral. Luego, haz un resumen de tus pensamientos de la página 44.

CAPÍTULO 7

El desarrollo de las relaciones cercanas

L as PAS están especializadas en relaciones estrechas y de larga dura-ción, quizás con una pareja romántica, pero siempre con unos cuantos amigos y miembros de la familia bien seleccionados. Nosotras las PAS solemos tener experiencias diferentes y más intensas en estas relaciones que las no-PAS, y podemos ser sumamente hábiles a la hora de desarrollar y mantener una relación estrecha, íntima. Pero siempre se puede aprender algo, sobre todo en cómo afecta tu sensibilidad en tus relaciones más cercanas, y siempre hay habilidades que aprender. Éste es el propósito de este capítulo.

¿Cuán importante es eso de «dios los cría y ellos se juntan»?

Antes de meternos en materia, convendrá que pienses en un par de asuntos. Uno de los más importantes, que aparece una y otra vez cuando hablo con PAS, es el de si es mejor «buscar nuestra mutua compañía» o es mejor que nos juntemos con no-PAS, que pueden de algún modo complementar nuestro rasgo. La pregunta es importante, claro está, dado que frecuentemente podemos elegir con quién estre-char lazos.

Según mi experiencia, el porcentaje de relaciones satisfactorias es ligeramente superior en relaciones donde ambas personas son PAS. Y tiene sentido, porque se generan menos conflictos en lo relativo a qué puede resultarnos divertido y durante cuánto tiempo. La otra persona no se siente rechazada cuando necesitas un poco de tiempo en soledad, y rara vez o nunca tienes que decir eso de «¿Podrías hacer eso en silencio?», o bien «Esa "bromita" hiere mis sentimientos». No tienes que escuchar eso de «Eres demasiado sensible» o «¿Ya estás cansada?». Los sistemas nerviosos vibran en la misma frecuencia, y cuando hay tanta gente ahí fuera que no se parece a ti, el hecho de estar con alguien como tú genera una buena sensación.

Pero tal compatibilidad *no* significa que una relación entre una PAS y una no-PAS no vaya a ser extraordinariamente fructífera y satisfactoria. Mi ligeramente tormentoso, pero maravilloso, matrimonio de tres décadas es una prueba de ello. Cada uno aporta sus talentos, perspectivas y dones, a los cuales probablemente nunca hubiéramos tenido acceso sin el otro. Por ejemplo, la no-PAS te permitirá vivir aventuras, se ocupará de aquellas tareas y situaciones que a ti te resultan abrumadoras y, con suerte, te respetará y te protegerá como persona sensible que eres. Por tu parte, tú le aportarás a su vida profundidad, intensidad, intuición, lealtad, espiritualidad, creatividad y conciencia de la brevedad de la vida, además de otra docena de dulzuras y dulzuras amargas que no son fáciles de encontrar en este mundo. Se precisa de un esfuerzo extra para respetarse y tolerarse mutuamente, pero posiblemente sean esfuerzos así los que construyen carácter.

Debería añadir que en torno al 20 % de la población se halla en el otro extremo de las PAS. El término positivo para este grupo de personas es el de «desinhibidas», un término relativamente neutral es el de «buscadoras de sensaciones», y también se las ha llamado «impulsivas». Valóralas, pues son magníficas conductoras de ambulancia y bomberos, pero *no* imites su estilo de vida. En cuanto a relacionarse con una persona así, una PAS emprendería una loca cabalgada con una no-PAS buscadora de sensaciones.

Mientras trabajes sobre relaciones específicas a lo largo de este capítulo, convendrá que hagas un poco de gimnasia mental y que pienses, junto con todo lo demás que se te pida que pienses, en cómo afecta a cada tarea el temperamento de la otra persona y su encaje con tu temperamento.

Problemas: ¿se deben a la sensibilidad o a la historia personal?

El otro asunto importante que hay que tener en cuenta mientras trabajas en este capítulo es un problema con el que he forcejeado mucho como psicoterapeuta. En qué medida los problemas en la relación se deben al temperamento innato de cada persona y en qué medida se deben a sus experiencias de relaciones pasadas, comenzando por la infancia hasta llegar al modo en que cada una de ellas es tratada en su trabajo hoy en día. La pregunta es importante porque, claro está, cada una intenta *adaptarse* al temperamento de la otra, pero una siempre quiere tener alguna idea y quiere *cambiar* patrones aprendidos que no funcionan.

La cuestión de temperamento o historial personal nunca es fácil de discernir, pues el temperamento interactúa siempre con la historia personal. ¿Pero cómo lo hace exactamente? Existe una manera de encontrar la respuesta: revisa tu historial de relaciones buscando patrones repetitivos.

Para entender los patrones podemos reflexionar sobre el estilo de apego (*véase* la página 119). Lo resalto porque existe la tendencia a subestimar el impacto de la infancia, dado que no la recordamos o nos parece un poco absurdo pensar que nuestro yo bebé pudiera tener tanta importancia. Pero las niñas y los niños pequeños están altamente programados para relacionarse, dado que sus vidas dependen de ello, y adoptan el estilo que mejor les funciona con la persona que cuida de ellos, y se aferran a ese estilo en sus relaciones con todas aquellas personas con las que intiman, a menos que haya un motivo sustancial para cambiar de estilo.

Un ejemplo de cómo interactúan el temperamento y el apego es el de la persona de éxito, confiada y extravertida que afirma ser una PAS, pero que parece sentirse segura en muchos entornos donde otras PAS no se sentirían así. Si investigas, descubrirás que esta persona tiene un historial de relaciones seguras y felices, y que puede que incluso sea una persona extravertida. En tales casos, unas cuantas preguntas más nos desplegarán el relato feliz de la relación con los abuelos, el de unas maestras comprensivas y el de unos buenos amigos en la infancia.

Después nos encontramos con la «PAS obvia» que se lamenta de no disponer de tiempo suficiente para estar sola y se queja de que «siempre tiene encima» a su pareja y parece estar «muy necesitada». ¿Un conflicto de temperamentos? Por su parte, la pareja se lamenta de que, cuanto más desea estar con esta PAS o expresarle su amor, más desdichada o incluso hostil se muestra la PAS. En este caso, apuesto a que voy a escuchar la historia de una madre demasiado ocupada, enferma, negligente o cualquier otra cosa como para prestar atención a su bebé PAS, generando así un estilo de apego evasivo. Así, esta PAS reprimió todo el miedo y el dolor acerca de su abandono y aprendió a «apañárselas sola», sintiéndose incómoda con todo «exceso» de intimidad o con la necesidad normal que tiene la otra persona de mantener unas relaciones estrechas; de ahí que piense que su pareja tiene unas necesidades excesivas.

Así pues, he aquí el segundo giro que tendrás que realizar en esta gimnasia mental: a medida que avanzas por este capítulo, piensa en tu temperamento y en el de la otra persona, y piensa también en vuestros estilos de apego y vuestros historiales de relaciones.

Tu historia de amor

Antes de hacer ninguna otra cosa, utiliza esta página para plasmar por escrito una experiencia de enamoramiento que hayas tenido o el inicio de una amistad, pues será interesante contemplarla a medida que avanzas por este capítulo. Detalla también cuál era la situación en tu vida en el momento en que te enamoraste, tu estado de ánimo general antes de enamorarte, la situación en la cual tuvo lugar el enamoramiento, lo que cada uno de vosotros dijo e hizo y cómo se desarrolló la relación.

_____

_____

_____

_____

_____

_____

_____

_____

_____

_____

_____

_____

_____

_____

_____

_____

_____

_____

_____

Ahora, echa la vista atrás a esta historia y responde a las siguientes preguntas. Haré mis comentarios a continuación de cada pregunta.

1. ¿Te sentías bien contigo mismo en aquel momento o no te sentías demasiado bien? ¿De qué modo pudo afectar esto el desarrollo posterior de la relación?

_____

_____

_____

_____

En general, *por término medio,* cuando te hallas en un período de baja autoestima es más probable que respondas positivamente a cualquier persona que se interese por ti. Por otra parte, una baja autoestima está asociada con unas relaciones no tan felices. Pero nos encontramos aquí con el problema del huevo y la gallina, por lo que es difícil saber qué causa qué.

2. ¿Habías aprendido ya a vivir sola? ¿Te sentías sola?

_____

_____

_____

_____

Si tienes la necesidad de establecer una relación, cualquier relación, para evitar la soledad, vas a ser obviamente menos selectiva y puede que termines en una relación no demasiado dichosa. Por otra parte, una pizca de soledad puede ser una buena motivación para que una PAS introvertida considere la posibilidad de establecer una relación.

3. ¿Te hallabas en una situación con la que no estabas familiarizado o que te provocara excitación? ¿Podría ser que esto incrementara la sensación de atracción en un principio?

_____

_____

_____

_____

Cuando dos personas se conocen en mitad de una situación que no les resulta familiar, una situación que genera excitación (quizás durante un viaje, o intentando superar juntos una crisis), puede muy bien ocurrir que se enamoren. (Pero el efecto que pueda tener el haberse conocido de este modo sobre una relación a largo plazo es probablemente insignificante).

4. ¿Quién confesó en primer lugar sus sentimientos de amor (ésta y las próximas tres preguntas dan por supuesto que la situación llegó a ese punto) y hasta qué punto eso hizo que la otra persona tomara conciencia de sus propios sentimientos?

_____

_____

_____

_____

_____

Una vez más, por término medio, muchas personas se enamoran de este modo. Se enteran de que la otra persona siente algo especial por ellas y, entonces, «descubren» que sienten lo mismo. Es importante que una PAS sea consciente de esto. Puede parecer arriesgado confesar los propios sentimientos, pero es una excelente manera de hacer entrar el amor en tu vida.

5. ¿Os desvelasteis muchos asuntos personales pronto el uno al otro? Si lo hicisteis, ¿os sentisteis complacidos o tuvisteis un poco de miedo por haber abierto vuestro corazón tan rápido?

_____

_____

_____

_____

Abrir el corazón con rapidez genera una sensación agradable, siempre y cuando no sea excesivamente rápido. Pero para una PAS puede ser altamente excitante, hasta tal punto que puede sentirse abrumada, sobre todo si tiene un estilo de apego evasivo.

6. ¿Erais iguales o diferentes en vuestro grado de sensibilidad? ¿De qué modo afectó eso a vuestro encuentro y vuestras primeras comunicaciones?

_____

_____

_____

_____

Dos PAS pueden enamorarse prácticamente por el mero gozo de estar con otra PAS. Por otra parte, una PAS y una no-PAS pueden quedarse sorprendidas por las capacidades casi mágicas de la otra persona. No son malas razones para sentirse atraída por la otra persona en modo alguno, salvo en el caso de que no tengas demasiada experiencia en el conocimiento de diferentes tipos de personas, pues puede que no te des cuenta de que esa persona tan sorprendente que acabas de conocer no es _tan_ singular, y que conviene que tengas en cuenta otras cualidades.

7. Echando la vista atrás sobre todo esto, utiliza este espacio para reflexionar sobre el resultado de esta experiencia de enamoramiento. Si surgió de ahí una relación, ¿qué fue de ella? ¿Cómo te hizo sentir esa experiencia? ¿La sientes de un modo diferente ahora, después de escribir acerca de ella y de responder a las preguntas? Si así fuera, escribe un poco más acerca de esto y compártelo con alguien, para que esa nueva manera de ver la situación se afiance en ti.

_____

_____

_____

_____

Parejas y grupos: A, B y C. Pero piensa en cuánto material personal estás dispuesta a revelar en tu relato.

Reconsiderar momentos importantes en tu historial de relaciones

Todos los seres humanos se han conformado según su historial de relaciones. Una vez más, una de las razones de esto podría ser porque el cerebro humano está específicamente diseñado, debido a nuestro largo período de dependencia en la infancia, para conservar y revisar en el tiempo un *estilo* de apego que optimice las posibilidades de supervivencia, todo ello en función de las personas que nos rodean. Revisarlo buscando la máxima seguridad es lo que se espera que hagamos como adultos, y una forma de hacerlo sería constatar si las experiencias que hemos tenido que mantienen un estilo de apego inseguro portaban una intensidad extra debido a nuestra sensibilidad. También, analizar si nuestra sensibilidad pudo ser la causa de esas experiencias que favorecieron la inseguridad, como cuando nos hemos sentido heridas repetidamente por personas no sensibles. En estos casos, reconsiderar tu historial de relaciones puede ser bueno para que revises tu estilo de apego.

Abajo te encontrarás con los pasos que ya conoces de «Reconsiderar tu pasado» (página 38). Elige un acontecimiento concreto de tu historial de relaciones que haya sido decisivo por la inseguridad que te generó en las relaciones. Elige algo en lo que puedas ver ahora el influjo de tu sensibilidad. (En esta área, más que en ninguna otra, hay otros factores, aparte de la sensibilidad, que pueden haber sido decisivos, por lo que reconsiderarlo todo exclusivamente en términos de sensibilidad podría distorsionar lo que sucedió realmente). Ese acontecimiento puede ser un momento singular que te marcó y te hizo tal como eres ahora, como cuando dejaste escapar a la chica más popular del pueblo para que fuera tu pareja en el baile de graduación, cuando casi te lo estaba pidiendo ella y era la chica de tus sueños, con la que no habrías dudado en casarte. O bien puedes centrarte en toda una categoría de acontecimientos, como los relacionados con las distintas parejas que has tenido que querían que les dedicaras todo tu tiempo libre y tú no podías evitar enojarte por ello, de tal modo que varias de tus relaciones terminaron por este motivo.

Escribe aquí el acontecimiento que deseas reconsiderar.

_____

_____

_____

_____

_____

Ahora, vamos a reformularlo.

1. Recuerda cómo respondiste a aquel acontecimiento o relación, evocando tantas emociones, comportamientos e imágenes como seas capaz.

_____

_____

_____

_____

_____

2. Piensa en cómo te has sentido siempre en relación con la respuesta que diste en esta situación.

_____

_____

_____

_____

_____

3. Reconsidera tu respuesta a la luz de lo que sabes ahora acerca de tu rasgo.

_____

_____

_____

_____

4. Piensa si todo lo negativo que tuvo el acontecimiento o la relación se podría haber evitado o si la relación hubiera tomado un derrotero distinto si tú o la otra persona hubierais sabido que eras una PAS y hubierais hecho los ajustes adecuados al caso.

_____

_____

_____

_____

5. Si el hecho de haberlo sabido hubiera evitado tu sufrimiento o que perdieras una parte de tu vida, tómate tiempo para sentir lo que esto te pueda hacer sentir.

_____

_____

_____

_____

6. Escribe a continuación cómo ves ahora aquel acontecimiento o relación y reléelo con frecuencia hasta asimilar su pleno significado.

_____

_____

_____

Parejas y grupos: B y C sólo.

En conclusión: Reflexiona sobre lo que has aprendido al reconsiderar esto en tus relaciones cercanas y resume tus pensamientos de la página 44.

Acerca de la escucha reflexiva

La escucha reflexiva es una habilidad engañosamente simple que consiste en devolverle a la otra persona el componente afectivo de aquello que te está contando, de tal modo que la persona sabe que estás comprendiendo lo que dice y así, a través de tu reflejo, puede experimentar plenamente lo que siente. Es una habilidad especialmente útil cuando alguien con quien tienes una relación estrecha exhibe emociones intensas, confusas o incluso abrumadoras acerca de cualquier cosa, pero particularmente acerca de ti.

Normalmente, existe cierta resistencia a practicar esta habilidad, dado que fuera de contexto puede resultar un tanto forzada, pero es una valiosísima herramienta para las PAS. Por ejemplo, con ella podemos ayudar a una no-PAS a que reconozca sus sentimientos. Por otra parte, todos nos sentimos mejor cuando las personas que nos rodean son conscientes de nuestros sentimientos. Además, las PAS, en cuanto captamos la idea, somos excepcionalmente buenas en la escucha reflexiva.

La lista de «lo que hay que hacer» en la escucha reflexiva es breve:

1. *Muéstrate físicamente atenta.* Mira a la persona, jamás mires el reloj, no te cruces de brazos.
2. *Utiliza palabras que expresen el contenido emocional* de lo que has escuchado, ignorando en gran medida el contenido factual, centrándote ir directa a los sentimientos que se están expresando.

La lista de «lo que no hay que hacer» resulta considerablemente difícil de evitar.

1. *No hagas preguntas.* Lo que necesitas saber lo escucharás pronto.
2. *No des consejos.* No sabes lo suficiente como para dar un buen consejo y, además, si haces bien tu papel, la otra persona puede que termine encontrando su propia solución. Es lo mejor para ella, y probablemente sea también la mejor solución.
3. *No hables de una experiencia similar tuya.* Esto está bien cuando el objetivo es el intercambio mutuo, pero si una persona está expresando sentimientos intensos, el hecho de hablar de ti mismo no va a hacer otra cosa que cambiar el foco de atención de lo que está ocurriendo en el interior de esa persona.
4. *No expliques «lo que está pasando en realidad»* o «lo que de verdad estás sintiendo», no juegues a ser psicóloga. Esto puede que venga bien más tarde, pero justo en estos momentos tu tarea consiste en escuchar y no distraer a la otra persona de su experiencia, que es altamente personal.

Hasta la frase más breve, si transmite esa especie de escucha en sintonía, esa especie de regalo, puede llegar a ser muy poderosa. Todas hemos tenido la experiencia de la otra persona con tanta frecuencia como para considerarla normal. Por ejemplo, le dices a alguien «Estoy muy contenta. Mi perra Patsy acaba de tener cachorros». Y la otra persona contesta «¡Qué bien! Yo esterilicé a mi Ginny, pero ella había tenido ya una camada. ¿Quieres ver las fotos?».

¿Qué ha quedado de *tu* experiencia?

Sería mejor esta respuesta: «¡Qué bien! Comprendo bien lo contenta que estás. Estás resplandeciente, como una abuela orgullosa». Esto es aún mejor que preguntar con interés, «¿Cuántos cachorros ha tenido?». Esto puede venir después, claro está.

Puedes utilizar la escucha reflexiva así, justo en mitad de la conversación. Pero su verdadera importancia se manifiesta cuando ayudamos a la otra persona a arraigar en su propia experiencia, así como a la hora de conservar (a veces salvar) una relación. Pero, antes de intentarlo, veamos un ejemplo.

Un ejemplo de escucha reflexiva sobre la experiencia de otra persona

Comenzaré con un ejemplo del uso de la escucha reflexiva para ayudar a un familiar o un amigo íntimo a explorar un problema que no tenga que ver con vuestra propia relación. Esto no es más que un curso breve sobre uno de los fundamentos más importantes de la psicoterapia, pues si una terapeuta utilizará única y exclusivamente la escucha reflexiva, eso, en sí mismo, ya *funcionaría,* de modo que comprende que estamos hablando aquí de una potente herramienta.

Tú y alguien cercano a ti os habéis reservado un tiempo para charlar al término de una jornada que él había estado temiendo: su primer día en un nuevo puesto de trabajo. Él dice, «El día de hoy ha sido mil veces peor de lo que presagiaban mis peores temores. Ha sido realmente terrible. Estaba tan nervioso que sólo quería esconderme, o morir. No sé si voy a poder volver».

Todas tus alarmas se ponen en marcha en tu interior. Temes que pierda el empleo o la confianza en sí mismo. Hasta puede que te enfades por el hecho de que no haya gestionado bien la situación. Estás confusa y te gustaría saber cómo ha ocurrido todo. Te gustaría hacerle preguntas, pero te vas a controlar, de manera que dices, «Parece que hoy has pasado por una prolongada pesadilla». Incluso puedes añadir, «No vas a querer ver ese sitio ni en pintura».

No haces preguntas; todo saldrá a su debido tiempo, sin que tengas que preguntar. No comienzas dando ningún consejo, como «Creo que vas a tener que hablar con tu jefa para aclarar qué se espera de ti», porque ni siquiera sabes lo que ha sucedido. Ni tampoco introduces mensajes encubiertos a hurtadillas de que no quieres saber nada de esos sentimientos, como «Debe haber sido muy duro, pero estoy segura de que todo mejorará en cuanto te habitúes al nuevo empleo, ¿no?». Y, definitivamente, no dices, «Pero si tú me dijiste que te iba a resultar fácil adaptarte al nuevo empleo».

Al dejar espacio para los sentimientos, confías en que la otra persona encuentre el camino a través de su problema; si no de forma conscientemente, con la ayuda de la psique. Sin embargo, no puedes escuchar con la expectativa o la exigencia sutil de que las cosas se resuelvan de determinada manera. Cuanto más confíes en la psique de la otra persona, más te gustará el resultado a la postre.

Según mi experiencia, así es como yo imagino el desarrollo adecuado de una conversación como ésta.

Tú: No vas a querer ver ese sitio ni en pintura.

El otro (echándose a llorar): Lo detesto.

Tú (con una profunda empatía): Es duro.

El otro: No puedo volver.

Tú: Sí, parece evidente que ese lugar no es para ti.

El otro: Cometí un grave error. Me da mucha vergüenza no haberme dado cuenta antes.

Tú: Sí, lo entiendo. Entiendo que te sientas avergonzado. Crees que hay algo mal en ti por no haberlo visto venir.

El otro: La mayoría de las personas podían hacerlo, pero esa caja registradora…

Tú: La caja registradora te mató.

El otro: Las clientes comenzaron a impacientarse, y yo me quedé paralizado, de modo que vino el encargado y lo hizo él. Me susurró, «Imbécil». Todo el mundo pudo oírlo. Después añadió que nunca había visto a alguien tan lento para aprender.

Tú: Todo el mundo esperando… era mucha presión. Y luego esos comentarios burdos, ridículos…

El otro: No soy imbécil. Aprendo rápido. Pero no sé desenvolverme con tanta presión.

Tú: Ambos sabemos que eres una persona inteligente. Pero algunas situaciones…

El otro: Es increíble que un encargado le diga eso a alguien en su primer día de trabajo.

Tú: Sí, es asombroso. Nadie con un poco de cerebro esperaría formar a alguien de esa manera.

El otro: No. Yo habría visto el nerviosismo, me habría acordado de las referencias, de las buenas notas y me habría dado cuenta de que esa persona necesitaba desenvolverse con menos presión. No más.

Tú: Creo que tienes claro que, con un encargado diferente, la jornada habría sido muy distinta para ti, ¿no?

El otro: Quizás me esté poniendo excusas.

Tú: Sí, comprendo que resulta difícil confiar en tu versión de lo sucedido hoy, aunque tengas razón en eso.

El otro: No, en realidad no. El encargado estaba al acecho con todo el mundo. Le oí llamar a otro bastardo cuando creía que no le escuchaba nadie.

Tú: ¡Vaya! Un verdadero matón.

El otro: No puedo volver.

Tú: (Silencio)

El otro: Aunque la mujer que me contrató realmente me valoraba, y ella es la jefa de este tipo. Debería contarle al menos lo que está pasando.

Y así, la persona resuelve el problema de qué hacer: dar cuenta a dirección de lo ocurrido, probar con otro empleo o cualquier otra cosa. Y respiras aliviada.

Claro está que, si crees que la solución de la otra persona es realmente un error, puedes adoptar dos posturas. Si es posible, deja que haga lo que ha pensado hacer y que aprenda de su error. Si no es posible, prueba con una declaración de acción/sentimiento (página 206) como ésta: «Cuando te imagino haciendo eso, me da miedo por ti». O bien, «Cuando pienso en que vayas a hacer eso, me da miedo que pierdas tu trabajo y que luego no podamos pagar el alquiler de la casa». Si eso no genera una reflexión más profunda por parte de la otra persona, añade lo que tú podrías hacer en una situación como ésa, pero evita decirle directamente a la otra persona lo que tú crees que debería hacer. Un consejo directo a una persona angustiada suele encontrarse con resistencias, o bien genera en ella más vergüenza aún, al no haber pensado en la solución que le propones. Además, es muy probable que no conozcas toda la situación y, por otra parte, si tu consejo no funciona, la responsabilidad pasará a ser tuya.

La escucha reflexiva cuando la otra persona es una amenaza

La utilización más importante de la escucha reflexiva, y la más difícil, es cuando el conflicto ha surgido en una relación y ambos estáis a la defensiva o fuera de control. En este caso, nos solemos encontrar con algún complejo que se ha activado y cada persona ve a la otra como una amenaza para algo crucial de la otra. La escucha reflexiva no resuelve el conflicto, pero airear sentimientos sin permitir respuestas defensivas parece que nos obliga a escuchar el punto de vista de la otra persona, y ese punto de vista se introduce en el inconsciente y genera cambios en un nivel profundo.

He aquí otro ejemplo. En esta ocasión, puedes practicar escribiendo tú las respuestas. El ejemplo viene seguido por cómo respondería yo a lo que dice la otra persona. Pero no olvides que siempre hay más de una respuesta adecuada.

Supongamos que tú y tu pareja tenéis que trabajar sobre una discusión que tuvisteis la noche anterior que comenzó así:

El otro: ¿Dónde has estado? Dijiste que te ibas a tomar un café con ese tal Joe y has desaparecido durante tres horas. No quiero volver a ver a Joe. No creo que sea sólo una amistad, y si me quieres y realmente tienes un compromiso conmigo, le darás puerta.

Así pues, habéis acordado que esta noche os vais a escuchar de manera reflexiva, y que tú le vas a escuchar así durante media hora. Tras un descanso, tu pareja hará lo mismo y escuchará tus sentimientos con respecto a esa situación. (Suena forzado pero, una vez más, puede funcionar *si* os aferráis a la escucha reflexiva y no os acaloráis). De modo que comenzáis.

El otro: Quiero que dejes esa «amistad» (dicho sarcásticamente).
Tú (respirando profundamente): _____

_____

El otro: Si me quieres, renunciarás a él. (Enfadado).
Tú: _____

_____

El otro: No puedo confiar en ti. Después de todo, dejaste a Neil para estar conmigo. ¿Por qué no ibas a dejarme para irte con Joe?
Tú: _____

_____

El otro (más disgustado que enfadado): ¿Por qué iba a confiar en ti?
Tú: _____

_____

El otro: ¡Dios, detesto escucharme a mí mismo diciendo esto! Parezco un idiota celoso. Pero estoy *celoso.*
Tú: _____

_____

El otro (casi llorando): Te quiero. Desesperadamente.
Tú: _____

_____

El otro: Te he visto con Joe. Sé que te gusta, quizás más que yo. He visto cómo os sonreís *el uno al otro. Eso me mata.*
Tú: _____

_____

El otro (llorando): No quiero perderte.
Tú: _____

_____

El otro: Estoy avergonzado.
Tú: _____

_____

Cómo respondería yo

El otro (sarcásticamente): Quiero que dejes esa «amistad».
Tú (respirando profundamente): Tienes sentimientos intensos respecto a mi amistad con Joe. No te crees que lo nuestro sea una simple amistad.
El otro (enfadado): Si me quieres, renunciarás a él.
Tú: Estás enfadado.
El otro: No puedo confiar en ti. Después de todo, dejaste a Neil para estar conmigo. ¿Por qué no ibas a dejarme para irte con Joe?
Tú: Crees que no puedes confiar en mí.
El otro (más disgustado que enfadado): ¿Por qué iba a confiar en ti?
Tú: Te escucho. En estos momentos no se te ocurre ningún *motivo para confiar en mí.*
El otro: ¡Dios, detesto escucharme a mí mismo diciendo esto! Parezco un idiota celoso. Pero estoy *celoso.*

Tú: Te sientes avergonzado por tu intenso temor a perderme, a que me vaya con otro.

El otro (casi llorando): Te quiero. Desesperadamente.

Tú: Te escucho. Verdaderamente tu amor parece desesperado esta noche.

El otro: Te he visto con Joe. Sé que te gusta, quizás más que yo. He visto cómo os sonreís *el uno al otro. Eso me mata.*

Tú (con una profunda empatía): Crees que me gusta mucho y eso te hace daño, como si te fuera a matar, como si yo te fuera a matar estando con Joe.

El otro (llorando): No quiero perderte.

Tú: Me doy cuenta de cuánto deseas que yo esté en tu vida, que no deseas perderme.

El otro: Estoy avergonzado.

Tú: Sí. Me doy cuenta de que no es fácil admitir tanta necesidad, tanto amor, cuando yo parezco feliz con Joe, como si no te necesitara.

Ni tú ni yo sabemos cómo funcionará esto, y hasta puede que posteriormente expreses toda tu cólera frente a unos celos tan irracionales. O puede que aceptes que hay cierta atracción que está amenazando vuestra relación y que violenta tu intención de darle un papel central a tu pareja en tu vida, cueste lo que cueste. O puede que ambos os enfadéis y concluyáis que hay que terminar la relación con Joe; uno durante una sesión de escucha, el otro en otra sesión. Pero una cosa es segura: que ahora ya conoces los sentimientos que todo eso genera en tu pareja y, probablemente, no vas a poder obviarlos más.

Cómo finalizar la sesión

En el ejemplo de las páginas 199-201 acerca del primer día en el puesto de trabajo, la sesión concluye de la forma más natural. Sin embargo, en una crisis o conflicto acalorado, es mejor acordar de antemano cuánto tiempo se va a dedicar a la escucha, y se deberá terminar la sesión cuando ese tiempo haya transcurrido, con independencia de lo que esté ocurriendo en ese momento. Todo lo que haya que escuchar se habrá dicho ya.

¿Se deben intercambiar los papeles justo después? Eso es algo que se tiene que acordar también de antemano, pero normalmente es mejor no hacerlo. Aunque, mientras escuchabas, se te hayan removido sentimientos intensos, la otra persona va a necesitar tiempo para digerir los sentimientos y las ideas que hayan emergido mientras hablaba.

La persona que escucha puede decir *algo* acerca de sus sentimientos al final, quizás un «Esto ha sido muy intenso *para mí*. Voy a necesitar decir algo acerca de mis sentimientos ahora después». La persona que escucha también podría tomar notas de lo que quiere decir cuando se intercambien los papeles.

En el ejemplo del terrible primer día de trabajo, quizás podrías decir, «En el momento en el que entraste en casa supe que algo había ocurrido. Gracias por compartir tus sentimientos conmigo. Me alegra que confíes en mí y que no haya tenido que estar preguntándome qué ha pasado y preocupándome toda la noche». Si se trata de una persona con la que conversas así de forma regular, quizás puedes decirle lo que sentiste al escuchar «El día de hoy ha sido mil veces peor de lo que presagiaban mis peores temores».

Por cierto, cuando hagas escucha reflexiva durante un conflicto, no le hagas reproches a la otra persona si no hace del todo bien su escucha reflexiva, no sea que el conflicto se os vaya de las manos.

Y, ahora, a practicar

Obviamente, la mejor manera de practicar la escucha reflexiva es con otra persona. Quizás puedas mostrarle esta tarea a tu pareja o a una amiga íntima y pedirle que lo practiquéis juntas, con el fin de poder disponer de esta herramienta cuando tengáis un conflicto o una de vosotras necesite ayuda para superar un problema. Para la primera práctica, una de vosotras deberá comenzar eligiendo un problema real de vuestra vida, pero procurad que no sea un problema excesivamente angustioso, para que no os resulte difícil deteneros para intercambiar los papeles. Y, por el momento, no os planteéis nada que hacer con vuestra mutua relación. Tú hablas del problema y la otra persona escucha, y luego intercambiáis papeles. Decidid de antemano cuánto tiempo vais a escuchar cada una (entre diez y veinte minutos puede ser suficiente) y ajustaos a eso. Después podéis comentar cómo ha ido, dándoos indicaciones una a otra para mejorar. Repito,

no elijáis un problema *demasiado* grande o intenso para estos primeros ensayos.

Parejas y grupos: A, B y C. Los grupos tendrán que dividirse en parejas, mientras alguien
controla el tiempo de las sesiones de escucha, que podría ser de entre diez y quince minutos. Si
el grupo es muy grande podría dividirse en grupos de tres personas, representando por turnos
tres papeles: escuchar, ser escuchado y dar indicaciones de mejora a quien realiza la escucha
reflexiva.

En conclusión: Toma algunas notas aquí sobre lo que has aprendido
de ti mismo practicando la escucha reflexiva.

_____

_____

_____

_____

Cómo hacer declaraciones de acción/ sentimiento

Esta actividad se basa en el libro de Claude Steiner *Educación emocional,* libro que recomiendo a todo el mundo.[3] Steiner destiló muchos
años de experiencia en un claro y potente manual para comunicar sentimientos.

Tras la escucha reflexiva, el siguiente bloque para la construcción de
una buena comunicación en las relaciones íntimas consiste en hacer
declaraciones sencillas y basadas en hechos acerca de lo que sientes
cuando la otra persona hace algo. O como alternativa, es la capacidad
para ayudar a la otra persona a que haga una declaración sencilla acerca
de lo que siente cuando tú haces algo. A esto lo llamamos hacer una
declaración de acción/sentimiento. Suena fácil, pero tiene sus compli-
caciones.

Al igual que con la escucha reflexiva, una de las razones por las cuales las PAS necesitan desarrollar esta habilidad es para comunicarse de
una forma más eficaz con las no-PAS, que suelen estar menos sintoni-

_____

3. Publicado en Sevilla por Jeder Libros en 2011.

zadas con sus sentimientos, o con PAS que quizás estén sobreexcitadas y, por tanto, fuera de sintonía con todo.

La declaración de acción/sentimiento implica, en primer lugar, una acción; *no* una interpretación de una acción: «El hecho de que te fueras pronto me entristeció», *y no* «El que decidieras irte pronto me entristeció». A menos que la otra persona dijera explícitamente que quería irse, lo único que *sabes con certeza* es que se fue pronto.

He aquí otra declaración, más basada en la interpretación que en la acción. «Me molesta mucho que me trates como a tu madre». Ésta no es una acción específica, y sea lo que sea que te enoje puede ser o puede no ser algo que tu pareja le haga a su madre. Sería mejor hacer una declaración de acción/sentimiento así: «Me molesta que no me llames para decir que llegarás tarde».

He aquí un ejemplo de cómo podríamos abordar un problema con una no-PAS muy querida para nosotras. La otra persona dice, «Me enfada que seas tan sensible», de modo que puedes responder, «Perdona, pero ¿podrías decirme específicamente qué es lo que te enfada?».

Prueba a reescribir estas declaraciones. Más abajo encontrarás cómo las habría reescrito yo.

Cuando no eres respetuoso con la gente, me avergüenzas.
Mejor: *Cuando* _____, *me avergüenzas.*
Ahora, una que tiene truco. *Cuando arriesgas conduciendo el automóvil, tengo miedo.*
Mejor: *Cuando* _____, *tengo miedo.*
Ahora, una interesante. *Me enfada que no respetes mi sensibilidad.*
Mejor: *Me enfada que* _____.

He aquí cómo habría reescrito yo estas declaraciones:
Cuando no eres respetuoso con la gente, me avergüenzas.
Mejor: *Cuando no recuerdas el nombre de una persona que te acaban de presentar, me avergüenzas.*
Cuando arriesgas conduciendo el automóvil, tengo miedo.
Mejor: *Cuando conduces a menos de quince metros del automóvil de delante, tengo miedo.*
Me enfada que no respetes mi sensibilidad.

Mejor: *Me enfada que digas que no puedes comprender «cómo se puede ser tan bobo» por disgustarse por quedarnos unas cuantas horas más, cuando yo había dicho ya que estaba exhausta y quería irme.*

La parte emocional de la declaración puede ser también difícil de formular, pues emociones verdaderas hay muy pocas: ira, miedo, tristeza, odio, vergüenza, felicidad, amor, orgullo y alegría. Quizás podrías añadir soledad, curiosidad, preocupación, ansiedad, celos, culpa, envidia, desesperación y esperanza. Pero éstas son, más bien, derivadas de las primeras. Otros «sentimientos», como sentirse ignorado o ridiculizado, implican un motivo y una acción (ignorar, ridiculizar) por parte de la otra persona, que quizás no se hayan dado. Otro problema añadido es que, en castellano, se suele decir «siento» cuando en realidad se pretendía decir «tengo la sensación» o intuición, de tal modo que puede resultar difícil discernir un sentimiento en el sentido de emoción. Por ejemplo, «Cuando no hablas con mis amigos, siento que me rechazas» es en realidad una intuición, la intuición de que la otra persona te está rechazando. En realidad, tú no lo sabes, pues quizás la otra persona necesite cierta introversión.

He aquí otro ejemplo de cómo se puede confundir un sentimiento con un pensamiento o una intuición: «Cuando sonríes, siento que te estoy haciendo feliz». Esto es lo que piensas que ha causado su sonrisa. Una declaración de reacción/sentimiento sería, más bien, «Cuando sonríes, me siento feliz».

He aquí una para personas sensibles: «Cuando gritas, siento que eres muy insensible». Pero tú no sabes con seguridad si la otra persona es insensible. ¿Acaso las PAS no gritan? ¿Por qué no decir, simplemente, «Cuando gritas, me enfurezco»?

He aquí un ejemplo de por qué necesitamos esta habilidad para mejorar las declaraciones de los demás: «Cada vez que te niegas a venir a una fiesta conmigo, me vengo abajo». Para comprender mejor y quizás aliviar el sentimiento sin necesidad de tener que ir a más fiestas, podrías preguntar, «¿Podrías decirme lo que sientes? Si me niego a ir a una fiesta, ¿te enfadas conmigo? ¿Tienes miedo de algo? ¿Entristeces?».

Prueba a reescribir estas declaraciones. Más abajo encontrarás cómo las reescribiría yo.

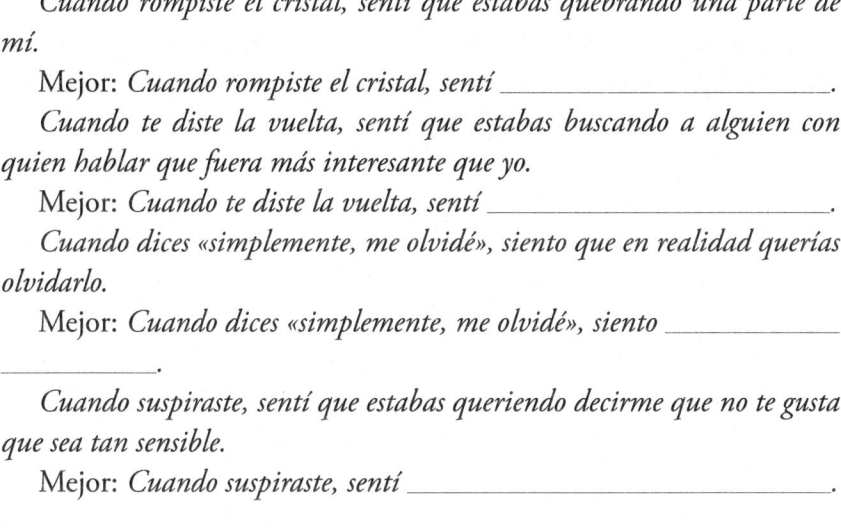

Cuando rompiste el cristal, sentí que estabas quebrando una parte de mí.

Mejor: *Cuando rompiste el cristal, sentí* _____.

Cuando te diste la vuelta, sentí que estabas buscando a alguien con quien hablar que fuera más interesante que yo.

Mejor: *Cuando te diste la vuelta, sentí* _____.

Cuando dices «simplemente, me olvidé», siento que en realidad querías olvidarlo.

Mejor: *Cuando dices «simplemente, me olvidé», siento* _____ _____.

Cuando suspiraste, sentí que estabas queriendo decirme que no te gusta que sea tan sensible.

Mejor: *Cuando suspiraste, sentí* _____.

Y ahora cómo habría reescrito yo estas declaraciones:

Cuando rompiste el cristal, sentí que estabas quebrando una parte de mí.

Mejor: *Cuando rompiste el cristal, me sentí muy triste.*

Cuando te diste la vuelta, sentí que estabas buscando a alguien con quien hablar que fuera más interesante que yo.

Mejor: *Cuando te diste la vuelta, me preocupé.*

Cuando dices «simplemente, me olvidé», siento que en realidad querías olvidarlo.

Mejor: *Cuando dices «simplemente, me olvidé», me enfurezco.*

Cuando suspiraste, sentí que estabas queriendo decirme que no te gusta que sea tan sensible.

Mejor: *Cuando suspiraste, me preocupé.*

No es que tengas que hablar *siempre* así, y sin duda que vas a querer explicar por qué te sientes triste, colérico o preocupado. Pero, al igual que con la escucha reflexiva, cuando hay un conflicto, un embrollo o un montón de emociones intensas en el ambiente, será mejor que te centres en los hechos que provocan los sentimientos y que elimines las interpretaciones, los consejos, las actitudes defensivas y las acusaciones. Los sentimientos no son correctos o erróneos, simplemente son. La persona que recibe la declaración de acción/sentimiento quizás no pretendiera generar tal sentimiento en la otra persona, pero en una buena declaración de acción/sentimiento no debe haber acusaciones sobre intenciones, para que el receptor no se sienta acusado. La respuesta afectiva de la otra persona puede parecernos estúpida, irracional o enfermiza; pero, repito, es un hecho que no se puede eliminar mediante el ataque o la negación, y convendrá que aprendas a dar la bienvenida a declaraciones de acción/sentimiento procedentes de los demás, especialmente si eres una PAS. Estas declaraciones constituyen una información inapreciable sobre la posición de la otra persona. A partir de ahí, puedes emprender la acción que consideres oportuna: hacer escucha reflexiva, cambiar tu comportamiento, pedir disculpas, expresar tu ira, sugerir motivos de tu comportamiento o de la reacción del otro, etc.

Si no lo has hecho aún, enséñale esta actividad a tu pareja o un amigo y pregúntale si estaría dispuesto a practicarlo contigo. Uno de vosotros podría elegir un conflicto menor o un tema inconcluso (esperemos que no sea un problema importante enmascarado de pequeño problema) que podáis tener en torno a un acontecimiento o un intercambio de sentimientos.

1. Comienza por hacer una declaración de acción/sentimiento clara.
2. La otra persona deberá reflexionar sobre esa declaración durante unos instantes, dejando que se sumerja en su interior, para luego devolverte la idea utilizando las mismas palabras.
3. Entonces, tú haces una segunda declaración de acción/sentimiento respecto a lo que sientes *ahora*.

Un ejemplo de lo que os estoy pidiendo que hagáis sería éste:

1. Tu comienzas con esta declaración de acción/sentimiento: «*Me enfado cuando no sacas la basura*».
2. Tu pareja deja que esa declaración se sumerja en su interior y luego, simplemente, repite la idea: «*Te enfada que no saque la basura*».
3. Entonces, percibes tus nuevos sentimientos y haces una nueva declaración de acción/sentimiento: «*Cuando has repetido mis palabras todavía me sentía furiosa*». O bien, «*Ya estoy contenta*», o cualquier otra cosa. Se trata de algo muy básico: prestar atención a lo que sientes.

Este inicio debería de dar pie a una buena discusión acerca de la basura, quizás seguida por la de quién siente que está aprovechando sus días, quién siente que la vida es demasiado corta como para hacer algo, etc., en las cuales la escucha reflexiva, las intuiciones, las disculpas y otras muchas cosas pueden emerger. Pero volved a las declaraciones de acción/sentimiento si las cosas se enturbian.

Parejas y grupos: A, B y C pueden practicar con declaraciones hipotéticas o declaraciones que utilizaríais en las relaciones, no en pareja o grupo. Pero las declaraciones hechas en pareja o grupo acerca del comportamiento mutuo entre ellos sólo se deberían intentar en B y C, y pueden ser extremadamente útiles para estrechar los lazos.

En conclusión: ¿Qué has aprendido intentando hacer declaraciones de acción/sentimiento? Toma algunas notas al respecto.

_____

_____

_____

_____

_____

Deja que tu psique te diga por qué mantienes esta relación

Esta actividad se basa a grandes rasgos en el trabajo de Harville Hendrix, por lo que recomiendo su libro *Conseguir el amor de su vida: Una guía práctica para parejas.*[4] Al igual que Steiner, Harville Hendrix tiene un pensamiento profundo y complejo, además de muchos años de experiencia. Esta tarea es complicada, pero por un motivo, porque estoy intentando ayudarte a que accedas a tu psique inconsciente, de modo que creo que vale la pena.

Las palabras que utilizas para describir a los demás

1. Piensa en los tres rasgos que más te gustaban y los tres que menos te gustaban de tu madre, de tu padre y de cualquier otra persona que influyera mucho en ti durante tu infancia: hermano, hermana, tu mejor amiga o amigo, la persona que te cuidaba durante el día, un

_____

4. Publicado en Barcelona por Ediciones Obelisco en 1997.

abuelo o abuela, o quien sea. Abajo hay un *único* ejemplo, al cual haré referencia con frecuencia.

	Rasgos que más gustan			Rasgos que menos gustan		
Madre	amable	seria	dedicada	cansada	hiperreac-tiva	aburrida
Padre	divertido	fuerte	exitoso	iracundo	no disponi-ble	rígido
Hermana	inteli-gente	rica	desenfadada	controla-dora	insensible	mezquina

Ahora escribe aquí abajo en función de tu caso:

	Rasgos que más gustan			Rasgos que menos gustan		
Madre	_____	_____	_____	_____	_____	_____
Padre	_____	_____	_____	_____	_____	_____
	_____	_____	_____	_____	_____	_____

2. Ahora, anota tus tres mejores y tres peores rasgos. He aquí unos ejemplos:

	Rasgos que más gustan			Rasgos que menos gustan		
De mí	esforzada	compasiva	sensible	pobre	lenta en comprender	carente de energía

Ahora, escribe aquí abajo en función de tu caso:

	Rasgos que más gustan			Rasgos que menos gustan		
De mí	_____	_____	_____	_____	_____	_____

3. *Otro día,* de tal modo que los rasgos que apuntaste para ti y para tu familia no estén frescos en tu memoria, escribe los mejores y los peores rasgos de tu pareja (lo que más te encanta y lo que más le criticas). Ejemplos:

	Rasgos que más gustan			*Rasgos que menos gustan*		
Pareja	divertido	pleno de energía	compro- metido	trabaja demasiado	utiliza clichés	manirroto

Ahora, escribe aquí abajo en función de tu caso:

	Rasgos que más gustan			*Rasgos que menos gustan*		
Pareja	_____	_____	_____	_____	_____	_____

Cómo identificar tus complejos

Intentaré ahora ayudarte a ver cuántos de los problemas que tienes en tu relación con tu pareja (esas quejas que te llevan a veces, o con frecuencia, a considerar la posibilidad de terminar la relación) pueden estar relacionados con tus propios complejos (de los complejos se habló en la página 150, y se amplía el tema un poco más adelante, en esta misma tarea). El paso de la página 218 consiste en distribuir los rasgos que especificaste arriba entre las principales categorías que utilizas cuando piensas en los demás; es decir, tus complejos. Los ejemplos te serán de ayuda.

1. Toma los términos que utilizaste para describir a los demás y a ti mismo y distribúyelos en categorías, sea en el polo positivo o en el negativo de cada categoría. Conforme vayas introduciendo esos términos, añade entre paréntesis el nombre de la persona a quien le atribuyes ese rasgo. Puedes comenzar con el primer rasgo del que tomaste nota, el primero de tu madre, y considéralo una categoría, y luego busca otros términos similares a ése, contrastando cada término con ese rasgo mientras lo sitúas en una categoría. Si el siguiente rasgo no encaja con tu primera categoría, conviértelo en el primer

elemento de una nueva categoría, y así sucesivamente. (Puedes utilizar el mismo rasgo más de una vez si te encaja en más de una categoría, pero debes intentar que cada rasgo se halle al menos en una categoría).

En el ejemplo que se ofrece más abajo, tu primer rasgo y tu primera categoría principal sería «amable» (con «madre» entre paréntesis). Dado que para ti es un rasgo positivo, irá en el polo positivo. Continuando con los rasgos que más te gustaban y que menos te gustaban de tu madre, vemos que no hay rasgos similares ni tampoco opuestos a amable. Sin embargo, en la fila de rasgos del padre, te encontrarías «iracundo», que para ti sería algo ciertamente opuesto a amable. Así pues, escribes «iracundo» (con «padre» entre paréntesis) bajo el polo negativo de esa categoría, como se ve en el ejemplo de abajo. Continuando, llegas a «mezquina» (hermana) y lo pones en el lado negativo. Cuando llegas a «compasiva» (yo) lo pones en el polo positivo.

2. Sigue categorizando todos los términos que utilizaste para describir a las personas. No hace falta que seas demasiado perfeccionista. En el ejemplo, volverías sobre los rasgos de tu madre y tomarías el término de «seria». Este rasgo resulta difícil de situar porque, aunque a ti te gustaba su seriedad, eres consciente de que es lo opuesto de «divertido», y tú te lo pasas mucho mejor con el buen humor de tu pareja que con la seriedad de tu madre. Así pues, pones «seria» en el lado negativo y «divertido» en el lado positivo. A continuación, el rasgo «divertido» de tu padre y el «desenfadada» de tu hermana los sitúas también aquí. Importante: No hace falta ser perfeccionista en todo esto.

3. Si algunos rasgos se parecen o se oponen sólo de forma vaga en una de las categorías que ya hayas creado, sitúalos en las líneas de más abajo, junto al epígrafe «Podrían ser términos relacionados». En el ejemplo, en las líneas de «Podrían ser términos relacionados», podríamos imaginar que, para ti, «dedicada» (madre) y «comprometido» (pareja) están de algún modo relacionados con amable, en tanto que «controladora» (hermana) y «trabaja demasiado» (pareja) tienen una cualidad «mezquina» para ti, de modo que los pones en el lado negativo.

¿Y qué pasa con aquellos términos que no parecen encajar en ninguna parte? ¿Se convierten en una categoría por sí solos? Hazlo así si se trata de un rasgo que es importante, según tu opinión. De otro modo, intenta situarlo en alguna otra categoría, junto a «Podrían ser términos relacionados». Repito, no hace falta que las cosas sean perfectas.

4. Ahora, ponle un nombre a cada categoría que englobe tanto el polo positivo como el negativo y escríbelo arriba, junto a «Categoría principal». En el ejemplo, quizás podrías llamar a la primera categoría principal «amabilidad/mezquindad».

5. Continúa con el proceso y pon nombre al resto de las categorías, hasta que hayas categorizado todos los rasgos que más y menos te gustan de las personas que evaluaste.

En el ejemplo imaginario sería así:

Categoría principal	*amabilidad/mezquindad*	
	Polo positivo	*Polo negativo*
Términos similares	amable (madre)	iracundo (padre)
	compasiva (yo)	mezquina (hermana)
Podrían ser términos relacionados	dedicada (yo)	controladora (hermana)
	comprometido (pareja)	trabaja demasiado (pareja)

Categoría principal	_divertido/serio_	
	Polo positivo	_Polo negativo_
Términos similares	divertido (pareja)	seria (madre)
	desenfadada (hermana)	
	divertido (padre)	
Podrían ser términos relacionados		trabajadora (yo)

Categoría principal	_enérgica/cansada_	
	Polo positivo	_Polo negativo_
Términos similares	pleno de energía (pareja)	cansada (madre)
	desenfadada (hermana)	
		carente de energía (yo)
Podrían ser términos relacionados	fuerte (padre)	
	exitoso (padre)	
	esforzada (yo)	

Categoría principal	_disponible/no disponible_	
	Polo positivo	_Polo negativo_
Términos similares	dedicada (madre)	cansada (madre)
	esforzada (yo)	trabaja demasiado (pareja)
Podrían ser términos relacionados	exitoso (padre)	esforzada (yo)
	esforzada (yo)	

Categoría principal	*inteligente/estúpida*	
	Polo positivo	*Polo negativo*
Términos similares	inteligente (hermana)	lenta en comprender (yo)
	esforzada (yo)	utiliza clichés (pareja)
		aburrida (madre)
Podrían ser términos relacionados	exitoso (padre)	manirroto (pareja)

Categoría principal	*rica/pobre*	
	Polo positivo	*Polo negativo*
Términos similares	rica (hermana)	pobre (yo)
Podrían ser términos relacionados	exitoso (padre)	manirroto (pareja)

Categoría principal	*disponible/no disponible*	
	Polo positivo	*Polo negativo*
Términos similares	sensible (yo)	insensible (hermana)
Podrían ser términos relacionados	hiperreactiva (madre)	fuerte (padre)
		rígido (padre)

Ahora escribe aquí abajo en función de tu caso

Categoría principal _____

	Polo positivo	*Polo negativo*
Términos similares		
Podrían ser términos relacionados		

Categoría principal _____

	Polo positivo	*Polo negativo*
Términos similares		
Podrían ser términos relacionados		

Categoría principal _____

	Polo positivo	*Polo negativo*
Términos similares		
Podrían ser términos relacionados		

Categoría principal

_____

	Polo positivo	*Polo negativo*
Términos similares	_____	_____
	_____	_____
	_____	_____
Podrían ser términos relacionados	_____	_____
	_____	_____
	_____	_____

Categoría principal

_____

	Polo positivo	*Polo negativo*
Términos similares	_____	_____
	_____	_____
	_____	_____
Podrían ser términos relacionados	_____	_____
	_____	_____
	_____	_____

Categoría principal

_____

	Polo positivo	*Polo negativo*
Términos similares	_____	_____
	_____	_____
	_____	_____
Podrían ser términos relacionados	_____	_____
	_____	_____
	_____	_____

Categoría principal		
	Polo positivo	Polo negativo
Términos similares		
	_____	_____
	_____	_____
	_____	_____
Podrían ser términos relacionados	_____	_____
	_____	_____
	_____	_____

Más sobre los complejos

Ve a la descripción de los complejos que di en la página 150, y luego vuelve sobre las tablas que acabas de rellenar. Con el fin de que puedas seguir mis explicaciones en esta tarea, supón que las «Categorías principales» son un burdo esquema de tus complejos, al menos en lo referente a relaciones. Es hacia donde va tu energía, son aquellos temas que más profundo te pueden alcanzar. Otra forma de definir un complejo es decir que es como un agujero negro en el cual será succionada cualquier experiencia vagamente relacionada con él. Si tienes un complejo de víctima/dominador o de controlada/controladora, por ejemplo, evaluarás a todo el mundo, consciente o inconscientemente, por su ubicación en una jerarquía que irá desde aquellas personas que están por encima de ti, que quieren dominarte, abusar de ti o controlarte, y aquellos que están por debajo de ti, a quienes dominarías o controlarías si lo desearas.

Los complejos siempre tienen dos lados, dos polos. Un polo del complejo es el que identificamos como «propio», aquél del cual somos conscientes. El otro es el que rechazamos, nos disgusta o no somos en absoluto conscientes de su existencia en nosotras. Cuando nos hallamos en un complejo, todo se reduce a un polo o el otro. Otra señal de los complejos es que, en esta área, te sitúas en un pensamiento de «o blanco o negro», con pocos matices. Tiendes a etiquetar a las personas como esto (buenas) o lo otro (malas). Repito, es un polo o el otro, nada entre medias.

Otras categorías/complejos que no aparecen en el ejemplo:

- autosuficiente/necesitado
- masculino/femenino
- digna de confianza/probable que traicione
- racional/irracional
- refinado/burdo
- cercana/distante
- sumiso/dominante
- logró algo grande/no logró nada
- tímida/extrovertida
- responsable/irresponsable
- virtuoso/pecador

La lista se podría extender muchísimo, pero no es infinita. Si hay aquí algunos puntos que te resultan «calientes», pero de los cuales no te acordaste, ve y conviértelos en «Categorías principales» para el siguiente paso en esta tarea.

Ahora ya estamos preparadas para tomar en consideración las conexiones existentes entre tus complejos y tus relaciones. Para ello, vas a hacer una nueva lista, una lista de tus complejos (como el representado por las «Categorías principales» de la lista anterior) que hayas identificado con los polos positivo y negativo. Si tú eres una de las personas, sitúate al final.

He aquí cómo podrías crear una lista para nuestro ejemplo:

Polo positivo	Personas	Polo negativo	Personas
amable	madre, pareja, yo	mezquina	hermana, padre, pareja
pleno de energía	pareja, padre, yo	cansada	madre, yo
divertido	pareja, hermana, padre	seria	madre, yo
disponible	madre, pareja	no disponible	padre, pareja, yo

inteligente	hermana, padre	estúpida	pareja, madre, yo
rica	hermana, padre	pobre	pareja, yo
sensible	madre, yo	insensible	hermana, padre

Ahora escribe aquí abajo en función de tu caso

Polo positivo	*Personas*	*Polo negativo*	*Personas*

Estableciendo conexiones

Ahora, vamos a buscar conexiones, pero deja a un lado a tu pareja por el momento.

1. La primera conexión se encuentra al preguntarse, ¿quién serías tú si tuvieras que identificarte con alguien? ¿A quién de esas personas se parece más tu *yo?* En el ejemplo, se parecería más a la madre. A continuación, piensa en el «paquete completo», volviendo –si es necesario– al principio de esta tarea, a lo que más te gustaba y más te disgustaba de la persona con la cual te identificas. ¿Qué te hacen sentir aquellos rasgos de la persona que tú no mencionaste respecto a ti mismo? ¿Te gustaría tener esos otros rasgos, además de aquellos que ya compartes con esa persona? ¿O eres consciente de tenerlos, pero los detestas y finges que no existen, o resaltas los opuestos? O bien, tanto si te gustan como si no, ¿has sido completamente inconsciente de su existencia en ti?

En el ejemplo, si esas respuestas las hubieras dado tú, habría bastantes rasgos que enunciaste de ti misma que se solapan con los de tu madre. Así pues, convendría que le echaras un vistazo a lo que dices de ella como una persona «hiperreactiva». ¿No serás tú también hiperreactiva, al igual que lo era tu madre? ¿Es correcto eso? ¿O es algo con lo cual has estado forcejeando?

Describe aquí como te sientes en lo relativo a los rasgos de la persona a la que más te pareces (sin contar a tu pareja), pero que no incluiste en la lista de tus rasgos.

_____

_____

_____

_____

_____

2. ¿Quién es la persona más opuesta a ti (una vez más, dejando a un lado a tu pareja)? En el ejemplo, podríamos decir que hay dos potentes candidatos, tu padre y tu hermana. La persona más opuesta a ti es la que «porta tu sombra». Esto es especialmente cierto con una persona del mismo género que el tuyo, sobre todo si es un hermano o hermana. Es muy frecuente que dos hermanos o hermanas terminen siendo «completamente opuestos» en su personalidad. En ocasiones, se ven forzados a ello por su propia familia, que se pasan la vida comparándolos. «Joe es más inteligente. ¡Ojalá Josh tuviera sólo la mitad de su ingenio y Joe tuviera un poco del sentido del humor de Josh!». Pero lo peor puede ser esto: «Sally es muy buena, y Jane es muy desobediente».

Los rasgos que los miembros de tu familia «asignaron» a tus hermanos o hermanas te los perdiste tú en cierto modo. Probablemente, nunca habrías podido desarrollar esos rasgos, so pena de «decepcionar» (ganarte la desaprobación) de tus progenitores. E incluso si te hubieras comportado de formas que, supuestamente, no se correspondían con los rasgos que se te asignaron, esos comportamientos se habrían ignorado. Pero esos rasgos y comportamientos perdidos son, al menos, potencialmente fuertes en ti, aunque sólo fuera porque hay alguien muy cercano a ti que tiene pericia en ellos. El conocimiento de cómo ser lo opuesto (malo en vez de bueno, divertida en vez de seria, controlador en vez de controlado) sigue estando ahí, en tu inconsciente.

Cuando te conviertes en lo opuesto de tu padre o de tu madre es, normalmente, porque no admiras a ese progenitor, y eso suele suceder porque esa persona no te trataba bien. Pero sea cual sea la razón, normalmente vas a rechazar, y por tanto a perderte las ventajas, de los conocimientos y las perspectivas de esa persona. Quizás hayas aprendido mucho de ese padre o madre, claro está, pero te resistes a manifestar ese yo latente.

En el ejemplo, si esas respuestas las hubieras dado tú, ¿qué hay de tu yo rico reprimido, aunque presente? Tienes que haber observado algo sobre cómo hacer dinero en tu hermana y en tu padre, aunque quizás no les admiraras. ¿Qué hay de tu yo divertido? ¿Tienes que ser seria simplemente para evitar ser como ellos?

Escribe abajo acerca de los aspectos de tu yo reprimido que son similares a los de la persona o personas (sin contar a tu pareja) con las que no te llevabas tan bien o, supuestamente, te parecías menos.

_____

_____

_____

_____

_____

Tú y tu pareja

Llegamos por fin al meollo del asunto. Observa la lista original de cosas que no te gustan de tu pareja. En el ejemplo, sería: trabaja demasiado, utiliza clichés y es manirroto. Supongamos que este ejemplo fueran tus contestaciones; estaríamos buscando de qué modo tus problemas pueden estar afectando el modo en que ves a tu pareja. Esto no quiere decir que tu pareja no tenga defectos realmente. Pero esta tarea está diseñada para ver si estás haciendo una montaña de un grano de arena, o por qué esos defectos en concreto te molestan tanto. Por ejemplo, ¿no estarás proyectando (asignando a la otra persona) algo de ti misma, algo que sabes que está ahí y que te molesta, o que incluso niegas tenerlo por completo? Para verlo, convendrá que busques en qué lugares de la lista te sitúas tú en el lado positivo y sitúas a tu pareja en el lado negativo.

En el ejemplo, suponiendo aún que ésa fuera tu lista, estarías viendo a tu pareja como una persona amable y, al mismo tiempo, mezquina. Tu pareja apareció en el lado mezquino porque desde el mismo comienzo le asignaste «trabaja demasiado» (si bien no puede ser demasiado mezquino cuando admitiste su bondad al describir a tu pareja como «comprometido»). Tú te ves como amable («compasiva»), y para ti es importante ser amable y compasiva como tu madre, no cruel como tu hermana y tu padre. Ser cruel es probablemente una de las últimas cosas que tú querrías ser o ver en tu pareja. Sin embargo, es fácil que tu problema se convierta en un problema en tus relaciones. Así, si tu pareja trabaja demasiado, tenderás a verlo desde las gafas de la amabilidad/mezquindad.

No obstante, tú admites ser «esforzada»; es decir trabajas duro. ¿Acaso tus comportamientos laborales difieren tanto de los de tu pareja? Quizás veas el hecho de que trabajas duro como algo amable, como alguien que hace una aportación, o simplemente como algo que te gusta hacer. ¿Le has preguntado alguna vez a tu pareja el motivo de trabajar «demasiado», y le has escuchado realmente?

Echemos un vistazo a «utiliza clichés». Suponiendo que el ejemplo fuera el de tus respuestas, da la impresión de que, aquí, tanto tu pareja como tú obtenéis el mismo mal trato, pues aparecéis como por debajo de tu hermana y tu padre. ¿De verdad merecéis esta etiqueta?

Por último, consideremos el rasgo de «manirroto». Quizás en un principio te gustaba que tu pareja se pareciera más a ti que a tu padre en este aspecto, el hecho de que no se le diera bien el tema económico. Pero esto estaba destinado a convertirse también en un problema, porque ser rico o pobre es verdaderamente un problema para ti. ¿Te has descubierto alguna vez culpando a tu pareja del hecho de que seáis pobres?

Esta manera de plantearse las cosas es realmente costosa, pero es muy buena para una relación; de modo que intenta hacerlo por el bien de tu relación. Es decir, a la luz de los ejemplos dados arriba, piensa en qué medida lo que has puesto en la lista respecto a tu pareja podría estar relacionado en realidad con tus propios complejos. Anota aquí lo que aprendas al respecto.

Prosigamos con este tipo de planteamientos. Observa en qué líneas aparece tu pareja junto a otros e intenta ver *a quién* estás proyectando sobre tu pareja al ver a quién equiparas con tu pareja en lo relativo a rasgos. ¿Tratas a veces a tu pareja como a alguna otra persona, aunque tu pareja no se parezca casi a esa persona?

Suponiendo una vez más que los datos del ejemplo son los tuyos, convendrá que te preguntes si alguna vez reaccionas ante algunas similitudes de tu pareja proyectando sobre él o ella a tu Terrible Hermana, o a tu Poco Amoroso Padre. He escrito esas frases con mayúscula porque se trata de una especie de seres inmensos que se desarrollan en la infancia. Todo el mundo los conoce, probablemente porque se hallan en nuestro inconsciente colectivo como arquetipos. Se nos inculcan a través de los cuentos de hadas y de los relatos tradicionales, de aquellas historias que nos enseñan a reconocer y a manejarnos con estas personas y situaciones casi universales, arquetípicas y peligrosas. Pero las historias las exageran adrede: la Madrastra Malvada, el Hermano Asesino, la Madre que Abandona.

Al llegar a la edad adulta, el cerebro emocional puede llegar a emparse de reacciones automáticas ante determinadas pistas de advertencia que nos dicen que nos hallamos ante uno de estos peligrosos seres. Determinada frase, una mirada, incluso un sonido o un olor, y de pronto estaremos tratando a nuestra pareja como lo haríamos al enfrentarnos a un arquetipo importante.

La situación clásica es ésta: tu pareja sólo está haciendo una pregunta o expresando una necesidad, y tú de repente sientes eso como un ataque. O bien te sientes herido. Y te resulta muy *difícil* no creer que la culpa de tu reacción sea de la otra persona. Pero si en tu caso existe una energía increíblemente poderosa implicada en esa situación, y si la otra persona se muestra perpleja ante tu reacción, convendrá que sospeches que lo que hay detrás es un complejo.

Escribe a continuación lo que piensas acerca de quién (qué persona y qué arquetipo detrás de esa persona) podrías estar proyectando a veces sobre tu pareja.

_____

_____

_____

_____

_____

_____

_____

_____

Quizás te apetezca hacer ahora una lista de otros problemas que puedas tener con tu pareja, o bien de defectos suyos, con el fin de buscar más conexiones con tu pasado. Si es así, adelante.

1. Problema/defecto: _____

_____

Conexiones: _____

_____

1. Problema/defecto: _____

_____

Conexiones: _____

_____

2. Problema/defecto: _____

_____

Conexiones: _____

_____

3. Problema/defecto: _____

_____

Conexiones: _____

_____

4. Problema/defecto: _____

_____

Conexiones: _____

_____

5. Problema/defecto: _____

_____

Conexiones: _____

_____

Tu complejo de sensibilidad

Por último, pero no menos importante, ¿qué hay de tu sensibilidad? ¿Quién tiene ese rasgo? ¿Qué pasa con quien lo tiene? ¿Dónde ubicas a tu pareja en lo relativo a la sensibilidad?

Suponiendo que el caso del ejemplo fuera tu caso, tú sabrías de inmediato que ese dolor de cabeza que tenías por hermana no era sensible. Curiosamente, a nadie le asignaste ese rasgo, aunque tu exhausta madre era «hiperreactiva», lo cual puede ser una muestra de tu rechazo a la sensibilidad, dentro del contexto de lo «cansada» y «aburrida» que te parecía tu madre. Existen otras formas inconscientes de ver a una persona altamente sensible; en este caso, de verte a ti misma. Sensibilidad-insensibilidad no fue una categoría que tú le asignaras a tu pareja. ¿No podría ser por miedo a ser consciente de la diferencia existente entre ambos?

Escribe a continuación lo que piensas sobre todo esto:

_____

_____

_____

_____

_____

_____

Parejas y grupos: C podrían discutir esta tarea.

En conclusión: Ésta ha sido una tarea larga y complicada. Apóyate en el respaldo de la silla, cierra los ojos por unos instantes y, simplemente, déjate llevar. O bien espera un día o dos antes de plasmar por escrito abajo lo que piensas. Con el paso de las semanas, quizás descubras que vuestra relación está cambiando por completo a partir de este trabajo.

Para mí, el respeto es el elemento más difícil y más precioso de una relación, y es algo que no se puede forzar. Decididamente, es difícil sentir respeto cuando la persona con la que vives y con la que pasas tantas horas exhibe sus fallos y defectos a todas horas. Todos los tenemos, evidentemente, pero amar a una persona a pesar de todo eso es de lo más difícil y precioso que existe. Y ver qué parte de los defectos de tu pareja son proyecciones de tus propios problemas es, indudablemente, un paso importante, no sólo para vuestra relación, sino también para tu propio conocimiento de ti mismo. Le puse por título a esta tarea «Deja que tu psique te diga por qué mantienes esta relación». ¿Tiene sentido ese título para ti ahora?

Escribe a continuación lo que consideres oportuno acerca de todo esto.

CAPÍTULO 8

Cómo trabajar las heridas profundas

Las PAS no nacieron heridas, neuróticas, ansiosas o deprimidas. Si nos encontramos en entornos suficientemente buenos (no hace falta que sean especiales o protegidos, sino simplemente amables y respetuosos), no mostramos ninguno de esos problemas. De hecho, las investigaciones en medicina indican que, si crecen en un entorno adecuado en el hogar y en la escuela, las PAS exhiben una mejor salud física que las no-PAS, lo cual significa que posiblemente también son mentalmente más sanas.

Por otra parte, los entornos problemáticos abundan. Por ejemplo, alrededor de la mitad de los niños y niñas en las culturas más industrializadas no disfrutan de relaciones seguras con sus cuidadores principales, normalmente las madres, principalmente porque éstas también padecieron apegos inseguros. Eso significa que alrededor de la mitad de las PAS no tuvieron apegos seguros en su infancia.

De igual modo, el entorno familiar puede ser completamente maravilloso o puede ser infernal, o puede situarse en cualquier punto intermedio, al igual que puede ocurrir con el vecindario y la escuela. Después, nos podemos encontrar con los distintos traumas que le pueden acaecer a cualquier persona en su edad adulta: ser la víctima de un crimen, ser testigo o víctima de una accidente o desastre, la pérdida de un ser amado, padecer una enfermedad terrible. Las PAS suelen desenvolverse bien en las emergencias, pero podemos ser más vulnerables que las demás personas *a posteriori,* una vez pasada la emergencia, particularmente si nuestro estado mental/corporal no se hallaba en buenas condiciones debido a estrés previo.

Las PAS que tienen un historial trágico en su infancia o en su edad adulta parecen ser más proclives que las demás personas a la ansiedad y la depresión. Psicológicamente, nos resulta más difícil llegar a confiar en el mundo y en sus gentes. Pero eso no debería de sorprender a nadie porque, siendo personas que procesan las cosas en profundidad, las PAS van a ver el mundo de forma diferente después de pasar por experiencias trágicas. En términos biológicos, estamos diseñadas para gestionar estímulos sutiles, no estímulos burdos y sobrecargados, de modo que nuestro cerebro se ve más afectado por estas experiencias tan groseras. De ahí que nuestro cerebro pierda flexibilidad a la hora de gestionar acontecimientos estresantes futuros, de tal modo que si nos encontramos de nuevo con un período estresante, por leve que sea, podemos tener más dificultades que las no-PAS.

Se *podría* decir entonces que las PAS nacen siendo más vulnerables ante la ansiedad y la depresión, pero eso sería como decir, al paso de una persona rubia, «¡Mira, una persona de ojos azules y proclive al cáncer de piel!». El que haya cierto potencial para algo no debería convertirse en una etiqueta para un colectivo de personas, de modo que tú, como PAS, no deberías aceptar ninguna etiqueta por tu rasgo que te haga sentirlo como una patología.

Al mismo tiempo, puedes y debes aceptar que, según las investigaciones, posiblemente necesites más tiempo que las no-PAS para sanar las heridas del pasado. Una acusación habitual en forma de pregunta que nos suelen hacer a las PAS es la de «¿Por qué pasas tanto tiempo en terapia?». O bien, «¿Por qué lees tantos libros de autoayuda?». O «¿Por qué vas a *esos* cursos?». La respuesta es, claro está, porque las PAS se ven más afectadas que las demás personas por los acontecimientos dolorosos. (Hay otra respuesta que me gusta también, que prosperamos con el trabajo interior, del mismo modo que las deportistas se desarrollan con el ejercicio físico).

Este capítulo comenzará ofreciéndote una guía para encontrar una buena psicoterapeuta, porque la gente me pregunta cómo hacerlo, pero también porque con las tareas que se ofrecen en este libro vas a remover suficientes sentimientos como para que quieras hablar con un terapeuta.

En el apéndice, en la página 351, encontrarás los criterios de diagnóstico para algunos tipos de depresión y ansiedad que cualquier persona, incluidas las PAS, puede desarrollar. Será bueno que puedas diferenciar las «tristezas» habituales de otras alteraciones más serias. Cuanto más tardes en buscar remedio para un caso de depresión o ansiedad, más difícil te va a resultar superarlo y más probable será que tengas recaídas. Sin embargo, dado que el mero hecho de leer estas listas de síntomas del apéndice puede provocarte «la enfermedad del estudiante de medicina» (convencerte de que padeces alguna de esas enfermedades), te sugiero que no te molestes en leerlas si no tienes interés en ello o no lo necesitas.

Cómo elegir psicoterapeuta

Mucha gente me pide información acerca de cómo elegir terapeuta y, por otra parte, a lo largo de este libro he recomendado repetidas veces la terapia. Sin embargo, lo cierto es que soy extremadamente cuidadosa en lo relativo a quién remito a las personas, e incluso en esos casos prefiero dar varios nombres y pedirle a la persona que compruebe por sí misma antes de tomar una decisión. ¿Cómo puedes decidirte? Se trata de un proceso, y aquí te ofrezco ese proceso en varios pasos. Repásalos y asegúrate de que no te saltas ninguno.

☐ *Aprecia el hecho de que esta decisión va a tener un profundo impacto en tu vida.* De hecho, vas a incorporar a esa persona en tu vida. Ten en cuenta que los terapeutas varían bastante más que los dentistas o los médicos en su formación, métodos, personalidades y en la sumamente importante ética, (todo lo cual equivale a «mantener unos buenos límites»). Conviene que conozcas a varios terapeutas antes de decidirte por uno. *No* llames al primer nombre que te aparezca en el listín telefónico.

☐ *Sea cual sea la terapeuta, debe de estar acreditada para ello.* Un título no es garantía de nada, y sin duda que puede haber terapeutas sin acreditación por ahí (a pesar de las leyes, la gente siempre encuentra vacíos legales) que se desenvuelven bastante bien. Sin embargo, tienes que preguntarte y preguntar por qué no están acreditadas. Si tienes dudas al respecto con alguien, pide que te enseñe su acreditación y comprueba su nombre en los registros pertinentes.

☐ *Averigua qué cosas cubre y que no tu seguro médico y léete la letra pequeña.* Normalmente, dispondrás de algún tipo de atención mental, pero las cosas se han torcido bastante últimamente con las organizaciones de atención sanitaria. Probablemente tendrás que pasar por una revisión previa, y tendrás que contarle a esa persona todos tus problemas. Tendrás que plantearte si quieres que toda esa información tuya esté dando vueltas por ahí, porque lo cierto es que vas a tener poco control sobre lo que ocurra con eso. El número de sesiones de terapia será, probablemente, bastante limitado, por lo que convendrá que le preguntes a la terapeuta cuánto te cobrará si tu tratamiento se prolonga más de lo que cubre el seguro.

☐ *Pide a amigas y profesionales referencias de terapeutas a quienes conozcan bien,* y presta especial atención a aquellas que puedan decirte cómo es la experiencia de terapia con esa terapeuta. Sin embargo, no vayas a una terapeuta a la cual ya esté yendo una amiga o amigo, a menos que te sea imposible evitarlo por vivir en un pueblo pequeño (y, obviamente, no tomes como terapeuta a un familiar o amiga). Si tu pareja va a terapia, no vayas tú a la misma terapeuta (y cuídate de aquel terapeuta que te diga lo contrario). Y no te dejes llevar por ese sutil sentido de obligación de ir a determinada terapeuta porque cierta persona te haya dicho que vayas a ella.

☐ *Llama a una escuela u organización profesional que respetes y pide nombres de miembros, graduados o internos.* Si prefieres algún método en concreto, como el psicoanálisis freudiano, el trabajo Gestalt o el análisis transaccional, contacta con aquellas personas que se dediquen a enseñar ese método. (Por ejemplo, prueba con el Instituto C. G. Jung o la Sociedad de Analistas Junguianos de tu zona o región; *véase* «Recursos», página 345).

☐ *Una vez que hayas hecho una lista, llama al menos a dos o tres psicote-rapeutas* y averigua si tienen consulta en aquellas horas en las que tú tienes libre, si puedes llegar con facilidad a su consulta (trasladarte a una larga distancia semana tras semana puede llegar a hacerse insostenible) y si te puedes permitir el pago de sus honorarios. Quizás prefieran discutir cara a cara contigo el tema de los honorarios, con el fin de ver cuáles son tus necesidades. Sin embargo, el terapeuta más ocupado (normalmente, el mejor) puede que no reduzca sus honorarios por nadie (más información sobre tarifas abajo). Probablemente sea mejor que no intentes averiguar mucho más por teléfono, a menos que te animen a ello, pues la mayoría de los terapeutas piensan que es mejor que os conozcáis en persona, para así decidir si os interesa a los dos, de modo que lo mejor será que concretes una cita.

☐ *No vayas a terapia con alguien que no esté acreditada o tenga escasa formación simplemente por ahorrar dinero,* pues te puede salir caro en otras cosas más valiosas. Ve a la mejor, pues estas terapeutas a veces se conmueven por el intenso deseo de una persona de mejorar, siempre y cuando sigan sus indicaciones y respeten que también tienen que ganarse la vida (y que en ocasiones tienen honorarios muy elevados, pues se trata de un trabajo realmente *duro).* Dile cuánto puedes pagar y pregúntale si tiene una escala móvil de honorarios o si ejerce en otros lugares donde podría resultarte más barato (quizás en la sanidad pública), o si conoce a una buena profesional que ejerza en la sanidad pública. La mayoría de estas terapeutas conocen a residentes, clínicas de bajo coste o escuelas de formación de residentes. Pregunta en escuelas y organizaciones profesionales *(véase* página anterior) si saben de alguna otra oportunidad de bajo coste. A las residentes quizás les falte experiencia, pero son entusiastas y están al tanto de los últimos avances en psicoterapia. Aquellas residentes que buscan el más alto nivel de formación precisan normalmente de miles de horas de experiencia, y suelen estar bien supervisadas, con lo cual puedes tener acceso a los consejos de una verdadera experta, aunque sea de segunda mano. Intenta encontrar a una que esté pensando en iniciarse en la práctica privada (normalmente, no te cobrará demasiado).

☐ *Para la primera sesión, ten previsto el pago* (aunque haya algunos terapeutas que no cobren por la primera sesión) y entérate previamente de cuánto te va a cobrar. Las PAS no deberían visitar a dos potenciales terapeutas en el mismo día, pues tales sesiones precisan de cierto derroche de energía, y el segundo terapeuta te puede parecer soso debido al hecho de que tú no estás en tus mejores condiciones.

☐ *En la primera sesión, saca fuera elementos suficientes de tus problemas más profundos para poder hacerte una idea de si esta terapeuta te va a proporcionar ideas valiosas.* Si quieres trabajar con los sueños, puedes incluso hablarle de un sueño reciente, recurrente o perturbador. Sea lo que sea que necesites, pregúntale cómo trabajaría con esa situación. La terapeuta también puede que quiera hacerte preguntas, pero utiliza al menos la mitad de la sesión para hacer tus propias preguntas y para evaluar a la terapeuta.

☐ *Háblale de tu sensibilidad* y del libro *El don de la sensibilidad.* Dado que esto es importante para ti, convendrá que estés seguro de que tu terapeuta tiene claras las ideas a este respecto. De hecho, es muy probable que quieras trabajar con un terapeuta altamente sensible (yo lo preferiría), si bien hay otros factores que también son importantes. Yo antes creía que la mayoría de los terapeutas eran altamente sensibles, pero no lo son.

☐ *Con posterioridad a la entrevista, lo normal es que pienses que la terapeuta ha sido muy amable y empática contigo,* pero ten en cuenta que se nos forma para eso. Si el terapeuta con quien te entrevistaste no se comportó de ese modo, no vuelvas. El hecho de dar por supuesta la empatía te hará sentir que al menos te llevas algo de la sesión, o que será un acicate para hacer un nuevo intento.

☐ *No vuelvas a la consulta de terapeutas que te presionen para que trabajes con ellos,* que te desaconsejen entrevistarte con otros potenciales terapeutas o que te hagan sentir de un modo u otro que sus necesidades van a estar por delante de las tuyas; por ejemplo, si no hacen otra cosa que contarte sus historias personales o si intentan impresionarte con su talento.

☐ *Después de ver a varias terapeutas, tómate unos días para dejar que tus sentimientos se asienten* (de otro modo, la última terapeuta puede que sea la que te deje una impresión más intensa). ¿Cómo respondiste a cada una de las terapeutas? No ignores tus reacciones ante los «pequeños detalles», como son sus consultas u oficinas, dado que éstas reflejan en gran medida quiénes son.

☐ *Presta atención a tus sueños y busca pistas en ellos acerca de la respuesta de tu psique ante cada terapeuta.*

☐ *Si tienes previsto hacer una terapia prolongada, acuerda entre cuatro y seis citas con el terapeuta que más te guste,* con la idea de que ambos reflexionéis al término de las sesiones si el trabajo discurre por un buen cauce. Para la próxima sesión con tu terapeuta preferido, piensa en qué más quieres saber de él, incluyendo la política de consulta, como qué ocurre si tienes que cancelar una cita súbitamente o con que periodicidad cobra sus honorarios. Esto te dirá mucho acerca de en qué medida os acopláis bien para el trabajo.

☐ *Y, una vez decida, ya has decidido.* A pesar de los altibajos que pueda haber en el transcurso de la terapia, confía en tu elección, a menos que ocurra algo extremadamente inusual, como puede ser que te haga requerimientos sexuales o de amistad (cosa que carece de toda ética) o si comete graves errores a la hora de mantener unos buenos límites (como reuniros fuera de la consulta). No intentes trabajar con dos terapeutas a la vez, salvo si uno de ellos te remite al otro, como puede ser en los casos de orientación matrimonial, que normalmente será mejor que lo haga otro terapeuta diferente. Si las cosas no parecen discurrir como tú esperabas, busca las razones con el terapeuta, con cierto detalle, antes de terminar con la relación terapéutica.

Parejas y grupos: B y C. Es probable que os podáis ayudar proporcionándoos las referencias de terapeutas, así como ayudándoos mutuamente en el proceso de elección, pero la elección de terapeuta debe entenderse como una decisión muy personal.

El poder curativo de relatar tu historia

Las investigaciones demuestran, y no resulta sorprendente, que las personas muestran una salud mental y física significativamente más fuerte (en ocasiones durante años) después de plasmar por escrito un acontecimiento angustioso, aunque no muestren a nadie nunca ese escrito.

Así pues, las dos siguientes tareas se van a basar en ese método de sanación.

La primera historia que vas a escribir, si decides hacerlo, claro está, será acerca de tu infancia en general, y la segunda será acerca de un acontecimiento traumático concreto en tu edad adulta. Puedes escribir ambas historias o sólo una, o ninguna. Y digo ninguna porque estas tareas pueden ser extraordinariamente intensas. Si nunca antes habías pensado mucho en estos acontecimientos que te pido que relates aquí, es muy posible que tengas una potente reacción emocional. En ese caso, te sugiero que vayas a una terapeuta para hablar de estos acontecimientos.

Puedes, evidentemente, mostrarle tus escritos a tu terapeuta, si es que ya tienes uno. Si no lo tienes, podrías mostrar esos escritos a alguna otra persona de tu confianza. Pero es crucial que la persona a quien le muestres tus escritos te proporcione una respuesta curativa, que no se disguste ni se sienta decepcionada, que no te diga que intentes olvidarlo todo, que te culpe a ti por ser excesivamente sensible, etc. Y quiero subrayar esta advertencia porque te pueden hacer mucho daño si compartes tus historias con personas que no estén preparadas para ofrecer una buena escucha.

Cómo contar la historia de aquello que te hizo daño, quién te hizo daño y qué ocurrió

La primera de las dos tareas será especialmente útil para aquellas personas que pasaron por un trauma repetido o crónico en su infancia, o que quizás no recibieron la atención necesaria, que han desarrollado un estilo de apego inseguro o que vivieron en el seno de familias desestructuradas. Es posible que hayáis relatado ya esta historia a algún terapeuta u a otras personas hasta el punto que podáis prescindir de hacerla si así lo deseáis. Pero aun después de haber pasado por una terapia, cabe la posibilidad de que nunca lo hayas puesto todo junto en un solo lugar, de tal modo que puedas ver cuánto tuviste que luchar con aquello.

No se trata aquí de *culpar* a nadie, sino solamente de contar tu historia, en privado, para que puedas dejar de sentir tanta ira, vergüenza u otras emociones que te están haciendo daño.

Escribe o simplemente haz una relación de todos los acontecimientos, factores y relaciones perturbadas que te dieron forma mientras eras joven y vulnerable. Te proporciono a continuación una lista de posibilidades que te permitirán soslayar esa tendencia que tenemos las personas a olvidarnos de determinadas circunstancias inusuales debido al hecho de que se convirtieron en algo muy *normal* en nuestra infancia.

- Mudarse con frecuencia.
- La pérdida de un progenitor o un hermano.
- Haber padecido una enfermedad grave o crónica.
- Alguna enfermedad mental en la familia.
- El suicidio de algún miembro de la familia.
- Alcoholismo o alguna otra adicción en el seno de la familia.
- Pobreza.
- Discriminación.
- Que se te descuidara o no se te atendiera lo suficiente.
- Malos tratos físicos.
- Malos tratos verbales.
- Abusos sexuales.
- Divorcio.
- La ausencia de alguno de los progenitores.
- Un hermano o hermana cruel o dominante.
- Burlas por parte de los compañeros o compañeras de clase.
- Múltiples cuidadoras o canguros a las cuales te aferraste para luego perderlas.
- Malos tratos por parte de los profesores.
- Tener sobrepeso.
- Estar excesivamente delgado.
- Progenitores bajo estrés debido a enfermedad, desempleo, etc.
- Discusiones y peleas constantes entre los progenitores.
- Discusiones de los progenitores sobre ti (por ejemplo, por tu custodia).
- Violencia en la familia.
- Violencia en el vecindario.
- Progenitores que no deseaban tu nacimiento.
- Progenitores a quienes disgustaba tu sensibilidad.

- Que se te recompensara mucho por tus logros, pero no lo suficiente por ser quien eres.
- Tener que cuidar de tus progenitores siendo un niño o niña.
- Un progenitor narcisista, sociópata o con un carácter profundamente perturbado.
- Haber sido abandonada por uno de tus progenitores.
- Sentirte culpable por algo de lo que no pudiste hablar con nadie.
- Sentimientos frecuentes de desesperación o deseos de morir.
- Sentimientos frecuentes de miedo.
- Que te enviaran a la escuela o de campamento en contra de tu voluntad; añorar el hogar.
- Que te criticaran por tu aspecto.
- Siendo adolescente, sentirte profundamente perturbado, abuso de drogas o alcohol, ideas de suicidio.
- Siendo adolescente, tener problemas con las autoridades.

Escribe tu historia o haz tu relación de elementos en las líneas de abajo, pero déjalo si la tarea se te hace excesivamente angustiosa. Vuelve sobre ella y escríbela poco a poco, o bien ve con tu tarea a una terapeuta, para hacerla en compañía de alguien que te ayude a expresar tus sentimientos de una forma contenida. La idea estriba en *registrar los hechos* en su integridad, contar toda la historia y sentir lo que todo eso te haga sentir. Después, revisa esa historia cuantas veces puedas, pensando en ella del modo que puedas hacerlo, leyendo, aprendiendo de ella y analizando los problemas si lo prefieres, hasta que tus emociones se liberen o queden contenidas y alcances cierta sensación de resolución, cierta calma. No confundas una disociación, una negación o cierto aletargamiento continuado con la verdadera liberación de los sentimientos, que sólo va a tener lugar una vez que asimiles tu historia. (Sabrás que estás logrando tu objetivo si se reduce el número de pesadillas, se alivian los síntomas relacionados con el estrés o las adicciones o si descuidas menos tus propias necesidades). A lo largo de tu vida puede que retornen a ti los sentimientos de angustia, pero con suerte tendrán una intensidad cada vez menor. En esos momentos, regresa sobre esta tarea o, si la angustia se vuelve más intensa que nunca, busca ayuda profesional.

_____

_____

_____

_____

_____

_____

_____

_____

_____

_____

_____

_____

El relato de un trauma específico

Los traumas específicos (como el de sufrir un accidente, la muerte de alguien muy cercano, ser testigo de un crimen, ser violada) pueden socavar la confianza en el mundo de cualquier persona. Pero una PAS va a darle muchas más vueltas a ese asunto que una no-PAS; si no conscientemente, subconscientemente. Las investigaciones sobre el tratamiento de los efectos posteriores a un trauma son bastante claras: en la mayoría de los casos, si los efectos perduran, la única manera de superarlos es enfrentarse a lo sucedido, reexperimentarlo hasta que se asimile, encontrarle un significado o un sentido si puedes y aprender a confiar de nuevo en el mundo.

Hay personas que ven el estoicismo como algo heroico y que sienten aversión ante el hecho de pensar en sus propios problemas o de hablar «constantemente» de ellos. Pero lo cierto es que las personas que se expresan y cuentan lo sucedido tienen más probabilidades de sanar. No hay nada de heroico en negarse a sanar. Si no te consientes hablar con _alguien_ acerca de tus experiencias dolorosas, es muy probable que tal prohibición provenga de tu infancia, o de algún aspecto del trauma que te hace sentir vergüenza o culpabilidad. Esta misma reluctancia a hablar es un trauma que conviene trabajar, pero que casi con toda seguridad va a precisar de ayuda terapéutica profesional.

Revivir un trauma es un trabajo terriblemente doloroso, y evidentemente no deberías hacerlo sin ayuda profesional si se trata de un acontecimiento grave o reciente, si no has recibido ayuda profesional previa o si estás padeciendo los síntomas de una depresión declarada o de un estrés postraumático *(véase* el apéndice, página 351).

Si consideras que realmente puedes procesar parte del suceso por ti mismo, adelante. La idea de relatar el acontecimiento consiste en que, con ello, dejarás de huir de esos sentimientos negativos y de evitar enfrentarte al asunto. Tal evitación puede *parecer* muy necesaria, y quizás lo fuera en un principio, pero tiene un elevado coste; pues los sentimientos permanecen reprimidos y emergen bajo la forma de síntomas físicos o psicológicos: suaves estados de ansiedad, accesos de fatiga, enfermedades frecuentes y carencia de entusiasmo por la vida.

Sin embargo, el mero hecho de relatar las experiencias y revivirlas así no es suficiente. Con el transcurso del tiempo, las secciones más tranquilas de tu mente se pondrán a trabajar sobre el suceso e intentarán darle cierta perspectiva. Quizás comiences a percatarte de que no es probable que ese acontecimiento vuelva a suceder y que es algo que no tiene por qué arruinar íntegramente tu vida, o puede que te des cuenta de que eso es algo que también le ha sucedido a otras personas y que quizás podrías averiguar qué hicieron para sanar. Quizás decidas poner tu experiencia al servicio de otras personas para ayudarlas, o puede que descubras que esa experiencia te convirtió en una persona más profunda. Si tal tipo de pensamiento positivo no comienza a emerger de forma espontánea, aunque sólo sea a pedacitos, entonces vas a necesitar ayuda profesional.

Así pues, considera la posibilidad de utilizar el espacio que se te ofrece a continuación para hacer un detallado relato de cualquier trauma que te perturbe todavía. Después, léelo cuantas veces puedas, hasta que percibas un descenso evidente en tu angustia y se reduzcan tus pesadillas o imágenes retroactivas en tu memoria. Otra alternativa es que, en vez de escribir, hagas el relato del trauma en audio, con una grabadora, y que lo escuches una y otra vez. (Si deseas o necesitas trabajar tu trauma con una profesional, haz que tu psicóloga se lea *Treating the Trauma of Rape [Tratamiento del trauma por violación],* de Edna Foa; *véase* «Recursos», página 345; su método no se limita sólo al tratamiento de las violaciones).

Parejas y grupos: C sólo. Estas historias se pueden compartir mutuamente con mucho cuidado y con suma sensibilidad.

EN CONCLUSIÓN: Reflexiona sobre tu estado emocional después de haber escrito estas historias. ¿Estás emergiendo de esos sentimientos tan intensos? ¿Estás adoptando una nueva perspectiva o estás encontrándole un nuevo significado a la vida, o te sientes angustiada todavía? Escribe a continuación lo que sientes y si te percibes angustiada, escribe qué vas a hacer para obtener ayuda.

¿Qué más puedes aprender de tus complejos?

Todo el mundo, absolutamente todo el mundo, tiene complejos. Ya hemos hablado de ellos en los capítulos 5 y 7. Los complejos constituyen otra forma más de reflexionar sobre tus heridas y traumas del pasado. Las heridas psicológicas nos dejan complejos, puntos donde la energía se congrega mientras la psique intenta sanar o, al menos, llamar tu atención sobre ese asunto, en ocasiones incansablemente. Conocer tus complejos es otra manera de trabajar en tu sanación.

Carl Jung, que fue quien más popularizó el término «complejo», desarrolló también la prueba de asociación de palabras para cartografiar los complejos. La persona que lleva a cabo la prueba dice una palabra y controla el tiempo que tarda la persona sometida a prueba en decir la primera palabra que le viene a la mente, la palabra que más asocia con ella. Cuanto más tiempo pasa, más probable es que un complejo haya sido activado, con todo su laberinto de sentimientos y resistencias generadas al traer a la conciencia ese polo rechazado. Después de presentarle todas las palabras, la persona que realiza la prueba considera el tiempo que le llevó a la otra persona establecer cada asociación y revisa las asociaciones inusuales, los patrones existentes entre ellas y los motivos expresados por la persona para hacer tales asociaciones. No veo razón por la cual no puedas hacerlo tú mismo. Controlar el tiempo en que tarda en establecerse una asociación tiene su complejidad, pero sí que puedes observar cuántas dudas o «ruido mental» experimentas cuando estableces una asociación libre con una palabra. También puedes reflexionar *a posteriori* sobre las asociaciones inusuales que hayas establecido. ¿Estás preparado?

1. Antes de pasar la página, desliza una hoja de papel grueso a través de la cual no se transparente lo que pone en la página siguiente.

2. A continuación, pasa la página, estate listo con el bolígrafo y desliza hacia abajo un poquito la hoja de papel grueso, de manera que aparezca el primer término de la lista. A continuación, escribe a un lado la primera palabra que te venga a la cabeza.

3. Haz un círculo alrededor del 1 si la asociación sólo te llevó un instante. Circunda el 2 si te llevó algo más de un instante. Circunda el 3 si la palabra hizo que te detuvieras varios instantes, como si se hubiera declarado una guerra acerca de qué palabra podías asociar.

4. Haz lo mismo con el siguiente término de la lista y con todas las demás.

perro	_____	1 2 3
día	_____	1 2 3
detente	_____	1 2 3
madre	_____	1 2 3
luna	_____	1 2 3
piel	_____	1 2 3
festividad	_____	1 2 3
oscuro	_____	1 2 3
dolor	_____	1 2 3
amor	_____	1 2 3
padre	_____	1 2 3
trabajo	_____	1 2 3
tumba	_____	1 2 3
amigo	_____	1 2 3
daño	_____	1 2 3
dinero	_____	1 2 3
payaso	_____	1 2 3
hermana	_____	1 2 3
víctima	_____	1 2 3

amigo	_____	1	2	3
hermano	_____	1	2	3
feliz	_____	1	2	3
broma	_____	1	2	3
sexo	_____	1	2	3
éxito	_____	1	2	3
maestra	_____	1	2	3
abuso	_____	1	2	3
regalo	_____	1	2	3
bonito	_____	1	2	3
lento	_____	1	2	3
bebé	_____	1	2	3
gato	_____	1	2	3
policía	_____	1	2	3
triste	_____	1	2	3
guapo	_____	1	2	3
control	_____	1	2	3
estúpido	_____	1	2	3
víctima	_____	1	2	3
mascota	_____	1	2	3
divertido	_____	1	2	3
muerte	_____	1	2	3
ganador	_____	1	2	3
niño	_____	1	2	3
odio	_____	1	2	3
grado	_____	1	2	3
mentira	_____	1	2	3
bueno	_____	1	2	3
niñera	_____	1	2	3

5. Vuelve a leer la lista y busca las respuestas inusuales. «Gato» por «perro» y «noche» por «día» no son inusuales. «Asustado» por «perro» y «serpiente» por «día» sí que lo serían. Circunda el tres después de cada palabra a la cual le diste una respuesta inusual, aunque circundaras el 1 o el 2 por el tiempo que te había llevado establecer la asociación.

6. Revisa todos los 3; es decir, las respuestas lentas o inusuales. Todas estas respuestas deben estar apuntando probablemente a complejos, sobre todo cuando varias de ellas señalan a un mismo tema o problema. Supongamos que con «madre» hiciste una larga pausa, antes de responder «abandonada». Luego, «dolor», evocó en ti «John», el nombre de un chico del vecindario a quien tu padre y tu madre contrataban como canguro y que era en realidad cruel y te pegaba. Supón que «víctima» te evocó «yo», y que «abuso» dio lugar a «culpa». Esto es algo en lo que pensar. ¿Tu culpa? ¿Por qué? Y, claro está, «niñera» evocó «malo». Quizás haya habido otras muchas asociaciones señalando así mismo ese angustioso complejo víctima/dominador.

7. Reflexiona sobre las siguientes preguntas e intenta responderlas:

   • ¿Qué sabes acerca del origen y la naturaleza de los complejos apuntados por los 3 y por otras asociaciones a estas palabras? (Si el ejemplo de arriba fuera tuyo, ¿por qué «madre» equivale a «abandonada» y quién es exactamente John?).

   _____

   _____

   _____

   _____

   _____

   • ¿De qué modo afectan tu vida y tus relaciones estos complejos?

   _____

   _____

   _____

   _____

   • ¿Qué vas a hacer para descubrir más cosas acerca de tus complejos: terapia, trabajar con los sueños, autoanálisis, relaciones con personas cercanas? (Nunca nos liberamos de un complejo, pero sí que podemos controlar mejor su energía, como cuando decidimos trabajar por el bien de otras víctimas o conseguimos que no controle tanto nuestra vida. También podemos aminorar su influjo. Quizás nos sintamos como una víctima durante un par de horas de vez en cuando, en vez de durante dos semanas al mes). Toma nota de los avances que hayas hecho.

_____

_____

_____

_____

_____

Parejas y grupos: C sólo. Sólo aquellas personas que compartan una profunda confianza mutua deberían compartir sus complejos entre sí.

En conclusión: Reflexiona sobre ti misma como una persona con «complejos» (como todas las demás), alguien que vive con pensamientos conscientes e inconscientes, deseos y temores. ¿Cambia esto de algún modo el modo en que te ves a ti misma?

_____

_____

_____

_____

_____

_____

_____

_____

_____

CAPÍTULO 9

Cómo estar al tanto de las atenciones médicas y los medicamentos

Según las estimaciones de un médico (véase el volumen II, número 2 de *Comfort Zone,* de la que se dan referencias en la página 349), menos del 10 % de los médicos son PAS, y al menos el 45 % de las visitas a consulta las realizan PAS. Es decir, que *no* somos personas que enfermemos más que las demás. Hacemos más visitas porque nuestras enfermedades (normalmente relacionadas con el estrés) suelen ser crónicas, por suaves que sean, y precisan de más visitas al médico. Por otra parte, también necesitamos visitas extra para discutir más a fondo qué opciones de tratamiento tenemos. Pero dado que son muchas las PAS que reciben atenciones médicas de médicos no-PAS, no será de extrañar que haya problemas de comunicación con frecuencia, toda vez que nos ven como personas difíciles de tratar, si no raras (es decir, no les gustamos), y ellos nos parecen a nosotras burdos e insensibles. Salimos de la consulta cargadas con recetas que no estamos seguras de necesitar y con la mayoría de las preguntas sin responder, porque estábamos demasiado aturrulladas como para preguntar. Tenemos con frecuencia la intensa sensación de ser hipocondríacas porque intentamos describir hasta los detalles más sutiles, cosa que un profesional encuentra irrelevante. De modo que tenemos que prepararnos mejor para nuestros encuentros con no-PAS en el mundo médico, sobre todo en aquellos temas que más sacan a la luz las PAS.

¿Cuáles son esos temas? Muchas de nosotras somos más sensibles al dolor y a las medicaciones, y padecemos más efectos secundarios que el resto de las personas. Preferimos pensarnos más los tratamientos que se nos van a aplicar y por ello necesitamos hacer más preguntas, tomarnos más tiempo, cambiar de opinión, considerar alternativas. Nos sobreexcitamos con más facilidad con todos los temas relacionados con la medicina, porque son temas con los que no estamos familiarizadas, nos resultan dolorosos y nos provocan ansiedad.

Todo esto hace de nosotras pacientes «difíciles»; al menos, eso se nos dice o eso tendemos a sentir que somos. Pero también tenemos ventajas como pacientes, pues es más probable que seamos muy concienzudas a la hora de seguir los consejos, que seamos más sensibles a las señales de advertencia, más proclives a asumir la responsabilidad por nuestra salud y más consideradas con el personal sanitario. Así que va todo en el mismo lote: para que el personal sanitario que nos atiende consiga el beneficio de nuestras ventajas van a tener que aceptar también nuestro aspecto más «difícil».

Así pues, vamos a ver si conseguimos que dejes de culparte por tener un cuerpo sensible.

Reconsiderar una enfermedad importante o una experiencia médica

Esta tarea consiste en reconsiderar las reacciones físicas o emocionales emitidas ante una experiencia de cuidados médicos de la que siempre te has sentido avergonzado o que te dejó un mal sabor de boca. Por ejemplo, me acuerdo de un dentista que me puso una inyección para dormirme la boca y que, antes de que la anestesia hiciera efecto, ya se había puesto a taladrar. Me decía una y otra vez «¡Eso *no puede* dolerle!», y seguía murmurando por debajo de la mascarilla, mientras yo gemía e intentaba soportar la tortura. Tiempo después, otro dentista me diría que mis nervios se introducían en las mandíbulas por un lugar diferente al del resto de las personas. Pues bien, durante años yo había estado llevando el familiar sambenito de sentirme un bicho raro extremadamente sensible.

Elige alguna ocasión en que tuviste una reacción ante una enfermedad, una lesión, un medicamento, un procedimiento o un tratamiento médico que siempre sentiste, quizás sólo para tus adentros, que no había sido normal o que había algo mal en ti. Podría ser una experiencia única y singular que te marcó, como cuando te rompiste la pierna y lloraste, y el médico te dijo que un hombrecito no debía llorar; o puede ser toda una categoría de acontecimientos, como esa reacción tuya habitual ante determinados exámenes o procedimientos médicos, como la extracción de sangre. Si en estos momentos no te parece que ese suceso pueda estar relacionado con el hecho de ser altamente sensible, no te preocupes demasiado por ello, pues el mero hecho de estar sobreexcitado tuvo que afectar el proceso de algún modo.

Escribe a continuación el acontecimiento que deseas reconsiderar.

_____

_____

_____

_____

_____

Ahora, vamos a reformularlo.

1. Recuerda cómo respondiste, con tantas emociones, comportamientos e imágenes como puedas evocar.

_____

_____

_____

_____

2. Piensa en cómo te has sentido siempre al recordar esa respuesta.

_____

_____

_____

_____

3. Considera tu respuesta a la luz de lo que sabes ahora acerca de tu rasgo.

_____

_____

_____

_____

4. Reflexiona y valora si lo más negativo de esa experiencia se podría haber evitado o si la experiencia hubiera sido diferente en caso de que la persona que te trató hubiera sabido que eras una PAS y hubiera hecho los ajustes necesarios.

_____

_____

_____

_____

5. Si el hecho de saber eso hubiera impedido que sufrieras o que hubieras desperdiciado una parte de tu vida, tómate tiempo para sentir cualquier cosa que eso te haga sentir.

_____

_____

_____

_____

6. Escribe abajo cómo entiendes ahora esa experiencia y léelo una y otra vez hasta que hayas absorbido su pleno significado.

_____

_____

_____

_____

Parejas y grupos: A, B y C.

En conclusión: Piensa en si tus sentimientos en relación contigo mismo y con tu cuerpo han variado debido a esta reconsideración del hecho y resume tus pensamientos de la página 44.

Un trabajo en equipo diferente para la atención sanitaria

Lo que se pretende con esta tarea es ayudarte a que te mantengas sana y a que evites las enfermedades relacionadas con el estrés en particular (que es el problema más habitual en las PAS) mediante el uso de tu propia sensibilidad, que te va a permitir que sientas las necesidades de tu organismo.

Vuelve a «Una partida de aventureros», en la página 61 del capítulo 2, y en los espacios que se proporcionan ahí haz una lista con los nombres de unos diez «personajes principales» que identificaste en aquella tarea. En las líneas que hay debajo de sus nombres, haz una relación de lo que necesita de ti cada uno de esos personajes sobre una base diaria, semanal, mensual y/o anual: dieta, ejercicio, estiramientos, exámenes, etc. Ofrece la atención adecuada a esos héroes y heroínas, así como a aquellos otros que necesitan ayuda extra para realizar el gran viaje de la vida. Si no sabes qué puede necesitar alguno de ellos, pregúntaselo a través de la imaginación activa, y después investiga cuanto sea necesario (pregunta a una especialista, lee un libro o busca por Internet).

Ejemplo (esto no tiene por qué ser necesariamente lo que *tu* corazón necesita): *Corazón Fuerte. A diario: Ejercicio aeróbico regular, meditación, no espaciar demasiado las comidas, nada de cafeína, sueño suficiente. Mensual: Un poco de tiempo libre, comprobar la presión arterial. Anual: Comprobar colesterol y lípidos. Siempre que sea necesario: Expresar las emociones.*

1. Personaje principal: _____

_____

2. Personaje principal: _____

_____

3. Personaje principal: _____

4. Personaje principal: _____

5. Personaje principal: _____

6. Personaje principal: _____

7. Personaje principal: _____

8. Personaje principal: _____

9. Personaje principal: _____

10. Personaje principal: _____

Conviene que elabores un programa para que cada uno de los personajes/partes de tu cuerpo puedan acceder a los profesionales adecuados siempre que lo necesiten. En tu agenda, anota las fechas y horas de las citas, pues es probable que tengas unas cuantas. Si ya has visitado a algún profesional, pregúntale a ese personaje/parte de tu cuerpo si la atención recibida fue adecuada o si conviene hacer algo más. Toma nota de tus progresos en esta tarea aquí.

_____

_____

_____

_____

_____

_____

_____

_____

_____

_____

_____

Si tienes la sensación de que, después de todo esto, *todavía* hay alguna parte en concreto que necesita atenciones, convendrá que te preguntes «¿Por qué?». Considera cómo imaginaste a ese personaje en «La partida de aventureros». Convendrá también que pienses en las actitudes de tus progenitores con respecto a esa parte de ellos mismos y en cómo cuidaban de ella, y cómo cuidaban de esa parte de ti. También puedes probar con la imaginación activa, conversando con ese personaje, viendo tus actitudes hacia él, ¡y de él hacia ti! Toma nota a continuación de los resultados de esta autoexploración.

_____

_____

_____

_____

_____

Parejas y grupos, A, B y C.

En conclusión: Considera lo que has aprendido acerca de tus actitudes con diversas partes de tu organismo y con tu organismo en general. Dado que todo en la vida depende de una buena salud, ¿estás pensando en hacer algún cambio en tu vida?

_____

_____

_____

_____

En busca de tratamientos más suaves

No soy una fanática de las medicinas alternativas ni holísticas. Sin embargo, sí he podido constatar que quienes imparten este tipo de atenciones sanitarias suelen resolver problemas que los practicantes de la medicina oficial son incapaces de resolver. Además, suele ocurrir que proponen tratamientos que, posteriormente, la escéptica medicina oficial termina adoptando; suelen comprender mejor a las PAS, probablemente porque muchos de estos profesionales son también PAS, y sus tratamientos no son tan intrusivos. Muchas, muchísimas PAS me dicen que se han curado o han mejorado de sus enfermedades mediante tratamientos no tradicionales, cuando «los médicos oficiales no supieron darles soluciones». Quizás lo mejor que podemos hacer sea visitar a uno de esos pocos médicos oficiales que están dispuestos a utilizar ambos enfoques, o al menos leerse un libro de uno de ellos *(véase* «Recursos», página 345).

La tarea que te propongo ahora no es difícil, pues lo único que tienes que hacer es tomar cualquier problema de salud que puedas tener y explorar posibles tratamientos alternativos para él. (No hace falta que hagas esta tarea si ya has hecho una búsqueda de este tipo previamente). Busca por Internet, en una tienda de alimentación saludable que disponga de una sección de libros o en la sección de salud de una gran librería, y utiliza los índices de los libros para buscar información sobre el problema en el que necesitas ayuda.

La clave, para mí, estriba en leer estos libros con una dosis justa de mentalidad abierta y escepticismo. Lo bueno *y* lo malo de todo esto es que la Food and Drug Administration (FDA) y la American Medical Association (AMA) no supervisan estos tratamientos. Está bien que haya otra facción explorando remedios que quizás sean más baratos, más naturales o demasiado novedosos como para ser investigados. Por ejemplo, existen hierbas que pueden ser muy útiles en multitud de problemas, pero los médicos dudan a la hora de prescribirlas (en parte porque no están habituados al uso de hierbas, en parte porque es más probable que tengas problemas legales si prescriben algo que «no cumple con los estándares sanitarios»). Lo malo es que esa menor implicación de la FDA y la AMA en las medicinas alternativas hace que toda la responsabilidad recaiga sobre ti en lo relativo a si el remedio funciona, si no te están tomando el pelo con tu dinero y te están haciendo perder el tiempo y si es seguro tomarlo. Por ejemplo, las hierbas pueden ser tan potentes como cualquier fármaco que te puedan recetar, pero la pureza y la dosis del ingrediente activo de un preparado herbal no es tan seguro. Es decir, vas a tener que hacer tú ese trabajo, que es lo que yo recomiendo aquí.

Así pues, tu tarea consiste en ir allá donde pueda haber una colección de los últimos libros en salud holística y buscar uno o más tratamientos alternativos para tus problemas de salud (o alguna medida preventiva para el problema que es más probable que desarrolles, de acuerdo con el historial de tu familia). Pero para hacerlo, lleva contigo la siguiente lista de preguntas y utilízalas como directrices para tu investigación.

1. ¿Qué propósito tiene ese tratamiento? Es decir, ¿qué síntoma o enfermedad trata?

2. ¿Cómo opera en el organismo?

3. ¿En qué se basan para decir que es efectivo y seguro? (Esto es muy importante. Convendría que pudieras leer alguna investigación sobre efectividad y seguridad, y los sujetos de investigación no deberían ser sólo pacientes que digan que les funcionó. También debería haber un grupo de control de personas que *no* recibieron el tratamiento y que no mejoraron durante ese mismo período de tiempo).

4. ¿Qué efectos secundarios conocidos tiene y qué posibles efectos a largo plazo puede tener?

5. ¿Existen interacciones problemáticas con otros medicamentos, con el alcohol, etc., que haya que controlar?

6. ¿Qué ocurre cuando dejas de utilizar ese tratamiento? ¿Puede haber algún tipo de síndrome de abstinencia?

7. ¿Se ha utilizado con personas como tú (personas de tu edad y género, con otros problemas de salud como los que tú tienes)?

8. ¿Cuál es el coste probable en dinero y tiempo hasta alcanzar los resultados que buscas?

9. ¿Existen problemas potenciales respecto a la pureza del preparado o la habilidad y formación de las personas que dan el tratamiento?

Escribe aquí lo que hayas averiguado acerca del tratamiento que has investigado.

_____

_____

_____

_____

_____

_____

Parejas y grupos: A, B y C. Podéis informar a los demás de todo cuanto hayáis averiguado en vuestra investigación, y también podéis compartir vuestras experiencias en lo relativo al uso de determinadas hierbas, medicinas holísticas y tratamientos médicos alternativos en vuestra zona, siempre y cuando no presionéis a nadie para que pruebe con algo en concreto. En particular, no presionéis sobre ningún producto o servicio que podáis ofrecer a los demás.

Averigua lo posible acerca de aquellos medicamentos que se suelen prescribir a las PAS

Si no tenemos ningún problema, puede que preguntes, ¿para qué averiguar nada acerca de medicamentos? En primer lugar, muchas PAS han tomado ya medicamentos para la depresión y la ansiedad, lo cual no debería sorprender dado que si has tenido una vida estresante, es más probable que desarrolles cierta ansiedad o depresión en momentos de estrés o, simplemente, a medida que envejeces. En segundo lugar, conforme te comunicas más con los profesionales médicos en lo referente a tu sensibilidad, puede que te encuentres con alguien que te sugiera uno de estos medicamentos sólo «porque eres demasiado sensible». Pero si te encuentras bien, te hallarás de pronto con la ocasión perfecta para corregir a esa persona. Dile que tú *disfrutas* de tu sensibilidad, y que preferirías protegerla con un adecuado estilo de vida en vez de con un medicamento. No obstante, convendrá que en estos tiempos tan «medicados» dispongas de conocimientos suficientes acerca de lo que estás rechazando. Se podría argumentar también que los medicamentos para la depresión y la ansiedad deberían pertenecer al dominio de todo asesor sacerdotal (o sea, tú). La gente que te rodea, incluidas las

PAS, hablan de vez en cuando sobre el consumo de tales medicamentos, por lo que probablemente se interesen en tu opinión. Y si vas a decir algo, convendrá que sea una opinión bien informada. Por último, si finalmente caes en una crisis y cambias casualmente de opinión o te ves obligado a utilizar estos medicamentos, te sentirás más seguro en tu decisión si estás ya bien informado.

La decisión de tomar medicamentos para la depresión y la ansiedad tiene que ser completamente tuya. No dejes que nadie te presione con eso. Pero tanto si los tomas como si no, o si te niegas hasta el momento en que tienes que tomarlos, lo más razonable como PAS es que sepas algo acerca de ellos.

La tarea que te propongo ahora es otra aventura de investigación en la cual vas a ir en busca de información. En esta ocasión vas a aprender algo acerca de dos de los medicamentos que se relacionan abajo. Puedes elegir. Quizás ya estés tomando uno de ellos, o bien te lo han sugerido, o bien lo está tomando alguien a quien tú conoces. Probablemente, querrás elegir uno de cada categoría. Pero una vez que hayas aprendido algo acerca de dos medicamentos, sabes que podrás conseguir cualquier información que necesites al respecto en un futuro.

Dado que siempre están apareciendo nuevos medicamentos, y las investigaciones aportan nuevos datos constantemente acerca de los medicamentos existentes, asegúrate de utilizar como referencia los últimos libros publicados. Hay libros de referencia generales, pero también hay muchos libros sobre problemas concretos que describen los medicamentos propios de esos trastornos. Para la depresión, a mí me gusta el libro de Michael Norden, *Beyond Prozac [Más allá del Prozac],* porque incluye un análisis sobre alternativas a los antidepresivos; y también el de Edmund Bourne, *Ansiedad y fobias: Libro de trabajo,*[5] que habla también de la medicación para la ansiedad. *(Véase* «Recursos», página 345).

I. Medicamentos antiansiedad (obsérvese que todos ellos son potencialmente adictivos)
    a. Benzodiacepinas

---

5. Publicado por Editorial Sirio, Málaga, 2016.

1. Xanax (alprazolam)
2. Klonopin (clonazepam)
3. Ativan (lorazepam)
4. Valium (diazepam)
5. Restoril (temazepam)
6. Dalmane (flurazepam)
7. Librium (clordiazepóxido)
8. Halción (triazolam)
9. Tranxene (clorazepato)
10. Serax (oxazepam)
11. Centrax (prazepam)

b. BuSpar (buspirona)
c. Alternativas herbales o «naturales»: manzanilla, valeriana

II. Antidepresivos

a. Cíclicos o tricíclicos (desarrollados antes que los ISRS; *véase* abajo) como:
   1. Tofranil (imipramina)
   2. Pamelor (nortirptilina)
   3. Elavil (amitriptilina)
   4. Surmontil (trimipramina)
   5. Desyrel (trazodone)
   6. Sinequan (doxepina)
   7. Norpramin (desipramina)
   8. Vivactil (protriptilina)
   9. Anafranil (clomipramina)

b. Inhibidores de la MAO (monoaminoxidasa)
   1. Nardil (fenelzina)
   2. Parnate (tranilcipromina)
   3. Marplan (isocarboxazida)

c. Inhibidores selectivos de la recaptación de la serotonina (ISRS)
   1. Prozac (fluoxetina)
   2. Zoloft (sertralina)
   3. Paxil (Paroxetina)
   4. Luvox (fluvoxamina)

d. Otros
   1. Wellbutrin (bupropión)

2. Effexor (venlafaxina)
e. Alternativas herbales o «naturales»; por ejemplo, hierba de san Juan, 5-HTP
III. Betabloqueadores
a. Inderal (propanolol)
b. Tenormin (atenolol)

Vayamos con la actividad. Primero elige dos medicamentos que quieras conocer. Si se te han sugerido otros tipos de medicamentos para superar la ansiedad o la depresión, puedes investigarlos también al mismo tiempo. Por ejemplo, la terapia de reemplazo hormonal de estrógenos (asegúrate de explorar la progesterona natural y las alternativas al Premarin). O bien hormonas tiroideas (asegúrate de averiguar acerca de las hormonas T3 y T4). Sin embargo, para los propósitos de esta tarea, elige también dos medicamentos de los relacionados arriba.

Medicamento 1. _____

Medicamento 2. _____

1. Las siguientes preguntas son sólo sugerencias para lo que quieres averiguar.
2. ¿Cuál es el propósito del fármaco? Es decir, ¿cuál es la enfermedad o los síntomas que trata?
3. ¿Cuál es la dosis «clínica» más baja (o la dosis más pequeña que se supone va a tener efectos, teniendo en cuenta que las PAS pueden necesitar mucho menos)?
4. ¿Cómo opera en el organismo?
5. ¿Qué efectos secundarios conocidos tiene?
6. ¿Interactúa con otros medicamentos, alcohol, etc.?
7. ¿Qué ocurre cuando dejas la medicación? ¿Se puede dar algún tipo de síndrome de abstinencia?
8. ¿Se han llevado a cabo investigaciones sobre su utilización con personas como tú (gente de tu edad, género y problemas)? ¿Cuáles han sido los resultados?
9. ¿Existen efectos a largo plazo? Si así fuera, ¿cuáles?
10. ¿En qué circunstancias te lo tomarías? (Ésta es quizás la pregunta más importante. Claro está que, en una crisis, quizás estés dis-

puesta a tomar la medicación, pero toda reluctancia previa te causaría seguramente una preocupación extra, y ése no sería un buen momento para tener que hacer esta investigación y tomar una decisión).

Escribe aquí lo que hayas descubierto sobre el medicamento 1:

_____

_____

_____

_____

_____

_____

_____

_____

Escribe aquí lo que hayas descubierto sobre el medicamento 2:

_____

_____

_____

_____

_____

_____

_____

Parejas y grupos: A, B y C. Podéis elegir sistemáticamente diferentes medicamentos sobre los cuales averiguar y compartir después lo que hayáis descubierto; incluso podéis fotocopiar lo mejor de la información. Convendría que considerarais, no obstante, hasta qué punto estáis dispuestas a discutir vuestro propio historial médico con los demás.

Un nuevo guion para hablar con los profesionales de la atención sanitaria

Ahora que has reconsiderado tu experiencia médica, que has evaluado lo que necesita tu «equipo» para mantenerse sano y has averiguado un poco los tratamientos alternativos y cómo investigar los medicamentos en general, debes de estar bien preparada para la siguiente tarea. Esta actividad te ayudará a reafirmar tu yo de PAS cuando te encuentres con un profesional de la medicina que no sea sensible. Y, claro está, no olvides nunca que *tú* eres la clienta; si no se te escucha, siempre puedes buscar otro profesional.

Piensa en un incidente que te haya ocurrido, que ocurra con frecuencia o que es probable que te ocurra en algún momento, en el cual un profesional médico no respete tu sensibilidad. Quizás te diga que estás exagerando, o que no puedes estar padeciendo un efecto secundario con una dosis tan baja, o que no hay motivos para ponerse ansiosa con tal procedimiento, y escribe a continuación lo que te gustaría decirle a esa médica o enfermero. Si puedes imaginar la respuesta que te da, entonces escribe todo el diálogo. Me hubiera gustado estar contigo para instruirte, pero tengo la esperanza de que ya habrás aprendido lo suficiente a lo largo de este manual. Por otra parte, te voy a poner un ejemplo para que dispongas de otras respuestas posibles.

Yo: Esperaba que habría una ginecóloga disponible para un procedimiento como éste.

Enfermera: A todo el mundo le gusta el doctor Blank. Irá todo bien.

Yo: Bueno, creo que no me he expresado bien. Necesito una médica para este tema.

Enfermera: (Suspira) Algunas pacientes se sienten así, pero no es razonable. Todos nosotros, seamos médicos o enfermeras, somos muy profesionales.

Yo: No estoy cuestionando la competencia del doctor Blank. Simplemente es que yo sé que me relajo mejor con una mujer. Es una reacción física mía debida al condicionamiento emocional.

Enfermera: A eso me refería. Su condicionamiento es emocional, no racional.

Yo: Pero la reacción física es real y forma parte de mi naturaleza, como mi grupo sanguíneo. Soy una persona altamente sensible, lo cual me provo-

ca un alto grado de excitación nerviosa en situaciones que no me resultan familiares. No hay ningún motivo para que mi organismo se vea sometido a una excitación nerviosa tal, resultante de una secreción de cortisol extra en mi corriente sanguínea por el mero hecho de dejar que el doctor Blank realice este procedimiento.

Enfermera: ¿Cortisol extra?

Yo: Sí. Es la reacción física ante el estrés, y no es nada saludable, como sabrá usted muy bien. Pero, afortunadamente, yo sé lo que necesito para que este procedimiento sea lo menos estresante para mí, y también para que le resulte más fácil a la doctora, todo lo cual redundará en mi salud. No estoy intentando ponerme difícil. Estoy intentando ayudar, al afirmar mis necesidades para que el procedimiento obtenga los mejores resultados.

Enfermera: Lo siento, pero nuestro reglamento no nos permite satisfacer peticiones como ésa.

Yo: Me doy cuenta de su posición. Pero si yo le dijera que soy alérgica a determinado medicamento, ¿usted me lo daría de todos modos? Estamos hablando de lo mismo. Voy a tener una reacción física adversa, y de eso estoy intentando advertirle. Pero, dado que veo que no es capaz de resolver esta situación, tendré que buscar otro lugar donde me hagan este examen. Y tendré que escribir también una carta a la directora de esta clínica detallando esta conversación y mi insatisfacción con el resultado y con el reglamento de la clínica.

¿Te sientes más capaz? Pues adelante. Escribe tu diálogo aquí.

_____

_____

_____

_____

_____

_____

_____

_____

_____

_____

Parejas y grupos: A, B y C. Podéis incluso hacer juego de roles, intercambiando papeles en la situación.

En conclusión: Reflexiona sobre las suposiciones que aceptaste acerca de ti mismo y que te llevaron a aceptar pasivamente un tratamiento que no era bueno para ti y qué nuevas suposiciones necesitas desarrollar para poder hablar de todo esto del modo necesario, pensando en tu salud.

_____

_____

_____

_____

_____

Visualiza tu muerte (o, «Ya te advertí que éste no iba a ser un manual sencillo»)

En cierta ocasión estuve dando clases de psicología de la salud en una época en la que estaba estudiando posmodernismo. El posmodernismo me estaba enseñando a «deconstruir textos» y ver lo que nos pasaba desapercibido. Y mientras leía un texto de psicología de la salud, me di cuenta de que la muerte era una de esas cosas que nos pasaba desapercibida. El tono de aquel texto parecía dar a entender que si hacíamos todo aquello que se nos sugería allí, la muerte sería sólo una opción.

Sin embargo, las PAS no caemos en estas trampas. Solemos pensar bastante en la muerte, pero sintiéndonos culpables porque, en esta cultura, la muerte es mórbida, pesimista, generadora de ansiedad y depresión. Aunque Dios sabe que no tenemos que ir en _esa_ dirección.

En otras culturas, la muerte es parte de la vida. Sus prácticas espirituales suelen estar centradas en torno a la muerte, que es la última gran iniciación, una iniciación para la cual hay que prepararse. Al menos, la persona ha de tener alguna idea de lo que quiere que ocurra, de cómo quiere comportarse en ese trance. Quizás no tengamos ningún control sobre la muerte, pero todas esas tradiciones que centran sus prácticas en ella creen que cuanto más nos preparemos, más control tendremos, al punto incluso de poder elegir el momento, el entorno y la causa de la muerte.

Por encima de todo, el hecho de vivir la vida siendo conscientes de la muerte nos permite desprendernos de pensamientos mezquinos, nos ayuda a cultivar el instante y a dejar de lado muchas de esas situaciones que nos hacen perder el tiempo y la energía. Nos ayuda a recordar que la vida no es un ensayo; es la propia representación teatral.

Así pues, utiliza este espacio para planificar tu propia muerte. ¿Cómo quieres dirigir tu mente en los últimos días u horas? ¿Quién o qué podría ayudarte en eso? ¿A quién o quiénes te gustaría hacer un regalo? (Considera la posibilidad de que esa o esas personas quizás no estén ya ahí, por haber muerto antes que tú, e imagina que puede haber amigos o amigas nuevos, así como miembros nuevos de la familia). ¿Qué te gustaría decirles o dejarles? ¿Dónde te gustaría estar? ¿Cómo te gustaría que fuera el entorno, la luz, los sonidos, música, aromas? ¿Cómo querrías sobrellevar el dolor?

Parejas y grupos: Se trata de una tarea que hay que hacer en soledad, pero los C quizás deseen compartir lo que han escrito.

EN CONCLUSIÓN: Utiliza este espacio para tomar nota de lo que sientes después de haber hecho esta planificación de tu muerte.

CAPÍTULO 10
El trabajo con el espíritu

L legamos por fin al capítulo del que sé que algunas de vosotras hubierais deseado que hubiera una docena: el capítulo dedicado a cuestiones espirituales. Pero deberéis comprender que el alma y el espíritu precisan de un fundamento, el cual espero que haya quedado cimentado ya. Con esto quiero decir que quizás todo lo que hemos hecho hasta aquí haya sido trabajo espiritual.

A partir de mis investigaciones he llegado a la conclusión de que las PAS tienen cierto talento para lo espiritual. La primera vez que me sumergí en las entrevistas con PAS, para mi libro *El don de la sensibilidad,* normalmente me encontraba con que muchos de mis entrevistados estaban deseando hablarme de su vida espiritual. Desde entonces, en todos los cuestionarios he visto emerger ese arraigado interés en lo espiritual. Por otra parte, y aunque sé que esto no es tan objetivo, cuando me he encontrado con grupos grandes de PAS me he dado cuenta de que siempre existe un silencio que es algo más que la ausencia de ruidos, algo que yo compararía con un espacio sagrado.

Investigaciones recientes sugieren que la espiritualidad (el interés en Dios o el espíritu, el gusto por rezar o meditar, pensar en el sentido de la vida, etc.) es, hasta cierto punto, heredada. Pero si estas investigadoras hubieran hecho pruebas sobre la sensibilidad, estoy convencida de que habrían visto que la sensibilidad se solapaba con la espiritualidad, o incluso que se trataba del mismo rasgo hereditario, o que la sensibilidad era la propia causa de la espiritualidad.

Desde mi punto de vista, cuando los seres humanos intentaron comprender la muerte, aquellas personas que procesaban las cosas con más profundidad, las PAS, fueron también las que más tiempo dedicaron a reflexionar sobre el tema. Debieron ser las que más se preguntaban adónde iba la vida tras la muerte del cuerpo, adónde iba el espíritu. Serían las que se preguntarían si el viento, la lluvia o las estrellas tenían algo que ver con ese espíritu, o si el espíritu era el que provocaba esos sueños en los que veían a un ser querido que había muerto. Es más probable que las PAS, como procesadores profundos de la realidad, pensaran en oraciones y ceremonias que pudieran ser de ayuda para los fallecidos en su viaje, y quienes crearan métodos como la meditación o el yoga, que ayudaran a los vivos a prepararse para la muerte. Posteriormente, las religiones se ocuparían de todos estos temas, claro está, y las PAS se hallarían de nuevo al frente de las religiones.

Sin embargo, a medida que las sociedades modernas han adoptado enfoques científicos o materialistas acerca de tales temas, las personas sin tanto talento espiritual han llegado a pensar que los temas espirituales no son tan importantes, e incluso los han calificado como una señal de debilidad o de superstición. Y, a veces, hasta las PAS aceptamos esas ideas. Claro está que quienes no tienen talento para lo espiritual pueden cambiar de opinión y terminan desarrollando cierto interés por lo espiritual cuando sienten que la muerte se aproxima. Éste es uno de los motivos por los que los reyes guerreros, en su mayor parte no-PAS, siempre han tenido a su alrededor asesores sacerdotales, en su mayor parte PAS. De modo que siéntete orgulloso de tus tendencias espirituales o filosóficas, si es que las tienes. (Y si te lo has pensado a fondo y has llegado a la conclusión de que eres ateo, eso es también algo muy PAS).

Cuando pienso en la profundidad espiritual de las PAS que conozco e intento deciros qué hacer en esta área, me siento fuera de lugar. De modo que lo que voy a ofrecer aquí son algunos puntos de partida. Y, evidentemente, ahora que nos hemos adentrado en esta esfera, ya no escribo desde los fundamentos de la investigación científica, porque los niveles espirituales de la vida son difíciles de investigar desde el nivel empírico, sino que me voy a fundamentar en las experiencias espirituales de muchas PAS, entre las cuales me incluyo.

Comenzaremos con los sueños, porque en muchas culturas tradicionales se cree que nos los envían desde el mundo del espíritu para ayudarnos, y según mi propia experiencia, ésa es una idea ciertamente difícil de refutar.

Un embarazoso curso rápido en sueños

Intentar enseñarte a trabajar los sueños en unas cuantas páginas es de lo más idiota por mi parte. Pero los sueños constituyen recursos esenciales para las PAS. Existen buenos libros sobre el tema, libros que te animo a leer *(véase* «Recursos», página 345). Sin embargo, no están escritos teniendo a las PAS en mente. Y para dar cuenta de los aspectos de los sueños que son relevantes para las PAS, voy a tener que tratar primero de algunos aspectos básicos.

Voy a dejar a un lado los «quizás» y los «normalmente» y voy a escribir de forma sucinta y llana, pero los sueños no siguen regla alguna, de modo que nada de lo que diga aquí es inequívoco.

En primer lugar, los sueños *no* son absurdos ni tampoco pretenden ser oscuros. Son intentos que hace la psique por comunicarse.

¿Qué pretende comunicar la psique? «El resto de la historia», aquello de lo que no eres consciente, además de tus «verdaderas» actitudes y situaciones, que entonces pueden sugerir soluciones bastante novedosas. En ocasiones, un sueño te muestra aquello de lo que no te das cuenta acerca de cómo reaccionas en realidad ante una situación, y a veces te enseña una manera de reaccionar totalmente nueva.

Normalmente, los sueños tratan del presente, aunque a veces parece que predicen lo que va a ocurrir. Pero, con frecuencia, si se da una predicción, es una advertencia de lo que ocurrirá si te comportas del modo en que lo has estado haciendo, o como lo haces en el sueño.

Si el significado de un sueño parece obvio, o si parece estar contándote algo que ya sabes, fíjate de nuevo en los detalles y en todos esos puntos en los que cuanto ocurre no es del todo lo que tú esperarías en una situación así, o en los que tu reacción no es la típica en ti. No hay ningún detalle en un sueño que no sea relevante, y los detalles extraños son especialmente importantes. Estate atenta a los juegos de palabras. Por ejemplo, un collar de perro no hacía más que aparecer en mis sueños, hasta que entendí el mensaje: «llámala».[6]

El lenguaje que utiliza la psique para comunicarse contigo es simbólico y metafórico, si bien los símbolos y las metáforas concretas serán aquellas que es más probable que tú puedas entender. Ningún significado de un símbolo en un sueño es universalmente verdadero; si sueñas con un pájaro o con un taxi, vas a tener que pensar qué significa específicamente para ti un pájaro o un taxi.

Los escenarios de los sueños y tu edad en ellos te van a decir, normalmente, cuál es el tema en cuestión, si se trata del trabajo, de la escuela (las lecciones que estás aprendiendo), del hogar... Un sueño que tenga lugar en la casa en la que creciste tratará probablemente de eso, de tu infancia. Si eres una persona adulta en esa casa, entonces es probable que trate de tu infancia y de ti ahora.

El volumen de emoción que haya en un sueño equivale más o menos al volumen de emociones que necesitas expresar o de las que conviene que seas consciente en torno a ese tema. Las pesadillas y los sueños recurrentes son muy importantes, pues constituyen intentos de tu psique por llamar tu atención, por sacarte de un atasco; te indican que tienes un volumen enorme de emociones atascadas en torno a ese tema.

Las personas y los animales en los sueños

Vuelve a la página 78 de este manual y vuelve a leer, en lo relativo a la imaginación activa, lo que dice de las personas y los animales en los sueños; las personas suelen ser (aunque *no* siempre) partes de ti mismo, y los animales y los antepasados tienen lecciones que enseñarnos. Por ejemplo, quizás tengas que preguntarte, «¿Por qué el Lagarto ha aparecido en mi sueño?» o «¿Por qué la abuela ha venido hasta mí en este momento de mi vida?» Por cierto, es posible que tengas que aprender algo más acerca de los lagartos o de tu abuela antes de encontrarle respuesta a esas preguntas.

---

6. En inglés, *collar*, «collar», y *call her*, «llámala», tienen una pronunciación muy similar. *(N. del T.)*

Hacer algo con los sueños

Conviene honrar un sueño mediante algún tipo de acción, al igual que te dije que hicieras con los resultados de cualquier imaginación activa que hagas. Pero, aunque los sueños te puedan proporcionar una ingente cantidad de ideas, no deberías hacer nada para honrarlos sin pensártelo antes cuidadosamente. La psique tiende a ser como la naturaleza: es factual, no es cruel ni es amable. Las cosas son así, y punto. Es la mente consciente la que tiene que pensar qué hay que hacer, así como en las consecuencias que va a tener para ti, personalmente, y para la gente que te rodea.

Por ejemplo, en la Biblia judeocristiana se habla del sueño que José le interpreta al faraón, un sueño en el que siete vacas flacas se comían a siete vacas gordas. Ese sueño es una simple declaración de la naturaleza acerca de la naturaleza: hambre, supervivencia. El sueño no decía que había que ahorrar comida durante siete años para después distribuirla durante otros siete. Un hombre menos sabio que José podría haberle aconsejado al faraón que construyera unas altas murallas en torno al palacio para protegerse de los pobres cuando llegara la hambruna, para que los flacos no se comieran a los gordos. Lo que hubo de moral y cargado de sentimientos fue la reacción de José ante el sueño, no el sueño en sí.

Recordar los sueños

La mayoría de las PAS suelen recordar sus sueños. Si tú eres una excepción, quizás sea porque no estás durmiendo lo suficiente o porque estás padeciendo insomnio. Haz lo que puedas para dormir más. (Sin embargo, ten cuidado con los medicamentos para dormir, pues van a interferir también con tus sueños). Intenta no utilizar alarmas para despertarte, pues es más fácil recordar los últimos sueños que hayas tenido.

Cuando te despiertes, quédate en la cama rebuscando en tu memoria los detalles de tus últimos sueños. Al principio, no te vas a acordar de nada; pero, si insistes, empezarás a recordar. También puedes ayudar a tu memoria recorriendo categorías: ¿era un sueño al aire libre, en el trabajo, con animales, con personas, en la playa? Escribe todos los sueños que recuerdes y piensa en ellos durante el día y antes de quedarte dormida por la noche. De este modo le estarás diciendo a tu psique que tienes verdadero interés en sus comunicaciones. No necesitas montones de sueños para hacer este trabajo; bastará con unos pocos sueños cada semana para mantenerte plenamente ocupada.

Si tú normalmente sueñas, pero has dejado de hacerlo sin motivo aparente, vuelve al último sueño que tuviste o al último gran sueño que recuerdes y trabájalo más a fondo. Según mi experiencia, es como si la psique te estuviera diciendo que no te metas en otro sueño si todavía no le has dado uso a lo último que se te dio. Si no comprendes un sueño, desea que se te aclare. Y después, aunque el siguiente sueño pueda parecer que guarda poca relación, esfuérzate por ver si se halla ahí la aclaración que pedías. De este modo desarrollarás un diálogo permanente con la fuente de tus sueños.

Los sueños de las PAS

Tus sueños deben tener ya su forma de simbolizar tu sensibilidad. Sólo por poner un ejemplo, en mi caso todo tiene que ver con mis pies: ir descalza por un camino pedregoso, los zapatos o los calcetines que llevo, que se me dan o que necesito (los calcetines son especialmente interesantes, pues son los que amortiguan las interacciones entre lo interno y lo externo), cualquier cosa que cualquier persona hace en mis sueños que afecte a mis pies. Los animales que aparecen en mis sueños y que sé que están relacionados con mi sensibilidad son los peces, los pájaros y los caballos. Los caballos son mis maestros personales en el mundo animal. Son fuertes, pero sensibles; rápidos en la carrera, pero dispuestos a luchar. Los animales que te enseñan a ti pueden ser muy diferentes a los míos.

En cuanto a la lucha y los forcejeos entre las partes sensibles y rudas del yo, creo que los sueños que implican algún tipo de crueldad, crímenes violentos y similares son un reflejo de mi comportamiento al intentar dominar o hacer daño a mi yo sensible. De este modo, cuando esto ocurre, echo un vistazo a mi vida y observo dónde puede haber una energía cruel o dominadora haciéndome la vida difícil. Puede que venga del interior o puede ser una fuerza externa que quizás yo esté tolerando en exceso.

Las PAS suelen tener también sueños en los que están o bien a gran altura o bien muy abajo. Estos sueños pueden hacer referencia al estado de ánimo, o bien a la sensación que podemos tener a veces de ser muy especiales, y otras veces de ser demasiado defectuosas o menos que los demás. Quizás te veas en tu sueño en el fondo de un barrizal, en una cueva o enterrado. O puede que estés en las montañas, unas montañas hermosas o temibles, de las que quizás no sabes cómo bajar o cómo cruzarlas. O quizás sueñes con torres, que estás trepando por una torre, mirando hacia su cúspide o desde ella, torres vacilantes o firmes. Después están los aviones, aterrizando o estrellándose, y los ascensores, en caída libre, atascados o masificados.

Lo difícil es saber si un sueño está compensando algo o está mostrando cómo es en realidad. Si estás en la cúspide de una torre que se tambalea, puede ser que estés pensando demasiado bien de ti mismo, con poca base para ello. O también puede ser que estés pensando mal de ti mismo, temeroso de cualquier pensamiento que puedas tener que te aísle en la cima de un sentimiento de superioridad aparentemente peligroso e injustificado. Pero, si te das cuenta, estos dos temores se parecen mucho, en la medida en que forman los dos polos de un único complejo. *(Véanse* las páginas 150, 220 y 244 para profundizar en el tema de los complejos).

Finalmente, ya debes de estar listo para trabajar con un sueño.

El trabajo con un sueño

1. Toma nota de un sueño que hayas tenido. Elige uno que parezca importante por el hecho de tener partes que se repiten o porque genera emociones intensas, tanto en el sueño como posteriormente. Toma nota de todos sus detalles. Pero escribe en tiempo presente; por ejemplo «Estoy huyendo y, de pronto...».

_____

_____

_____

_____

_____

_____

_____

_____

_____

_____

_____

_____

_____

_____

_____

_____

_____

_____

_____

_____

2. Contempla el sueño como un gran cuadro. Sin pensártelo dos veces, ¿hay algo en él que te haga pensar en un problema concreto de tu vida? Toma nota de esto abajo y tenlo en cuenta mientras avanzas de un modo más sistemático. Conviene ser sistemática. Pero en cuanto domines estos pasos, podrás saltarte algunos de ellos, en la medida en que te estarán dando ya el cuadro completo.

_____

_____

_____

_____

3. ¿Qué emoción es la principal en el sueño? ¿Hay algún momento en el sueño en el que tengas una reacción emocional inadecuada, una reacción excesiva o escasa, un sentimiento que no sea habitual en ti? ¿Está ocurriendo eso con esa emoción en tu vida despierta?

_____

_____

_____

_____

4. ¿En qué entorno tiene lugar el sueño y qué tema o problema parece abordar?

_____

_____

_____

_____

_____

5. Vuelve a la descripción del sueño (paso 1) y subraya *todas* las palabras que sean detalles: objetos, colores, formas, personas, animales, nombres, lugares, verbos como «huir» y frases descriptivas que parezcan ser la única forma de decir lo que ocurrió.

6. Abajo, toma nota de tus asociaciones, una por línea (puedes tomar nota de hasta veinte de ellas). Las más importantes de ellas, como puede ser una persona con nombre o un animal, descríbelas con veinticinco palabras o menos, como si fuera para alguien que no conoce a esa persona o nunca hubiera visto esa especie de animal. Por otra parte, considera su principal característica o su principal relación contigo.

Ejemplo (un sueño muy breve): *Estoy huyendo de M. A. a través de un bosque. Un tigre me detiene y me pregunta, «¿A qué tanta prisa?».*

Huyendo: Miedo, no soy buena corriendo, debería de hacerlo más.

M. A.: Hombre negro, fuerte, miembro de El equipo A, *una popular serie de TV de los ochenta. M. A. tenía miedo de volar. Yo veía* El equipo A *en mi adolescencia.*

Bosque: Oscuro. Perdida en el bosque. Un bosque es una arboleda densa. Los bosques lluviosos están siendo destruidos.

Tigre: Un enorme gato a rayas. Pertenece a la India. «Tiger, Tiger burning bright…», me recuerda a un poema de William Blake. Se comen a las personas.

Me detiene: Parar y continuar. Iba corriendo, ahora estoy parada.

Pregunta: ¡Un tigre normal no hace preguntas!

«¿A qué tanta prisa?»: En estos momentos voy muy precipitada. Las prisas no son buenas.

_____

_____

_____

_____

_____

_____

_____

_____

_____

_____

_____

_____

_____

_____

_____

_____

_____

_____

_____

_____

_____

_____

7. Fíjate en los acontecimientos principales del sueño y establece asociaciones con tu vida en este mismo momento. Después, fíjate en los saltos en la acción e intenta ver el sueño casi como una declaración de lógica. Mientras hago esto, ocurre esto en mi vida, y luego ocurre aquello. Pruébalo. Escribe el sueño como una serie de pasos lógicos.

Ejemplo: *Mientras era perseguida por M. A. (¿huyendo de algo grande y fuerte de mi adolescencia?) fui detenida por un tigre mágico (algo fiero, exótico, una energía instintiva humana/animal que hay que confrontar) y luego se me preguntó «A qué tanta prisa» (podría estar bien dejarse de prisas, pero ¿debería confiar en el Tigre? ¿Qué prisas puede haber que tengan su causa en algo de mi adolescencia?).*

_____

_____

_____

_____

_____

8. Si todavía no estás segura del significado de tu sueño, prueba con la imaginación activa _(véase_ página 78), bien para proseguir el sueño, o bien para hablar con su principal personaje u objeto. Estás intentando averiguar por qué tal personaje ha hecho lo que ha hecho y qué está queriendo decirte. Utiliza este espacio para tomar nota de lo ocurrido en tu imaginación activa. (En el ejemplo, probablemente me imaginaría trepando a un árbol para sentirme un poco más segura, para luego preguntarle a gritos a M. A., «¿Por qué me persigues?». Y a esperar la respuesta. O bien puedes responder a la pregunta del Tigre de «A qué tanta prisa» y ver cómo responde el Tigre).

_____

_____

_____

_____

_____

_____

_____

_____

_____

_____

_____

_____

_____

_____

_____

_____

_____

_____

_____

_____

_____

_____

_____

9. Si te parece que este sueño es importante, haz algo para honrarlo; quizás un ritual, o bien haz esa llamada telefónica que has estado evitando desde hace semanas, quizás puedas también pintar una imagen del sueño, o cambiar tu estilo de vida. Escribe a continuación lo que planees hacer.

_____

_____

_____

_____

_____

Parejas y grupos: C y sólo parejas. Se puede hacer un magnífico trabajo sobre los sueños por parejas, pues pueden llegar a conocerse mutuamente en profundidad en todo lo relativo a los símbolos y a sus vidas. Cada una puede llegar a ver en la otra detalles que le pasarían desapercibidos a la persona que tuvo el sueño. Pero cada sueño puede revelar mucho más de ti mismo de lo que jamás hubieras imaginado, de modo que sólo debería de intentarse en el nivel C.

No es una buena idea hacer trabajo con los sueños en grupo sin que haya presente una terapeuta capacitada en estos temas, pues se revelan demasiadas cosas y se dan demasiadas oportunidades para que otras personas presionen, inconscientemente, claro está, en función de sus intereses.

EN CONCLUSIÓN: Reflexiona sobre qué te parece ahora el trabajo con los sueños y el papel que los sueños tienen en tu vida. Escribe lo que pienses a continuación.

_____

_____

_____

_____

_____

«¿De cuántas maneras te amo?».
¿De cuántas maneras eres espiritual?

Se puede definir la espiritualidad de muchas maneras. Para lo que aquí concierne, digamos que espiritualidad es todo lo que guarde relación con lo que está más allá de lo material, de lo visible, del mundo dado; aunque desde una perspectiva espiritual ésta sea una distinción basada en la ignorancia. Conviene recordar que el mundo material es el modo en que llegamos a lo no-material. El mundo es un pórtico, aunque sólo sea en el sentido en que tenemos que atravesarlo. Pero, por el momento, equipararemos lo «espiritual» con lo que está más allá de lo material.

Hay personas que creen que no son espirituales porque no van a misa, no rezan, no meditan ni hacen ninguna de esas «cosas espirituales». Pero cuando se define la espiritualidad en sus justos términos, entonces se dan cuenta de cuán espiritual es su vida.

Intenta hacer una lista aquí de todas las maneras en que percibes o estableces contacto con lo que hay más allá de lo tangible. Puede que haya cosas que se te pasan por alto, como la música, la danza, el yoga, el arte, las celebraciones, estudiar física o astronomía, leer novelas, estar en la naturaleza, trabajar con los sueños, hacer el amor, determinadas conversaciones y los instantes de miedo.

_____   _____

_____   _____

_____   _____

_____   _____

_____   _____

_____   _____

_____   _____

Parejas y grupos: A, B y C.

EN CONCLUSIÓN: Piensa en tus reacciones ante esta tarea y en cómo te sientes ante la posibilidad de ser una persona «espiritual».

_____

_____

_____

_____

_____

Los preceptos de tu religión

Religión. «Religión organizada». ¿Te provocan alborozo estas palabras, o te dan escalofríos? Sin embargo, hasta las personas que marcan distancias con ellas es probable que tengan algún tipo de religión organizada en su cabeza, tanto si está organizada por una gran organización como si está bastante «desorganizada» y en flujo. Tú, como todo el mundo, has desarrollado algunas ideas sobre el tema, incluso tienes algunos preceptos, y ahora se te ofrece la oportunidad de que los plasmes por escrito: qué cosas aceptas, en qué cosas crees o que cosas sabes por experiencia.

Como asesor sacerdotal, convendrá que le pongas palabras a tus pensamientos, pues dotará a esta parte de tu vida de un mayor enfoque. Y puede que algún día alguien se beneficie de tus preceptos al escucharlos de tu boca.

Quizás no quieras comprometerte ni parecer dogmático, pero no tienes por qué imponer tus creencias a los demás. Hasta puede que ése sea tu primer precepto, o tu primera duda si estás en la incertidumbre. De vez en cuando digo: «Los lunes, miércoles y viernes estoy segura de esto. Los martes, jueves y sábados pienso casi lo contrario. Los domingos descanso». Por otra parte, puede que albergues algunas certezas por las cuales estarías dispuesto a morir y que te gustaría que el resto del mundo adoptara. Ésa es otra buena razón para que expreses con fluidez tus creencias.

Haz una lista de los preceptos de tu religión a continuación:

_____

_____

_____

_____

_____

_____

_____

_____

_____

Parejas y grupos: B y C. Los preceptos se pueden leer en voz alta. En un grupo, conviene no dejar más de cinco minutos por persona, con el fin de que la dinámica no se estanque. ¡Ni se os ocurra criticar los preceptos de otra persona!

EN CONCLUSIÓN: Reflexiona sobre tus preceptos: de dónde vienen, adónde podrían llevarte, hasta qué punto determinan tu comportamiento diario. Escribe lo que piensas a continuación.

_____

_____

_____

_____

_____

Para convertirse en una líder ritual

Hasta donde sabemos, el ser humano es el único animal que se suicida si no le encuentra un sentido a la vida; y, curiosamente, los rituales constituyen una de las maneras en que podemos aportar sentido a la existencia. Cuando tomamos parte de un ritual, tenemos una sensación de pertenencia a nuestra cultura, sentimos que participamos de algo más grande y más antiguo que nosotras; y cuando regresamos de ese espacio ritual nos sentimos transformadas. Si hacemos un ritual en privado, nos sentimos en comunicación directa con lo Invisible. Y no es éste un logro menor.

Los rituales radicales, aquellos que están diseñados para cambiar a una persona para siempre desde el interior, son raros todavía en la cultura occidental. Todavía conservamos el sabor de lo que podrían denominarse rituales de mantenimiento, que celebran la identidad de la comunidad a través de festividades regulares u observancias de acontecimientos, incluyendo celebraciones en gran medida seculares, pero tradicionales, como bodas, ceremonias de graduación y vacaciones. Y algunas personas también estamos implicadas en importantes rituales religiosos. Pero, normalmente, se trata de rituales voluntarios en los que se participa de manera mecánica; no constituyen acontecimientos radicales en nuestra existencia. En su mayor parte, las culturas industrializadas, científicas, occidentalizadas, tienden a eliminar rituales, en parte porque estas culturas no valoran tanto la comunidad como, por ejemplo, mudarse a aquella ciudad en la que vas a conseguir un empleo mejor, y las comunidades son la base de los rituales con sentido.

La gente en todo el mundo se está alejando progresivamente de la vida ritual, y considero que el vacío resultante es un problema. No sé cuál es la causa y cuál el efecto, pero creo que este vacío va de la mano de esa creciente dificultad que tienen las PAS para interpretar su papel de asesoras sacerdotales en las sociedades modernas.

La solución no creo que sea la de volver a «las cosas de antaño». No podríamos hacerlo ni aunque quisiéramos. Todavía no está claro lo que podemos hacer; un gigantesco experimento en el que podamos participar todas. Lo que sí es evidente es que existente una tendencia, no sólo entre las PAS, a realizar más rituales. Grupos de mujeres y grupos de hombres han comenzado a reunirse con esta pretensión, y aquellas personas preocupadas por la vida familiar también están discutiendo la posibilidad de recuperar rituales y tradiciones como una forma de mantener las conexiones entre la familia. También, a título individual, hay muchas personas conscientes de la importancia del ritual en su vida personal.

Para comenzar, haz una lista de rituales en los que hayas participado y, al lado de cada uno de ellos, escribe cuál fue su impacto en ti; si fue negativo, si fue un acontecimiento menor pero positivo, si te cambió la vida, etc. Y anota también por qué. ¿Se realizó repetidamente, generando un efecto acumulativo? Para hacerte entrar en la dinámica, te ofrezco a continuación algunos ejemplos.

1. *Encender las velas del* sabbat *con tu cónyuge judía. Acumulativo, muy positivo.*
2. *Oraciones antes de cenar. Lo mismo.*
3. *Disponer la rueda medicinal. Lo he hecho varias veces, sutil, pero muy positivo.*
4. *El estudio de determinados materiales espirituales antes de irme a la cama. No estoy seguro; me resulta difícil de hacer, demasiado cansado.*
5. *Bodas, funerales, etc. Varía. Muchas no me dejan una impresión duradera.*
6. *La comunión en la iglesia. Forcejeo por encontrarle pleno significado; a veces mecánica, a veces conmovedora.*

Haz tu propia lista a continuación.

_____

_____

_____

_____

_____

_____

_____

_____

_____

_____

La segunda mitad de esta tarea es más complicada. Crear un ritual es difícil porque, casi por definición, los rituales tienen que ser antiguos y no hay necesidad de crearlos. Tampoco es que piense que crear rituales sea algo que viene de forma natural con toda PAS, del mismo modo que no a todas se nos dan bien las matemáticas, la narración de historias o la composición musical. Pero esta tarea te va a permitir que pruebes con ese papel. Si te gusta, puedes leer algún libro sobre cómo crear rituales. *(Véase* «Recursos», en la página 345). Pero, en esta tarea, lo que se te pide es que planees lo que te gustaría hacer a ti. O bien imagínate como un chamán o un anciano en una comunidad religiosa. Posteriormente podrás ver lo que es adecuado tradicionalmente o lo que han hecho otros.

1. El paso más importante es el primero, que consiste en establecer cuál es la intención del ritual. Es una cuestión de trabajo interior y el motivo por el cual las PAS son asesoras *sacerdotales* y excelentes líderes rituales. Establecer la intención significa discernir qué es lo que más necesita la comunidad justo en estos momentos; o bien, si no puedes trabajar en una comunidad, qué es lo que más necesitas tú, a título individual. Puedes ver todos los rituales como sanadores: para sanar el cuerpo, el alma y las relaciones; para sanar la pérdida de conexión con el espíritu, con la naturaleza, la comunidad, los antepasados o los progenitores.

   Con el fin de sanar, será bueno visualizar el resultado final, la totalidad, la integridad. «Todo» es una palabra muy relacionada con la curación y la salud porque, para que una especie se convierta en una especie que sana, sus individuos deben tener una representación mental de totalidad e integridad, sea en relación con el cuerpo o con la comunidad. Sólo entonces pueden percibir cualquier variación de esa totalidad para intentar recuperar la integridad. Aunque tu ritual sea de celebración, en lugar de ser explícitamente curativo, la celebración también es una experiencia de totalidad e integridad que nos indica cómo deberían ser las cosas.

   Así pues, ¿cuál es tu intención con este ritual? ¿Qué quieres sanar, devolver a la totalidad o celebrar de un modo íntegro? (Hay muchas cosas que sanar. En cuanto a celebrar, se puede celebrar un nacimiento, el paso de la juventud a la edad adulta, de la soltería al matrimonio, de la madurez a la vejez, el inicio de la menopausia, el comienzo o la terminación de una carrera, o un nuevo hogar).

   _____

   _____

   _____

   _____

   _____

2. ¿Dónde te gustaría realizar este ritual? ¿De qué modo delimitarías el «espacio ritual»?

   _____

   _____

_____

_____

_____

3. ¿Quién vendría al ritual? ¿Cómo los convocarías? ¿Cómo deberían vestir? ¿Qué deberían llevar?

_____

_____

_____

_____

4. Antes de que los participantes entren en el espacio ritual, suele hacerse una purificación de algún tipo, quizás rociándolos con agua, o envolviéndolos con humo de incienso o de salvia. ¿Cómo lo harías tú?

_____

_____

_____

_____

5. Escribe una invocación, una petición dirigida a lo Invisible para que te acompañe, para que guíe al grupo y te guíe a ti en el ritual. En la mayoría de las religiones occidentales se invoca a Dios. En otras muchas tradiciones (y a veces en las religiones occidentales), se invoca a determinados ancestros, santos o seres espirituales pidiendo su ayuda o su intercesión ante un poder superior. O bien se invoca a los elementos, a las cuatro direcciones o a determinadas cualidades espirituales. Toma nota también de qué acciones se realizarán durante la invocación; por ejemplo, encararse en las cuatro direcciones, hacer que la gente se arrodille, etc.

_____

_____

_____

_____

6. La música es un ingrediente casi universal en los rituales. ¿Qué tipo de música elegirías? ¿Habría danza, tambores, himnos o canto coral? Si te gustaran los himnos o las canciones, ¿cuáles incorporarías al ritual? ¿Cómo participarían los demás? Todas estas cosas afectan a los rituales.

_____

_____

_____

_____

_____

7. Además de música, ¿cómo estimularías el resto de los sentidos para generar un impacto en los participantes? ¿Qué querrías que vieran, oyeran, tocaran, olieran y saborearan? Tanto los chamanes como los sacerdotes saben que cuantos más sentidos involucres en un ritual, más fácil será alcanzar el alma y volver la mente hacia el espíritu.

_____

_____

_____

_____

_____

8. En algún punto del ritual se desarrolla el drama, el drama simbólico de la transformación que este ritual busca. Es el corazón del ritual. Puede suponer un viaje o una muerte, un descenso a los infiernos para luego volver o una resurrección, dando como resultado que se traiga de vuelta algo o a alguien, que se tome conciencia de algo, que se transforme. Cada participante, al escuchar o presenciar este relato simbólico hará su propio viaje personal o recibirá sus dones. Quizás prefieras contar esa historia, representarla, hacer que todos los participantes intervengan en ella o, simplemente, exhibir los símbolos de una historia con la que ya todos están familiarizados. Escribe a continuación lo que quieres hacer.

_____

_____

_____

_____

_____

9. También tendrá que reconocerse y celebrarse la transformación, una vez que ésta haya acaecido; quizás se pueda reflejar con más música. Escribe abajo cómo lo harías.

_____

_____

_____

_____

10. Escribe cómo cerrarías el espacio ritual, dando las gracias a todos aquellos que fueron invocados, y dando una bendición o un talismán a las personas que participaron. La demarcación entre el espacio ritual y el no-ritual debe estar muy clara. Habrá que llevar afuera a las personas participantes, quizás en procesión, o bien indicar que el espacio ritual ha dejado de serlo.

_____

_____

_____

_____

11. Ahora, la comunidad debe de reconocer la transformación obrada en las participantes. (Las personas extrovertidas quizás se pongan a charlar o celebrarlo de inmediato. Las introvertidas quizás prefieran estar primero un rato a solas). Pero todo el mundo debe permanecer en las cercanías del espacio ritual y de los líderes rituales mientras realizan la transición y reciben este reconocimiento (sobre todo en el caso de una iniciación, una sanación o la celebración de un acontecimiento de la vida).

_____

_____

_____

Parejas y grupos: B y C. Podéis compartir con los demás lo que hayáis escrito (dando cinco minutos para cada persona), sin hacer demasiados comentarios y sin crítica alguna. Podéis incluso realizar uno de los rituales que se hayan creado. Pero sed conscientes de que puede haber alguien que se sienta incómodo, o que tal ritual pueda violar sus preceptos religiosos.

EN CONCLUSIÓN: Piensa en ti misma como líder ritual; por ejemplo, ¿disfrutarías de ese papel? ¿Lo has interpretado ya en alguna ocasión?

Después de tu muerte

La mayoría de las personas no estamos seguras de lo que ocurre tras la muerte, pero eso no impide que tengamos algunas ideas que pueden afectar al modo en que vivimos. Al menos inconscientemente, vas a tomar decisiones bastante diferentes si piensas que con la muerte se acaba todo que si crees que vas a tener que responder por tu comportamiento en el cielo; si piensas que te vas a reunir con tus seres queridos; si crees que adoptarás un cuerpo celestial o piensas que te fundirás con el Uno; o bien si crees que renacerás con todo tu karma como equipaje. La tarea que te voy a pedir ahora consiste en entrever, merced a tu propia sabiduría interior, qué ocurre tras la muerte.

Deberás proceder con esta tarea en un momento en que te sientas muy en calma y centrada, y cuando dispongas de al menos una hora sin interrupciones en un lugar seguro. Échate en el suelo o siéntate, cierra los ojos y entra en ese estado profundo del que te hablé en la imaginación activa (página 78). Después, imagina tu muerte (donde lo dejaste, quizás en la tarea de la página 265) y lo que viene después. Desenvuélvete aquí como lo harías en la imaginación activa, en la cual recibes aportaciones de tu psique y tienes tus propias reacciones.

Al igual que con la imaginación activa o con un sueño, creo que es mejor que no te plantees si lo que has visualizado es necesariamente verdad, si es algo que haya que aceptar sin reflexión alguna. Sin embargo, sí que es la respuesta que te ofrece la psique ante tu interés.

Puedes hacer esta tarea varias veces, pero no te la tomes a la ligera. Date tiempo para retornar emocionalmente al mundo de los vivos. Si la experiencia te resulta demasiado inquietante, quizás sea conveniente buscar ayuda profesional. En este caso, podrías buscar un director espiritual en tu propia tradición espiritual.

Escribe a continuación tanto como desees acerca de tus experiencias con esta tarea.

_____

_____

_____

_____

_____

_____

_____

_____

Parejas y grupos: C sólo. En realidad, es mejor hacerlo con alguien con quien compartir más tarde las experiencias.

Regresemos a lo que más te disgusta de ti mismo

Es hora de cerrar el círculo, de volver al capítulo 1 y al difícil trabajo que hiciste allí acerca de todo aquello que te disgusta de ti mismo. ¿Por qué se halla esta tarea en este capítulo, y no en su propio capítulo de conclusión? Porque, para mí, la espiritualidad es casi lo mismo que la totalidad, la integridad, y ésta es casi lo mismo que la curación. Ésa es la razón por la cual, tradicionalmente, los sacerdotes y los chamanes han sido también sanadores. A ver si puedo aclarar con palabras esta conexión.

Arriba definí la espiritualidad como el estar abierta a lo que está más allá de lo material, o que es más grande que lo que indican los límites materiales de las cosas. Cuando vemos el resto del mundo, más allá de lo material, vemos el todo. Pero para poder verlo, nosotras mismas tenemos que ser ese todo, tenemos que ser íntegras; es decir, no estar demasiado atrapadas por los restrictivos complejos, por ejemplo.

Sí, pero ¿acaso hay alguien que sea perfectamente íntegro? Quizás sea esa misma sensación de no estar íntegras (ese dolor cuando nos hacemos una herida) la que nos empuja y tira de nosotras hacia la meta.

El proceso de sanación también desarrolla la integridad de una manera directa. Psicológicamente, sanar significa ver el resto de nosotras mismas, las partes inconscientes, la psique profunda. A medida que vamos comprendiendo nuestros complejos, nos vamos comportando de un modo más amoroso y moral, más espiritual. Nos comportamos de un modo más acorde con lo que es el mundo, incluso puede que empecemos a pensar que tiene que haber algo o alguien invisible que nos ayuda.

Así pues, regresemos a la tarea del capítulo 1 para ver si podemos sanar alguno de esos puntos dolorosos.

Vuelve a la página 47 y fíjate en aquellos aspectos de ti mismo que tanto te disgustan y, a medida que vayas recorriendo las siguientes preguntas, trata cada aspecto de forma separada, formulándote las preguntas tres veces, una por cada uno de los aspectos que relacionaste allí; o bien, si ahora te parece que forman parte de un único problema, trátalos como un todo.

1. ¿Cómo te sientes respecto al problema, *justo ahora?*
I. _____
II. _____
III. _____

2. Detalla a continuación cómo ha cambiado tu punto de vista a la luz de la nueva perspectiva, a través de este manual, de tu sensibilidad, de tu psique y de tu fortaleza en tanto has perseverado. ¿Se han reducido los comportamientos que te disgustaban? ¿O simplemente los estás comprendiendo y aceptando? ¿O no ha cambiado nada? Si nada ha cambiado, o si estos aspectos se te antojan ahora peor en

cualquier sentido, ve al siguiente paso. Si ves que ha habido un gran cambio, sea en tu comportamiento o en que aceptas más esos defectos, puedes detenerte aquí. Es hora de que lo celebres y te felicites.

I. _____

II. _____

III. _____

3. Toma nota de cuán importante es el problema para ti ahora; o bien, utilizando el lenguaje de los complejos, cuánta energía pones a su alrededor. Puedes utilizar una escala de 0 a 10, o cualquier palabra que prefieras.

I. _____

II. _____

III. _____

4. Si el problema es ahora menos grave para ti, escribe abajo a qué puede deberse. O bien, si es más grave que nunca, ¿eres capaz de verle algún aspecto positivo en estos momentos? Recuerda, todos los complejos tienen dos polos, uno que aceptamos y percibimos como positivo y uno que rechazamos y percibimos como negativo. La mitad rechazada suele ser un activo disfrazado, rechazado con extrema vehemencia. Así pues, si el problema sigue ahí y sigue siendo importante, ¿existe alguna manera en la cual puedas ver estos «defectos» también como fortalezas o potenciales fortalezas? Describe a continuación cualquier cambio de actitud por tu parte con respecto al problema. Si se han dado cambios satisfactorios, puedes detenerte aquí y celebrarlo, o seguir adelante. Si no ha habido cambios satisfactorios, sigue adelante.

I. _____

II. _____

III. _____

5. Si el problema sigue siendo importante para ti y no puedes verle ningún aspecto positivo, ¿eres capaz de ver algo de valor en este problema tuyo por el hecho de estar en tu vida? ¿Te está enseñando algo, te ayuda a crecer, te obliga a adentrarte en territorios inexplorados?

I. _____

II. _____

III. _____

6. Con independencia de cómo respondieras a la última pregunta, éste es un buen momento para recordar la voz o las voces que te ayudaron a elegir estas tres cosas que no te gustan de ti. Deberías saber algo acerca de ellas por el trabajo previo sobre este tema (páginas 31, 47, 52 y 55). ¿Qué te transmite la voz ahora? ¿Tiene miedo de que fracases? ¿Es cruel y desea que fracases? ¿Tiene miedo de perder el control sobre ti, que dejes de escucharla? ¿Teme por tu salud y tu bienestar porque te estás comportando de forma insensata o autodestructiva? Puedes considerar cada uno de los aspectos como si llevara una voz diferente asociada, o puedes ver a ese juez o crítico con la misma voz, sea cual sea el problema. Elige lo que te resulte más convincente.

_____

_____

_____

_____

_____

_____

_____
_____
_____

7. Escribe algo dirigido a la voz o las voces. Digo «algo» porque probablemente no va a ser la última comunicación que establezcas con
ellas. Puedes escribirles una carta, una nota de reconocimiento o
puedes crear un diálogo con ella.

_____
_____
_____
_____
_____
_____
_____
_____

8. ¿Ha llegado a haber algo parecido a un entendimiento con esa voz?
¿Puedes respetar más tu posición ahora? ¿O puedes apreciar mejor
ahora su perspectiva? Si sigues sin ver nada positivo acerca de la
presencia de estos problemas en tu vida, y sigues sin poder resolver
nada con la voz, ¿puedes echarte hacia atrás lo suficiente como para
ver si es razonable en términos objetivos que estos problemas te
afecten tanto? ¿Podría ser una señal para que utilices esa angustia
para cambiarte a ti mismo? ¿Estás dispuesto a recibir ayuda profesional con estos problemas? Anota abajo (a) si existe algo objetivo
que cambiar y (b) si estás dispuesto a cambiarlo, con ayuda si es
necesario.

I. _____

II. _____

III. _____

Parejas y grupos: C sólo. Se trata de una tarea muy potente para una discusión.

En conclusión: Reflexiona sobre tu dolor, o sobre la reducción de tu dolor, en torno a estos problemas. Si sigues sufriendo mucho, ciertamente vas a necesitar ayuda. Me gustaría poder ayudarte, pero me temo que hemos hecho todo cuanto podíamos hacer con el problema en este libro.

Escribe lo que sientes en relación con tus avances con cada problema o, si no ha habido progresos, escribe qué piensas hacer para resolver el problema por una vía diferente.

I. _____

_____

II. _____

_____

III. _____

_____

Para finalizar

Sospecho que ni siquiera la PAS más concienzuda se va a trabajar un manual como éste de arriba abajo y exactamente como se le indica. Haces una tarea y te detienes, saltas de aquí para allá y juegas con esto y aquello. Pero en algún momento vas a querer finalizar tu tarea o vas a hacer una pausa más prolongada, y creo que es esencial reconocer que tiene que haber un final. Pero a las PAS no nos gustan los finales, pues la mayoría de ellos son tristes. Sin embargo, una experiencia no está completa si la dejamos colgada, y nos hemos pasado este capítulo y todo el manual haciendo cosas íntegramente, en su totalidad. Sería una pena no culminar ahora el trabajo. Desde mi lado, mientras escribo lo que lees ahora, tengo la esperanza de que algo de lo que he puesto en este libro te haya sido útil. Desde tu lado...

1. ¿Por qué vas a cerrar este libro por un tiempo o para siempre? ¿Te vas a sentir bien con esta decisión?

_____

_____

2. Vuelve atrás a lo largo del libro y léete todas las secciones de «En conclusión» que has escrito. Tómate tu tiempo con esto y piensa un

poco en lo que leas con el fin de integrarlo en tu vida. Si te apetece escribir una gran conclusión, utiliza el espacio que te ofrezco a continuación para ello.

_____

_____

_____

_____

_____

3. ¿Qué te gustaría decirle al libro o a mí personalmente?

Siéntete libre para enviarme una copia de lo que escribas o de cualquier otro escrito que haya surgido de este libro a *Comfort Zone*, P. O. Box 460564, San Francisco, CA 94146-0564. No puedo prometerte una respuesta, pero intentaré leerlo todo.

_____

_____

_____

_____

_____

_____

_____

_____

_____

4. Cierra los ojos e imagínate en los momentos previos a cuando abriste este libro por vez primera. ¿Has cambiado? Toma nota de los cambios que hayas tenido y, sobre todo, cómo vas a recibir y celebrar esos cambios.

_____

_____

_____

_____

_____

_____

_____

_____

Y ahora celébralo, por favor, pues este instante ya no volverá.

Parejas y grupos: A, B y C. Si también hay un final en la relación de la pareja o del grupo, conviene que hagáis juntas esta tarea y que compartáis lo que hayáis escrito. Los grupos también pueden utilizar el final que se proporciona en la página 342.

CAPÍTULO 11

Directrices para grupos
de discusión de PAS

Muchos de vosotros me habéis preguntado si existen grupos de apoyo o de discusión para PAS en vuestra zona, o si yo podría ayudaros a organizar grupos para PAS en vuestra zona. También hay muchos que preguntan si voy a impartir pronto algún curso en vuestra región, porque os gustaría conocer a otras PAS. Pues bien, estas líneas directrices son para ayudaros a conseguir lo que queréis.

¿Por qué grupos?

Tenéis razón en querer conoceros y reuniros, pues tenéis la necesidad de saber cómo es eso de estar con otras personas con temperamentos similares a los vuestros. Necesitáis escuchar los relatos de otras personas como vosotras, convenceros de que no estáis solas y que no sois anormales. Personalmente, no deja de impresionarme lo mucho que significa para las PAS el mero hecho de reunirse y encontrarse. Lo he podido ver cada vez que he firmado libros, con cada conferencia que he dado, con cada curso impartido.

También tenéis razón cuando buscáis reforzar lo aprendido en los libros con clases u otras actividades centradas en lo que nuestro rasgo significa para nosotras, para nuestro pasado, para nuestro futuro, para el propio concepto que tenemos de nosotras mismas. Es un hecho bien conocido en las investigaciones de psicología social que identificarse con un grupo de personas que comparten actitudes positivas similares acerca de sí mismas es la mejor manera de fortalecer el concepto que tienen las personas de sí mismas.

Aunque muchas PAS puede que no se lo pasen bien en la mayoría de los grupos sociales, ni siquiera para trabajar en grupo, lo cierto es que sí disfrutamos en compañía de otras PAS, así como en cualquier grupo que pretenda ayudar a la gente a aprender, crecer, sanar, abordar problemas o explorar el significado de la vida y las profundidades de la psique. Además, en cualquier tipo de grupo podemos percibir normalmente lo que ocurre por debajo de la superficie: quién está disgustado, quién intenta tomar el control, quién haría un buen trabajo si se le animara a ello. Así pues, los grupos son otro lugar en el que apreciar y pulir ese gran activo que es tu sensibilidad. Podemos utilizar especialmente bien nuestra sensibilidad en un grupo donde se fomenten las discusiones sobre lo que ocurre en el ámbito interpersonal. Podemos ayudar al grupo a superar los inevitables puntos ásperos que surgen, en lugar de guardarnos nuestras percepciones para nosotras mismas. En resumen, se nos dan especialmente *bien* los grupos.

Lo que *no* funciona

Tengo miles de horas de experiencia facilitando grupos, de modo que conozco bien lo útiles que son, incluso para una PAS introvertida como yo. También te puedo contar un centenar de historias acerca de lo que ocurre en cualquier grupo en cuya organización yo haya tenido algo que ver, grupos con una potente visión de su potencial y un sentido igual de consciencia.

Cuando comencé a trabajar con PAS, yo animaba a crear grupos de apoyo. Hubo grupos que los crearon otras personas y hubo grupos que los creé yo misma. Pero los grupos que no contaban con facilitadores, al menos para ponerse en marcha, solían durar poco, resultaban decepcionantes y, en ocasiones, hasta enojosos para las personas implicadas. Yo no podía dirigir demasiados grupos, ni tampoco podía cerciorarme de que las cualificaciones de muchos facilitadores eran las adecuadas, de modo que finalmente decidí que, en conciencia, yo no podía animar a la gente a organizar grupos a menos que pudiera proporcionarles el liderazgo que necesitaban. De modo que me tuve que enfrentar a un dilema: yo quería que las PAS hicieran grupos, pero cuando me decían de poner en marcha grupos por su cuenta, yo no podía decirles «¡Adelante, hazlo!».

Los grupos que no funcionaban tenían dos problemas:

1. *No había un filtrado* de miembros, algo que tenía que hacer una profesional cualificada cuando se ponía en marcha el grupo, ni tampoco después, cuando se fueran añadiendo nuevos miembros. Algunas personas, PAS incluidas, no están preparadas para formar parte de un grupo no terapéutico. Puede que estén pasando por una fase de su vida inusualmente tensa, puede que necesiten desarrollar más habilidades sociales o puede incluso que necesiten terapia individual. Pueden tener una intensa necesidad de hablar, de ser queridas, de controlar a los demás, de que les presten atención o, simplemente, que les ayuden, de modo que se unen de forma natural a un grupo de personas que, en teoría, deberían de comprenderlas mejor que las demás. Quizás incluso organicen el grupo, para luego darle forma indebidamente, utilizándolo para cubrir sus propias necesidades. Y al resto de los miembros les resulta difícil detener o cambiar esa dinámica, en la medida en que nadie quiere ser descortés.

   Sé lo que estás pensando ahora. «¿Qué ocurre si yo soy una de esas personas? ¿Qué ocurre si yo también tengo necesidades parecidas de estar en un grupo?». Bueno, ésas son unas buenas preguntas. Si estás muy deprimido, angustiado o no tienes a nadie a quien recurrir en estos momentos, será mejor que no te metas en un grupo no terapéutico. Más bien, yo de ti buscaría ayuda profesional. Pero no pasa nada por meterse en un grupo si piensas que te va a ser útil; de otro modo, ¿para qué molestarse? Sólo es que, una vez en el grupo, vas a tener que equilibrar tus necesidades con las necesidades de los demás, como en una familia. Francamente, los problemas en los grupos surgen normalmente con aquellas personas que no son lo suficientemente conscientes de sí mismas como para preguntarse si deberían unirse a un grupo. Una vez dentro, sus necesidades las ciegan ante el efecto que sus propios comportamientos tienen sobre los demás.

2. *Los grupos se vuelven aburridos o se dividen debido a la falta de intereses comunes.* La mayoría de los grupos de apoyo se centran en torno a un problema o experiencia, como una enfermedad, una adicción, la violencia doméstica o haber sufrido malos tratos en la infancia. Todo el mundo tiene experiencias en común, y las experiencias de cada persona en el grupo son sumamente relevantes para todos los demás. Las PAS tienen un sistema nervioso muy parecido, además del problema de sobrexcitarse con facilidad. Pero en un nivel menos básico, sus personalidades, antecedentes, fortalezas y problemas son enormemente diversos. Y cuando las personas comienzan a sacar sus problemas «al mundo exterior», los temas pueden ser tan distintos que no hay sugerencia, ni siquiera intento de empatía, que acabe de funcionar. La persona que saca fuera su problema puede que obtenga poca ayuda, y el resto del grupo se aburre con temas que no son relevantes para ellos.

A la vista de estos dos problemas, me puse a tomar en consideración soluciones.

Una solución: un grupo de discusión estructurado, limitado en el tiempo y sin líderes

En la psicoterapia grupal y en otros tipos de grupos liderados por profesionales se pueden gestionar estos dos problemas porque la profesional puede filtrar la entrada de miembros y puede hacer que la gente se centre en los temas más significativos. En realidad, los mejores grupos de terapia tienden a centrarse más en lo que sucede en el grupo, entre sus miembros. El «aquí y ahora» es siempre más interesante, temible y didáctico. En cambio, cuando alguien se pasa media hora contándole al resto del grupo un problema que ha tenido en el trabajo o en casa, al grupo siempre le va a resultar difícil saber lo que realmente está pasando. Sin embargo, si el problema tiene lugar dentro del grupo, tenemos toda una sala llena de testigos que pueden reaccionar y hacer sugerencias.

Una variante de este tipo de grupo que no es de terapia, pero que contribuye al desarrollo personal, es el «grupo orientado al proceso». Se trata de grupos que, normalmente, sólo se encuentran en entornos de formación empresarial, o bien en universidades, como cursos en procesos grupales con un componente experiencial o de laboratorio. Si están bien dirigidos, estos grupos son perfectos para las PAS, dado que todo estriba en prestar atención a los sutiles acontecimientos que tienen lugar en el grupo y a tus sentimientos con el fin de aprender de todo ello. En estos grupos también puedes aprender a sacar a la luz tus decepciones, conflictos e irritaciones, que en la mayoría de los grupos se ignoran por cortesía; y así aprendéis a evitar esas situaciones en las que todo el mundo se va disgustado sin haber dicho ni una palabra de lo que realmente estaba sucediendo allí.

Sin embargo, la mayoría de las PAS no quieren ni necesitan gastar dinero en psicoterapia grupal ni en grupos orientados al proceso. Lo único que quieres tú es conocer bien a otras PAS. Así pues, ¿cómo puedo proporcionarte la ayuda profesional que necesitas? Afortunadamente, durante el tiempo en que estuve trabajando con grupos orientados al proceso, en la década de 1960, formé parte de un experimento en el que se intentaba dilucidar si tales grupos podían trabajar sin líderes. Y lo cierto es que podían, siempre y cuando hubiera una estructura cuidadosamente diseñada. La estructura resuelve el primer problema, el filtrado de miembros en el grupo, porque se establece que todo el mundo disponga del mismo tiempo, aunque haya uno o dos miembros en el grupo que no sean conscientes de que están dando prioridad a sus necesidades por encima de las necesidades de los demás. Pero también resuelve el segundo problema, porque el grupo discurre con rapidez, y si un tema no es de interés, el siguiente sí que lo será. Además, en la estructura se puede incluir cierto enfoque en el «aquí y ahora», que normalmente es la parte más interesante.

La experiencia de grupo que ofrezco aquí está muy estructurada. Esto tiene sus desventajas, pues posiblemente te gustaría hablar de algo que sea de tu interés, aunque quizás no interese a los demás. Y en vez de averiguar qué le interesa a cada persona, la propia estructura permite cubrir un poco de todo, con tiempo para cada persona y muy poco tiempo para discutir y decidir lo que debería de hacer el grupo. En cuanto al problema del filtrado, ningún miembro va a ser un problema en la medida en que todos ellos respeten la estructura. Si alguien no lo hace, existe una razón objetiva para decirle a esa persona que se vaya; no se trata de personalidades, sino de respetar lo que todo el mundo acordó en un principio.

El grupo se limita a seis sesiones de dos horas, de tal modo que todo el mundo pueda comprometerse sin dedicar un tiempo excesivo; pero cualquiera puede dejar el grupo al cabo de seis reuniones si algo no acomoda; por ejemplo, si hubiera un miembro «problemático».

El grupo puede continuar reuniéndose después de las seis sesiones si todo va bien; es decir, si van tomando confianza entre sí y todos disfrutan de la compañía de los demás. El colectivo puede crear su propia estructura a partir del manual de actividades, o puede adoptar una estructura más libre, o tomar un poco de ambas. Al final de cada tarea en todos los capítulos habrás visto una nota acerca de qué tareas son apropiadas para grupos (y parejas), incluyendo lo que es o no apropiado según el nivel de confianza (A, B y C) que la gente ha alcanzado dentro del colectivo.

El grupo no tiene líderes, pero en cada sesión se designará a una persona como facilitadora y a otra para que lleve el control de los tiempos. Estas personas prepararán de antemano la estructura de la sesión, se asegurarán de tenerla clara en su mente y mantendrán amablemente al grupo dentro de la estructura. Claro está que el grupo puede decidir en cualquier momento si prefieren contratar a una profesional para que haga de facilitadora.

Se trata más de un grupo de discusión que de un grupo de apoyo, y esto por tres motivos. En primer lugar, porque, dado que muchas de vosotras habéis participado en los cursos que yo misma imparto, que se centran en temas, es probable que os guste más un grupo de discusión centrado en temas que un grupo que siga otras líneas. En segundo lugar, cada persona tiene una idea diferente de lo que debería ser un grupo de apoyo y esto podría generar conflictos desde el mismo principio. Tercero, mi propia idea de un grupo de apoyo es que éste ayuda a la gente a abordar un grave problema que todo el colectivo tiene, y a mí nunca me ha gustado la idea de que ser una PAS sea un problema.

Si quieres organizar un grupo sin utilizar la estructura que ofrezco aquí, adelante. Podría funcionar especialmente bien si conoces al resto de los miembros de antemano, si tenéis intereses comunes (por ejemplo, si sois todos PAS que trabajáis en enfermería o estáis educando a niños o niñas sensibles) y si alguien entre vosotras tiene preparación en la dirección de grupos. De todos modos, podéis utilizar las tareas que se ofrecen en este manual, quizás para comenzar cada sesión o cuando surge un tema para el cual hay aquí una tarea que puede ser útil.

Las directrices

Las instrucciones que estás a punto de leer, y releer en voz alta en la primera reunión del grupo, se han sometido a prueba en grupos sin líderes que se ofrecieron voluntarios para este propósito y se han ajustado posteriormente teniendo en cuenta los comentarios y valoraciones de los miembros. Sin embargo, cada grupo es tan diferente como cada persona dentro de un grupo, por lo que habrá cosas aquí que no funcionen bien en vuestro grupo. Pero os recomiendo encarecidamente que os ajustéis a la estructura, porque una vez os abráis a la posibilidad de cambiarla tendréis que acordar cómo vais a cambiarla, y habrá gente que querrá unos cambios que otras no van a querer. Las democracias precisan de tiempo y suponen una energía considerable en debates y conflictos. Las dictaduras benévolas como ésta, en la cual «mandan las directrices», son más eficientes, aunque no sean tan satisfactorias.

La primera y más importante directriz: Si te sientes inusualmente (para ti) angustiada, deprimida o ansiosa en cualquier momento, mientras planeas formar parte del grupo, mientras estás en el grupo o con posterioridad, re ruego encarecidamente que lo hables con una psicoterapeuta *buena,* sensible y bien recomendada. *Véase* la página 233 sobre sugerencias a la hora de elegir un terapeuta.

La organización del grupo

Quién lo organiza. Alguien tiene que poner el balón en movimiento, y dado que tú estás leyendo esto, quizás podrías ser tú. O quizás puedas compartir la responsabilidad con otra PAS, o interesar a alguna otra persona en el proyecto. A partir de aquí hablaré de un organizador. Esto no significa que tengas que ser tú, pero ha de ser alguien, de modo que asumiré que eres tú para facilitar las cosas.

A quién se invita. En cierta ocasión le pregunté a un facilitador profesional de grupos a quien respeto muchísimo qué era lo que tenía por más seguro en relación con los grupos, y me dijo sin dudarlo: «Que una persona difícil puede arruinar cualquier grupo. Tienes que hacer un filtrado de gente que pueda constituir un problema y, si se te pasa una persona así, tienes que sacarla del grupo. Pero esto, claro está, va a afectar profundamente a todo el colectivo, por lo que lo más importante es filtrar bien desde un principio».

A la hora de organizar un grupo, tu primer impulso será invitar a alguien que tú quieres que vaya. Nos gusta pensar que todo el mundo es bueno y que todas las PAS son maravillosas, y ambas cosas son ciertas en el fondo. Pero, como ya he dicho, hay personas, sean PAS o no, que no están preparadas para una experiencia grupal, y muchas veces son estas personas las que más anhelan estar en un grupo.

Una solución a esto es que, como organizadora, formes el grupo de una manera más bien discreta, preguntando sólo a aquellas personas a quienes conozcas bien y pidiéndoles que inviten a otras personas a quienes conozcan bien. La desventaja de todo esto es que no va a haber demasiadas personas nuevas a quien conocer, y quizás no sepas de suficientes PAS como para poner en marcha un grupo de esta manera.

También puedes invitar a la gente abiertamente y permitir que todo el mundo se sume; por ejemplo, mediante un anuncio en el boletín de las PAS, *Comfort Zone,* o en el periódico local de tu zona. Después, cuando establezcas la estructura, asegúrate de limitar la influencia de cualquier persona, dejando muy claro que todo aquel que no quiera seguir la estructura deberá abandonar el grupo. El riesgo aquí es que si resulta haber un «miembro problemático», el grupo, que sin esa persona hubiera estado trabajando durante seis semanas, puede decidir colectivamente no continuar para no herir los sentimientos de la persona al proseguir las sesiones sin ella.

Cuando invites a la gente, asegúrate de decirles de antemano que el grupo estará altamente estructurado y que el colectivo tendrá que adherirse a esa estructura durante las seis primeras semanas. Diles también qué tienen que llevar (este manual y dos lápices del número 2) y que se lean este capítulo antes de realizar la primera sesión.

Cuántos miembros. Yo recomiendo seis, pero comienza con siete, no sea que, a pesar de todos tus esfuerzos, alguien no pueda ir a una reunión o abandone el grupo. Con cada persona que añadas al grupo se va a prolongar el tiempo necesario para la realización de las actividades en, más o menos, cinco minutos por persona. Y no vas a querer que la gente se aburra o se canse, de modo que poca gente puede significar menos fatiga y, ciertamente, más tiempo para cada persona.

Si el grupo se reduce hasta tres o cuatro personas, no te preocupes. Ni siquiera si al final os quedáis sólo dos personas, pues podéis hacer reuniones por parejas siguiendo las sugerencias de este libro. Pero es cierto que habrá cierta sensación de decepción con la pérdida de miembros en el grupo, de ahí que sea importante el compromiso previo.

Dile a todo el mundo que es *esencial* que se comprometan a ir a las seis reuniones, que no pueden probar con una sesión para ver qué tal les va ni pueden comenzar en la segunda o la tercera sesión. La confianza entre la gente sólo se desarrolla cuando los miembros del grupo son constantes. De modo que es sumamente importante que todo el mundo *prometa* que va a acudir a la primera reunión.

Todos los que han intentado organizar grupos de PAS han tenido la misma experiencia: las PAS piensan que quieren acudir a la reunión, pero a medida que se aproxima la fecha comienzan a dudar. Existen buenas razones psicológicas para esto, razones que puedes imaginar, de modo que no voy a abundar más en ello. Se trata de algo normal, pero es muy frustrante para el organizador. Lo único que funciona con seguridad es hacer un depósito, pero claro está que no vas a cobrar por un grupo así. Una solución puede ser que el organizador pida un pequeño depósito previamente, que será reembolsado sólo si la persona completa las seis sesiones. De otro modo, ese dinero se lo queda el organizador que, al fin y al cabo, ha dedicado mucho tiempo de manera voluntaria. Y puedes explicarle a la gente el motivo de esa medida de esta manera: «La experiencia demuestra que las PAS queremos de verdad ir a las reuniones, pero que en el último momento nos volvemos atrás, a menos que hayamos establecido un pequeño compromiso económico».

El tiempo y el lugar. Cada sesión debe durar dos horas, con un descanso de quince minutos. Os imagino reuniéndoos una vez a la semana, aunque podéis utilizar también la versión intensiva de dos sesiones semanales, con lo que se terminará, por tanto, en tres semanas. Si lo hacéis durante un fin de semana, no hagáis más de dos sesiones, pues una PAS se puede quemar si nos excedemos. Las reuniones a última hora de la tarde son lo más lógico, pero las PAS que trabajan regularmente durante la semana van a necesitar descansar mucho y no excitarse con tales reuniones, por lo que quizás la mañana del sábado o del domingo puedan ser momentos más adecuados para reunirse.

El lugar de reunión puede rotar entre los hogares de los miembros del grupo, o quizás alguien tenga un buen local en una buena situación para las seis sesiones. El lugar debería ser privado, sin interrupciones de familiares, compañeros de vivienda ni mascotas. De hecho, lo mejor es que no haya nadie más en la casa (a menos que la casa sea muy grande y la sala de reunión esté apartada). Lo importante es que nadie tenga la sensación de que se les puede escuchar fuera de la sala.

El lugar debería ser confortable y debería resultar de fácil acceso para todo el mundo, con estacionamiento disponible para los automóviles. A las PAS no les suelen gustar las luces fluorescentes. Convendrá que le preguntes a la gente que vaya a venir si tienen alguna alergia (por ejemplo, a los gatos) o si son sensibles a algo en concreto, como los perfumes. La persona que reciba al grupo esa semana (no necesariamente el facilitador o la organizadora, por cierto) puede ofrecer agua y quizás un té, pero yo creo que es mejor no ofrecer comida. «Recibir al grupo» no debe convertirse en una carga.

Preparación personal y confidencialidad

Dando por hecho que el grupo ya está organizado y que vas a ir pronto a la primera reunión, tu principal responsabilidad consiste en leerte el resto de estas directrices y de las instrucciones para, al menos, la primera sesión, de tal modo que tengas la certeza de que quieres comprometerte con el grupo.

Una parte del compromiso consiste en acordar con el resto del grupo que todo lo que se hable en las reuniones se va a conservar en privado. Si lo piensas, te darás cuenta de que esto es muy importante, tanto para ti como para los demás. Si quieres hablar del grupo a personas que no están en él, puedes hacer comentarios generales o contar tu propia experiencia, pero no debes contar nada que haya podido decir otra persona del grupo, ni siquiera a tu pareja. Y dado que cada miembro del grupo se compromete con esto, puedes sentirte segura al saber que los demás también están leyendo esto y comprometiéndose igual que tú.

Puntualidad y llamadas

Es muy importante que todo el mundo sea puntual y que la reunión se inicie y termine puntualmente. Los cinco minutos que pueda llegar tarde una persona se tienen que multiplicar por todos los miembros; si son seis, y uno llega cinco minutos tarde, eso significa que una persona ha desperdiciado veinticinco minutos del tiempo de otras personas. Así pues, la puntualidad es una forma más de evitar conflictos o resentimientos sutiles que, finalmente, terminarán saliendo a la luz. La manera más segura de hacer que la gente sea puntual es comenzando puntualmente, esté quien esté. Éste es uno de los motivos por los cuales comienzo las sesiones con lo que cada persona en el grupo ha escrito en su diario, pues es algo con lo que se puede comenzar sin la presencia de todos los miembros. Si ocurre algún imprevisto y no puedes llegar a la hora o ni siquiera puedes ir a la reunión, llama por teléfono y avisa, pues puede resultar molesta, o incluso angustiosa, la ausencia de alguien del grupo y no saber por qué.

La estructura es vuestra amiga, de modo que sedle leales

El éxito del grupo dependerá de que os aferréis a la estructura, pues os evitará multitud de problemas. Pero habrá veces que resultará molesta y precisará de la determinación de todos los miembros. Todos los grupos pasan *siempre* por una fase en la que se ataca al líder, y un grupo sin líder lo que hace es atacar la estructura. Pero la estructura no puede defenderse sola, de manera que todos y cada uno de vosotros tendréis que defenderla.

El secreto para mantener la estructura estriba en que el facilitador y la cronometradora trabajen juntos, de tal manera que no sea siempre la misma persona la que lleve al grupo de vuelta a la tarea. Estas dos personas van a actuar como conciencia del colectivo durante esa sesión. Los papeles rotan, para que todo el mundo, o casi todo, ejerza ese papel durante el período de seis semanas. De ese modo, no será siempre una persona la que diga «se acabó el tiempo».

Las responsabilidades de la facilitadora, del cronometrador, de la anfitriona y de los miembros

Una vez se haya organizado el grupo, el propio organizador puede ser el facilitador de la primera sesión, pero más allá de esto no debería tener ninguna otra responsabilidad continuada. El grupo deberá encargarse de todo y distribuir las siguientes tareas.

La *facilitadora* debe leer las instrucciones de la sesión que va a dirigir antes del comienzo y debe estar preparada para aclarar cualquier duda que pueda surgir en el colectivo. Si hay algo que no esté claro, tendrá que resolverlo por teléfono con el cronometrador antes de la sesión, para que el grupo no tenga que hacerlo. Durante la sesión, el facilitador lidera al grupo en las tareas leyendo las instrucciones, si son breves, o explicándolas y dirigiendo al grupo a través de ellas. Al final de la sesión, el facilitador propondrá al grupo la elección de una cronometradora y una facilitadora nuevas para la siguiente sesión extrayendo de una bolsa las papeletas con dos nombres, y volviendo a extraer papeletas si alguna de las seleccionadas ya hubiera hecho ese papel. (Si, hacia el final de las sesiones, hubiera alguien que ya hubiera hecho ambos papeles, no hace falta poner su nombre en la bolsa).

El *cronometrador* es el que, junto con la facilitadora, hace que el grupo comience la sesión puntualmente. El cronometrador controla el tiempo de las tareas y el tiempo que puede hablar cada persona durante una tarea (si se divide el tiempo entre los miembros) y anuncia el término del descanso de quince minutos y el final de la sesión. A la gente normalmente le gusta que le den una advertencia (treinta segundos antes del fin de una intervención de menos de cinco minutos de duración). Antes de comenzar a tomar el tiempo, el cronometrador puede preguntarle a la persona si quiere que le avise treinta segundos antes o no. Conviene utilizar un cronómetro silencioso para llevar el tiempo de las sesiones.

Si el grupo se reúne en la casa de alguien, el *anfitrión* deberá procurar que no haya interrupciones. Eso significa apagar el teléfono y atender a la puerta, pidiendo que vuelvan más tarde todas aquellas personas que no sean miembros. Deberá asegurarse de que todo el mundo tiene acceso a un vaso de agua y sabe dónde se encuentra el baño. Ofrecer cualquier otra cosa es opcional, pero cuanto más sencillo sea todo mejor; quizás puede ofrecer un té o un jugo de frutas.

Los *miembros* también tienen sus responsabilidades: estar a la hora, ayudar al facilitador y la cronometradora a mantener la estructura (no olvides que el debate sobre la cosa más sencilla puede tener un gran coste en cuanto a la armonía del grupo) y cuidar de las necesidades emocionales de los demás. Cualquiera en el grupo puede detectar los sentimientos de malestar a su alrededor y atender a cualquiera de ellos que parezca angustiado, durante la reunión o incluso después de la reunión. Sin embargo, cada persona tiene que ser responsable de sí misma, porque ninguna de vosotras leéis la mente ni sois terapeutas profesionales, y nadie quiere ni debe tomar la responsabilidad de la vida emocional de otra persona en el grupo. A medida que desarrolles tu habilidad en el proceso grupal, tú, como miembro del colectivo, quizás puedas hacer observaciones de lo que pasa a tu alrededor en el grupo, sacando a la luz aquellas cosas de las que los demás quizás sean vagamente conscientes, pero que no han comentado. Por ejemplo, «¿No os parece que estamos todos un poquito tensos? Quizás nos venga bien sentarnos en silencio durante un minuto». Si el grupo no asume tu observación, no te sientas mal y no presiones. Eso no quiere decir que estés equivocado. Significa simplemente que el colectivo no puede actuar en estos momentos según tu comentario.

Permiso para no hablar

Cada reunión debe estar estructurada de tal modo que todo el mundo tenga la oportunidad de hablar. Pero ¿qué pasa si tú no quieres decir nada? Pues *no digas nada.* Simplemente, di, «Yo voy a pasar por el momento». Es muy positivo para una PAS sentirse libre de hacer cosas como ésta. De hecho, todo el grupo debería felicitar a aquella persona que decida no hablar, pues el grupo debe ser un lugar seguro y confortable para toda PAS. Todos los participantes pueden sentir empatía cuando la sobreexcitación pone difícil a alguien decir algo.

Por otra parte, no te unas a un grupo si tu intención es no decir nunca nada, pues de ese modo vas a generar mucha tensión, no sólo en el grupo, sino también en ti misma. Las personas de un grupo *siempre* se preocupan cuando uno de sus miembros guarda silencio; ¿se sentirá herido, estará enojado, nos estará juzgando, estará pensando en abandonar? Al final, el grupo terminará centrándose en ti, que es lo último que deseas.

Si una persona pasa de hablar en su turno, el grupo deberá volver a esa persona más tarde, y ésta debería intentar hablar, por poco que sea, para explicar por qué no ha podido hablar en su momento. Sin embargo, no conviene que el grupo se demore demasiado sobre esta persona y su posible problema; más bien, deberán intentar que se sienta cómoda y segura.

El tiempo que se dedica a cada miembro o, de nuevo, la estructura es nuestra mejor amiga

El peor problema en cualquier grupo es dedicar demasiado tiempo a uno de sus miembros. En el peor de los casos, terminará convirtiéndose en un chivo expiatorio. Pero es que, incluso en el mejor de los casos, no dejará de ser un asunto complicado. Las PAS se pueden sobreexcitar rápidamente cuando tienen la atención de todo el grupo y dejan de procesar lo que se está diciendo. El resto de los miembros, al estar menos excitados, quizás no se den cuenta de esto. Posteriormente, la persona puede recordar el momento, el haber recibido tanta atención, como una experiencia desagradable y abrumadora.

Es cierto que un grupo no va a poder ayudar a uno de sus miembros, y ciertamente va a ser incapaz de generarle un cambio profundo sin dedicar cierto tiempo a esa persona. *Pero el objetivo del grupo no es el cambio profundo,* al menos durante estas seis sesiones. No sois un grupo de terapia, ni siquiera un grupo de apoyo. Estáis ahí para discutir, para aprender unas de otras, para ayudarnos hasta cierto punto. Pero no podéis ni debéis intentar resolveros vuestros problemas psicológicos profundos unas a otras.

Cuando un grupo se centra en una persona con el propósito consciente de ser útiles, otras muchas cosas pueden estar ocurriendo *inconscientemente.* Por ejemplo, la persona que recibe la atención puede estar frustrando al resto del grupo al plantearles un problema imposible de resolver, o puede que simplemente esté hambrienta de atención y necesite ser el centro de la reunión. También puede ser que las personas del grupo estén compitiendo por la atención, el respeto o el afecto de ese miembro (o de un tercer miembro). Esto puede llevar a una competición inconsciente sobre quién es el mejor a la hora de prestar ayuda o quién es la más entendida. Por último, el grupo quizás se esté centrando en una persona con el fin de evitar otros asuntos. En un grupo con una terapeuta o un facilitador profesional cualificado se reconocerían y se trabajarían estas agendas inconscientes para que el grupo pudiera centrarse con éxito en los miembros individuales, pero en tu grupo no hay un facilitador así.

El hecho de querer abandonar la estructura cuando alguien se halla «metido en algo gordo» resulta ciertamente humano y compasivo. Puede parecer muy duro y extremadamente frío decir «hay que pasar a la siguiente persona». Pero si el grupo es coherente en mantener los tiempos, todo el mundo lo comprenderá, hasta la persona que se encuentra mal, que puede ser que ya no quiera más atención ni quiera beneficiarse de tal atención en estos momentos. Y si el grupo no es coherente, las personas que no reciban un tiempo extra se van a sentir tratadas injustamente. ¿Te das cuenta de cómo se complica el problema? En estos momentos, todos los miembros del grupo deben estar especialmente comprometidos con la estructura. Pero, sobre todo, la facilitadora y el cronometrador de la sesión tendrán que apoyarse mutuamente y decir algo como «¡Vaya! Nos gustaría seguir contigo y con tu problema ahora y estamos agradecidos de que nos hayas contado todo esto. Pero Elaine nos vigila, y tú sabes lo que dice ella acerca de aferrarse a la estructura».

Sinceridad

Cuanto más sincera seas con tu grupo, más saldréis ganando todas. Y esto es especialmente cierto en lo relativo a tus reacciones con las demás y con el grupo en general. Pero la sinceridad siempre tiene sombras. Tú quieres decir la verdad, pero quieres «decir la verdad de manera dulce». Las cosas se pueden decir de forma amable y considerada, o se pueden decir de una forma dura y desconsiderada. No hace falta que ahonde sobre esto hablando con una PAS. Sin embargo, sí tengo que recordar a todas las PAS que no compartan con los demás asuntos personales si no se sienten seguras para hacerlo. A veces, intentamos complacer a los demás con revelaciones así, o simplemente estamos deseando un momento de intimidad, pero es mejor tomárselo con calma.

Aclarar el aire

Todo el mundo se une a un grupo albergando grandes esperanzas, como cuando inicia una relación, pero lo cierto es que la realidad es más terrenal. Ocurren cosas que no te gustan y hay también personalidades con las que no congenias precisamente. Y cuando los malos sentimientos acerca del grupo superen a los buenos sentimientos, vas a querer abandonar el grupo. Entonces, el colectivo puede hacer dos cosas para evitar su propio fallecimiento: intentar que todo el mundo tenga tan buenos sentimientos como sea posible, por una parte, y airear y discutir los malos sentimientos para que puedan ser resueltos o minimizados. En ocasiones, a través de la discusión, los malos sentimientos pueden convertirse incluso en buenos sentimientos.

El problema con el hecho de decir algo negativo es que te va a saber mal herir los sentimientos de otra persona, que te va a molestar recibir las críticas de ésta (¿acaso hay alguien por encima de toda crítica?) y que quizás nadie te dé la razón. Así pues, hace falta coraje. Pero cuanto más des ejemplo, más personas podrán hacerlo también.

Será muy útil que, si alguien airea alguna decepción o resentimiento, se le reconozca y se le valore por el mero hecho de hacerlo, sean cuales sean los méritos de la cuestión. También conviene que se fomente la actitud de que los conflictos entre agendas y personalidades son inevitables en cualquier grupo, que tales conflictos suelen ser los mejores maestros y que lo importante es cómo los resolvemos y los trabajamos. Pero, por encima de todo, resulta valioso cuando eres tú quien tiene la queja, pero admites que quizás guarde relación con tus propios problemas (complejos), intentando descubrir cómo tu reacción aquí, hoy, quizás esté relacionada con tu vida familiar o con otro grupo de experiencias. Estas cosas *casi siempre* están estrechamente relacionadas. El grupo de seis semanas no es el lugar donde ocuparse de esto, pero puedes trabajar con ello en privado. (La excepción a esta norma de que es bueno aceptar con rapidez que el problema es tuyo es cuando hay un miembro problemático con el cual varias personas más tienen problemas. Aun en este caso, en parte tú estás reaccionando ante esa persona de la manera habitual en ti, pero también hay un problema más allá de ti y de la otra persona, y las demás personas con el mismo problema necesitan tu apoyo).

Al comienzo de las sesiones cuarta y sexta existe un tiempo estructurado para «Aclarar el aire».

Llevar un cuaderno de bitácora

Un grupo sin líder que conocí llevaba un cuaderno de bitácora en el que los miembros escribían mensajes para el grupo (sentimientos espontáneos, noticias, quejas, cualquier cosa). Todas leían el cuaderno mientras esperaban el comienzo de la sesión o durante el tiempo de descanso. Lo del cuaderno o diario es opcional, pero quizás sea una idea que os apetezca incluir en vuestro grupo. Todo método de comunicación parece redundar en beneficio del grupo.

Reunirse fuera del grupo

A medida que os vayáis conociendo, puede que algunos de vosotros optéis por veros o reuniros fuera del grupo (dos personas, tres, cuatro);

algo que es perfectamente normal, en la medida en que quizás os hayáis unido al colectivo para conocer gente. Pero tened en cuenta los sentimientos de los demás miembros del grupo. Recordad que una PAS puede percibir tales cosas, aun cuando no se diga nada. Existe una nueva alianza, cosas que se comparten y que los demás no han escuchado, y puede emerger cierta sensación de que te dejan de lado. Tenedlo en cuenta.

Rituales

Estad atentos a cualquier ritual espontáneo que pueda generarse y disfrutad de él. Quizás os guste a todos tomar determinado té, y cada anfitrión puede tener una caja de ese té preparada para agasajaros en la reunión. Podéis desarrollar conscientemente rituales si se os da bien. Por ejemplo, quizás podéis encender salvia o incienso, si no le molesta a nadie, y purificar la sala antes de comenzar; o bien utilizar algún ritual para cerrar y abrir el círculo, al comienzo y al final de la reunión (*véase* la página 283 para más información sobre rituales). Pero no hagáis nada de todo esto si para *alguien* resulta *mínimamente* violento o incómodo. La armonía del grupo durante estas seis sesiones es más importante que cualquier experiencia ritual.

La toma de decisiones en el grupo

Habrá algunas ocasiones en que el grupo tenga que tomar una decisión, por ejemplo, sobre dónde reunirse. Si el grupo quiere tomar una decisión democrática, lo primero que tendrá que hacer es decidir si se requiere que todo el mundo esté de acuerdo o simplemente la mayoría. Puede hacer falta un acuerdo unánime si alguien tiene sentimientos muy intensos sobre el tema, porque forzar a quienes voten que no a seguir al resto del grupo sería motivo de gran malestar. Las personas son más importantes que cualquier procedimiento, «floritura» o buena idea.

Por ejemplo, supón que alguien quiere hacer una fotografía del grupo («¡Qué gran idea!»). Pero que yo, como miembro, tuviera la intensa sensación de que alguien no quiere formar parte de esa foto (quizás por razones de confidencialidad). Esa persona debería poder vetar la idea, y no sólo no estando en la foto (lo cual haría que la persona se sintiera violenta). Así pues, si yo estuviera en el grupo, para hacer esa foto haría falta una decisión unánime. Pero si el problema fuera si nos reunimos en casa de John esta semana y en la de Ann la próxima semana, o si nos reunimos en casa de Ann esta semana y en casa de John la semana que viene, y nadie se decide ni tampoco hay nadie que le dé demasiada importancia al asunto, un sencillo voto mayoritario puede solventar el problema rápidamente.

Toda votación debería seguir este procedimiento: todos los miembros toman un trozo de papel idéntico de un bloc de notas y utilizan el mismo tipo de lápiz, un n.º 2. Especificad bien lo que significa votar sí y votar no. A continuación, cada una escribe su voto y pone el papel (plegado sólo una vez, para que todos los papeles parezcan iguales) en la bolsa, que debe estar siempre presente. El facilitador deberá contar los papeles. Si el voto debe ser unánime, un voto de NO termina con el conteo, y el facilitador deberá de dejar la lectura de votos en ese mismo instante. De este modo, nadie sabe si hubo sólo un NO o hubo más, con lo cual se hace más difícil suponer la identidad de quien votara en contra.

Las fases de un grupo

Todos los grupos resuelven determinados problemas representando determinadas fases de la vida del grupo, a veces repitiéndolas si es necesario. La mayor parte de este proceso es inconsciente, aunque en el momento te percatas de determinadas situaciones, puedes hacerlas conscientes e indicar cuándo alguien pudiera estar influyendo en lo que ocurre en el grupo. Aunque estas fases serán *mucho* menos evidentes en vuestro caso, debido a la estricta estructura del grupo, voy a describirlas de todos modos porque se harán visibles hasta cierto punto, y pueden hacerse más evidentes si seguís con el grupo más allá de las seis semanas o si intentáis hacer algo sin demasiada estructura.

La primera fase es aquélla en la que os conocéis unas a otras las personas que conformáis el grupo y establecéis las normas. ¿No pasa nada por llegar tarde? (Espero que no). ¿Se permitirán las interrupciones?

¿Se permitirán las expresiones de malestar o se silenciarán por el bien de la armonía?

La siguiente fase implica el proceso de asegurarse de que todos están abordo. Se busca la opinión de los más silenciosos, para asegurarse de que también están comprometidos y satisfechos con el grupo. En torno a estos momentos comienza a darse cierta competición entre los tipos competitivos, y aquellas personas a las que no les gustan estas cosas quizás den a conocer sus valores. Quieren que el grupo esté unido y no haya peleas. Todo esto va conformando la personalidad del colectivo, pues los grupos desarrollan sus propias personalidades y sus problemas como consecuencia de ello. Por ejemplo, a los grupos de estilo competitivo les resulta difícil estar unidos, mientras que los grupos a los que les gusta estar unidos tienen problemas para discutir sus conflictos.

Todas estas fases guardan relación con cuán seguro es el grupo *para mí,* y pronto, en la mayoría de los grupos (menos en aquéllos tan estructurados como el vuestro), aparece el tema del líder y emergen los problemas de cada persona con las figuras de autoridad. Normalmente, habrá quien quiera poner a prueba la fortaleza del líder o su bondad y su papel en el grupo. Habrá quien necesite expresar su insatisfacción con el liderazgo. Algunas idealizarán a la líder. En el caso de este grupo, lo que vais a ver principalmente son reacciones ante la estructura, en tanto en cuanto no hay líderes.

Una fase posterior es la de «emparejamiento», cuando dos personas estrechan lazos o intiman y el resto del grupo es testigo de este dulce ideal. Aunque alguna persona puede sentir que se la deja de lado, el grupo en su conjunto suele disfrutar vicariamente, por observación, de esos momentos de inspiradora e idealizada intimidad. Pero cuidado con que estos interludios no se conviertan en una forma de que el grupo evite hacer lo que tiene que hacer, que es convertirse en una unidad cohesiva y útil.

Todas estas fases y problemas constituyen sólo los preparativos, y a veces las distracciones, para la tarea del grupo, que en vuestro caso es aprender todo lo que podáis sobre vosotras mismas llevando a cabo las tareas de las sesiones. Una vez más, en tu grupo no verás tanto todo esto debido a que está estructurado y no se prolonga en el tiempo. Pero si el grupo sigue adelante, percibiréis más estas etapas.

Un punto final que puede resultarte interesante, quizás para ti personalmente en la medida en que te observes dentro del grupo, es que la mayor parte de las esperanzas, los temores y las decepciones de las personas en relación con el grupo en su conjunto reflejarán algo de la relación que mantuvieron con su madre y que sus problemas referentes al liderazgo normalmente estarán reflejando algo que ocurrió en su relación con el padre.

De modo que adelante. Espero que estéis tan entusiasmados con este proyecto de grupo como lo estoy yo al escribir estas palabras, imaginándoos en vuestros inicios.

Qué llevar a cada sesión

Cada miembro: Este manual, dos lápices del n.º 2 afilados.
La organizadora (o ved que alguien lleve):

1. Una pizarra pequeña, una libreta grande o una «pizarra blanca» (algo de 45 x 60 cm servirá) y cuantos elementos acompañantes sean necesarios. Esto os hará falta en la segunda, la tercera y la cuarta sesión, pero *no* en la primera, por lo que en esta sesión podéis preguntar si alguien tiene una pizarra o podéis reunir dinero para comprar una.
2. Libretas pequeñas (de 5,2 x 7,4 cm o 7,4 x 10,5 cm) de papel idéntico, una para cada miembro del grupo.
3. Algunos lápices extra del n.º 2 afilados.
4. Una bolsa de papel.
5. Sólo para la primera reunión, cinta adhesiva transparente y un marcador, para hacer etiquetas con el nombre de cada una. O bien llevar etiquetas con el nombre.
6. Algo para que lleve el tiempo el primer cronometrador; un cronómetro o el cronómetro de un móvil con una alarma suave es lo mejor.

Primera sesión: Conociéndose unos a otros

El objetivo de esta sesión es el de que os conozcáis entre vosotros para, posteriormente, averiguar cómo te ven a ti los demás, lo cual supone una rara oportunidad. Y durante este proceso de retroalimentación os podréis conocer mutuamente mucho mejor.

Primera mitad (55 minutos)

Puesta en marcha (10 minutos)
1. Comenzad puntualmente, a la hora acordada.
2. Haced etiquetas con los nombres, con papel del cuaderno, y pegáoslas en el pecho. Utilizad marcadores para escribir los nombres y haced letras *grandes*. Sólo el nombre, no los apellidos.
3. Si todo el mundo está presente, el anfitrión deberá indicar a los demás dónde está el baño y dónde tienen los vasos de agua y la jarra. Si no, esperad hasta que hayan llegado todas y pasad al punto 4.
4. Extraed nombres de la bolsa para decidir quién va a ser la cronometradora (el organizador puede ser el primer facilitador, o bien se extrae también otro nombre para cumplir ese papel).

Presentaciones (15 minutos)
Si son seis los miembros del grupo, 2 minutos por persona equivale a 12 minutos, a lo que hay que sumar el tiempo de introducción. Dad más o menos tiempo a cada persona según el número de personas en el grupo, de modo que esta tarea se prolongue alrededor de 15 minutos, sea cual sea el número de miembros.

Propósito: Conoceros unas a otras.

Método: Cada persona debe decir su nombre y cualquier otra cosa que quiera que los demás sepan acerca de ella. (En la siguiente sesión cada persona hablará extensamente de su trabajo, de modo que en esta ocasión bastará con que digáis a qué os dedicáis). En esta sesión podéis hablar, por ejemplo, de cómo os sentís siendo una PAS y qué expectativas tenéis con el grupo. Aseguraos de mencionar si ya conocéis a alguien en el grupo y qué tipo de relación mantenéis.

Lectura de las directrices (25 minutos)

Propósito: Refrescaros la memoria acerca de las directrices, para experimentarlas *en* el grupo y tener la seguridad de que todas las conocéis.

Método: La facilitadora debe hacer que el grupo lea las directrices en voz alta, por turnos, en círculo, y cada persona debe leer un párrafo, comenzando por «Preparación personal y confidencialidad», en la página 308, y terminando antes de «Las fases de un grupo», en la página 317. Es preferible no discutir ni comentar las instrucciones mientras las vais leyendo, pues entonces se os hará muy largo. Simplemente, leedlas en voz alta y clara, a un ritmo razonable, para que todo el mundo pueda captar el significado. Esta lectura en voz alta puede parecer un poco absurda, pero consideradla como un ritual de compromiso con el grupo y como una forma fácil de pasar el tiempo mientras os acostumbráis unos a otros. Por otra parte, al oír las instrucciones en voz alta, os sorprenderéis de cuántas cosas nuevas descubrís de las que no os habíais percatado cuando las leísteis a solas.

Quehaceres domésticos (5 minutos)

Decidid dónde os vais a reunir la próxima vez, así como cualquier otro tema práctico. Aquellas personas que lo deseen pueden intercambiar sus números de teléfono.

Descanso (15 minutos)

Habrá quienes deseen charlar y quienes quieran recluirse en su interior. Ambas son admisibles. Pero que nadie se vaya y no vuelva sin decírselo a alguien, pues podría generar una gran angustia en los demás.

Segunda mitad (50 minutos)

Las primeras impresiones (alrededor de 42 minutos)

Para seis personas, esto significa 12 minutos completos escribiendo tus impresiones acerca de las otras cinco personas; a continuación, cada miembro recibe retroalimentación de los otros cinco miembros del grupo durante un minuto cada uno, lo cual suma 30 minutos; de ahí los 42 minutos en total. Con un grupo más pequeño, dedicad sólo 10 minutos para escribir y más tiempo para la retroalimentación de cada persona. Si el grupo es más grande, habrá que prolongar la tarea hasta más allá de los 42 minutos; eso quiere decir que deberéis recortar los tiempos asignados a cada persona en la tarea de «Introducción».

Propósito: Recibir retroalimentación, información sobre cómo te ven los demás. Los comentarios de aquellas personas que no te conocían pueden ser especialmente sorprendentes. Pero aunque conozcas a alguna de las personas del grupo, quizás nunca te haya dicho cómo te percibe. Ésta puede ser una experiencia potente, pero si crees que esta actividad no es para ti, «pasa» de *recibir* esa retroalimentación.

Pasos:

1. En alrededor de 12 minutos, anota tus tres «primeras impresiones» de cada persona del grupo, *utilizando una hoja de papel diferente para cada una.* (De este modo, cuando llegue el momento de dar retroalimentación a una persona en concreto, no tendrás más que sacar la hoja de esa persona, dado que cada una de vosotras va a escribir de los demás en un orden diferente). Si percibes algo sobre el modo en que la persona maneja su sensibilidad, no te olvides de anotarlo.

   No te preocupes por el hecho de que te pida que hagas un juicio previo de las demás personas, pues todo el mundo lo hace hasta cierto punto, y todo el mundo se puede beneficiar del hecho de saber cuáles son las primeras impresiones que generan en los demás. Y no todo lo que cuentes en tus anotaciones tiene por qué ser «agradable» si, por ejemplo, percibes algo en una persona que te hace sentir incómoda. Simplemente, asegúrate de decirlo de manera diplomática, amable, y dejando claro que es tu reacción personal, y que *no* pretendes decir cómo es la persona en realidad. Tú no tienes ni idea de eso. Por ejemplo, puedes escribir, «De pronto me preocupa pensar que quizás yo no te caiga bien», *en vez de* decir «Pareces ser una de esas personas que juzga a los demás».

2. La facilitadora hará que cada persona en el grupo (incluida ella misma), por turnos, reciba la retroalimentación de cada una de las demás. La persona que recibe los comentarios deberá escuchar en si-

lencio y simplemente decir «gracias» al final. Todos esos comentarios serán material sobre el cual reflexionar más tarde.

No olvides que lo que vas a escuchar no es «cierto» para ti, sino que es solamente la primera impresión que tú generas en personas que no te conocen. Es muy posible que alguno haga proyecciones sobre ti al buscar aquellas características que vigilan más en los demás o qué cosas les importan más de ellos. (Técnicamente, proyectamos aquellas cosas que negamos en nosotras mismas. Yo quizás diga: «Estás enfadado», cuando soy yo la que está enfadada, pero me niego a aceptarlo o ni siquiera soy consciente de ello. O quizás podría decir, «Parece que te has tomado tu tiempo para vestirte hoy», cuando el modo en que yo visto es un problema para mí que no reconozco. Quizás no me gustan las personas que cuidan de su aspecto e intento señalar que yo no soy de esa manera. Es uno de mis complejos, de los que se habla en las páginas 150, 220 y 244). Sin embargo, toda proyección precisa de cierto «gancho» o aspecto exterior que la haga parecer válida, aunque no lo sea. Así pues, la primera impresión de alguien no deja de ser retroalimentación sobre el tipo de proyecciones que invocas.

También vas a tener la oportunidad de aprender algo a partir de la retroalimentación que tú les das a los demás: qué características te llaman más la atención de los demás y cuáles no, y quizás estés viendo más cosas de las que hay en realidad. Dicho de otro modo, ¿qué proyectas tú?

Para aquellos de vosotros que ya os conocíais de antemano, la retroalimentación que deis debería ser sobre cómo veis al otro en esta sesión, casi como si os acabarais de conocer. Y tened cuidado de no revelar algo de esa persona conocida que quizás no quiera que los demás sepan, nada de «Me doy cuenta de que esta tarde estás un poco triste, pero sé que es debido a tu divorcio».

Escribir en el diario (5 minutos)

Éste debe de ser un tiempo de silencio. Utiliza el espacio de abajo para tomar nota de tus reacciones al dar y recibir retroalimentación, o bien de tus esperanzas y temores respecto al grupo y cómo está yendo la cosa por el momento. Al inicio de la siguiente sesión tendrás la oportunidad de compartir con el grupo aquello que desees de lo que hayas escrito.

_____

_____

_____

_____

_____

_____

_____

_____

_____

_____

_____

_____

_____

_____

Finalización (3 minutos)

Extraed nombres de la bolsa para que hagan el papel de facilitador y cronometradora en la siguiente sesión; dad las gracias al cronometrador, al facilitador y la anfitriona de esta sesión, os despedís y acabáis puntualmente (aun cuando eso signifique tener menos tiempo para escribir en el diario).

Segunda sesión: El difícil problema de la vocación

Esta sesión tiene por objetivo explorar los problemas relacionados con la vocación (qué crees que viniste a hacer al mundo) y el trabajo (cómo te sustentas, cómo te desenvuelves en tu puesto de trabajo). La vocación y el trabajo conllevan problemas complicados para las PAS debido a nuestra cultura. De hecho, uno de los objetivos de esta sesión consiste en hacer que veas que muchos de los problemas que tienes en esta área son comunes para la mayoría de vosotras y son, en parte, problemas sociales, y no sólo un problema o un defecto personal.

Primera mitad (50 minutos)

Comenzad puntualmente. «Decisiones relacionadas con los quehaceres domésticos», como dónde os vais a reunir en la siguiente sesión, se dejan siempre para más tarde, cuando todo el mundo haya llegado.

Compartir diarios (10 minutos)

Propósito: Permitir que los miembros del grupo compartan cómo están viviendo la experiencia (y dejar un poco más de tiempo para que terminen de llegar todos).

Método: Cada sesión comenzará de esta manera. En la medida que lo permita el tiempo, los miembros pueden comentar o leer de su diario lo que escribieron al final de la sesión anterior. Los fragmentos que se lean deberán ser de menos de una página. O bien se puede, simplemente, hacer comentarios generales sobre ideas o sentimientos que cada uno haya tenido en relación con el grupo hasta el momento.

Compartir vuestras historias

(**30 minutos,** divididos igualitariamente entre los miembros; es decir, 5 minutos cada uno si son seis personas).

Propósito: Que los miembros puedan saber qué han hecho otras PAS para encontrar y seguir su vocación y para ganarse la vida.

Método: Para centrarse en sus relatos, los miembros del grupo deben responder a estas preguntas:

Cuál sintieron que era su vocación o llamada; qué sienten que vinieron a hacer al mundo.

De qué modo siguen su vocación (o bien, por qué no siguen su vocación).

Cómo se ganan la vida. ¿Se ganan la vida con su vocación o con otra cosa?

Qué tal les va en su puesto de trabajo.

Cómo ha afectado a todo lo de arriba el hecho de ser una PAS.

En general, los problemas y los éxitos que han tenido en el área vocacional.

No pasa nada si uno de estos puntos constituye la mayor parte o la totalidad del relato y te lleva todo el tiempo que se te ha asignado.

Quehaceres domésticos (10 minutos)

Utilizad este tiempo para resolver todos los asuntos prácticos, como dónde vais a celebrar la siguiente reunión.

Descanso (15 minutos)

Segunda mitad (55 minutos)

Una oportunidad para hablar de la vocación con otras PAS

(**30 minutos,** 6 minutos para decidir los temas, aunque puede que os lleve menos; después, que cada uno se extienda durante alrededor de 8 minutos).

Propósito: Compartir experiencias sobre lo que es para muchas de vosotras el aspecto más complicado de ser una PAS.

Pasos:

1. Para que el grupo se centre, la facilitadora le pide al grupo que nombren tres temas o problemas que hayan surgido en la primera mitad de la reunión y que les hayan parecido importantes y dignos de discutir. Si parecieran importantes más de tres temas, el grupo puede votar.

2. Para votar, cada uno de los miembros tiene dos votos y vota por los dos temas que son más importantes para él. Otra posibilidad es que vote sólo por un tema, dándole los dos votos a ese tema. Los tres temas que más votos reciban, indicando así una mayor necesidad o interés, serán aquéllos sobre los que se discutirá. (No dediquéis más de 6 minutos al proceso de decisión y votación).

3. Discusión. La cronometradora divide el tiempo restante, alrededor de 24 minutos, en tres partes iguales para los tres temas, o bien le da un poco más de tiempo a aquellos temas que más votos hayan recibido, lo que indica un mayor interés.

Explicando en el puesto de trabajo en qué consiste tu sensibilidad

(**15 minutos,** 5 minutos cada persona, con la ayuda de tres miembros).

Propósito: Ayudarse mutuamente para encontrar formas positivas de describir y reivindicar tu sensibilidad.

Pasos:

1. El facilitador, y también los miembros si es posible, debería leer de antemano las tareas de las páginas 31 y 170 para dirigir la discusión.

2. El facilitador pide a uno de los miembros que describa una situación en la cual le gustaría explicar o defender mejor el rasgo de la sensibilidad ante un entrevistador, una supervisora, un colega, una empleada o lo que sea. Podría tratarse también de una situación del pasado en la cual la persona hubiera deseado manejarse mejor.

3. Los demás miembros sugieren otras formas en las cuales se podría hacer.

4. Al cabo de alrededor de 5 minutos, pasad a otra persona; haréis tres situaciones en total.

5. Si nadie se ofrece voluntaria, discutid el tema en general, o discutid por qué no es un problema para alguien, o por qué nadie desea hablar de ello.

Escribir en el diario (7 minutos)

En silencio. Toma nota de todos aquellos sentimientos o pensamientos que hayas tenido como resultado de esta sesión.

Finalización (3 minutos)

Extraed nombres para el facilitador y la cronometradora de la siguiente sesión; dad las gracias al facilitador, la cronometradora y el anfitrión de esta sesión, despedíos y terminad puntualmente (aunque para ello tengáis que reducir el tiempo de escribir en el diario).

Tercera sesión: La salud, el cuerpo, una vida equilibrada, cómo enfrentarse a los problemas

Éste es otro tema decisivo para las PAS. Todo depende de tu estado de salud, de tu cuerpo; porque el cuerpo sustenta la claridad de tu pensamiento, determina por completo tu estado de ánimo y, por tanto, la felicidad de las personas que te rodean. Las PAS no pueden utilizar sus cuerpos del modo en que lo hace el otro 80 % de la humanidad. Pero la presión para que nos comportemos como una no-PAS es enorme. En esta sesión, vuestro objetivo consistirá en crear los cimientos para un enfoque más amable y diferente en lo relativo a vuestro sensible y maravilloso cuerpo.

Primera mitad (55 minutos)

Comenzad puntualmente y dejad las «decisiones de quehaceres domésticos» para más tarde.

Compartir diarios (10 minutos). *Véase* la página 325.

Compartir formas de enfrentarse a la sobreexcitación (30 minutos)

Propósito: Aprender, unos de otros, maneras diferentes de cuidar de vosotros mismos, compartiendo en primer lugar vuestras áreas problemáticas para, a continuación, discutir las mejores soluciones que habéis encontrado cada uno.

Pasos:

1. El facilitador dedica 10 minutos a preguntar a los miembros, *exclusivamente,* qué problemas tienen para evitar, controlar o recuperarse de la sobreexcitación. A medida que los miembros van desgranando sus dificultades en este asunto, el facilitador hace una relación de

éstas en la pizarra o el cuaderno grande, dejando espacio suficiente debajo de cada una de ellas. Quizás uno de los miembros sea una madre joven a quien le gustaría saber cómo gestionar su sensibilidad con las niñas. El facilitador escribe, «gestión con niñas». Otro es un empresario que tiene problemas para dormir cuando está de viaje. El facilitador escribe, «dormir en los viajes». El tercero es una profesional que no sabe cómo dejarse tiempo libre. El facilitador escribe, «dejarnos tiempo libre». (10 minutos, o hasta que tengáis más o menos 8 temas en la lista).

2. A continuación, sobre la lista, cada uno de los miembros del grupo explica cómo aborda cada uno de esos problemas. El facilitador escribe debajo de cada dificultad las soluciones (20 minutos).

La decisión de cambiar (5 minutos)

Propósito: Tomarte tiempo para decidir cómo vas a cambiar las circunstancias de tu vida o cómo vas a crecer como persona.

Método: Individualmente, en silencio, reflexionad y tomad nota después sobre cómo os gustaría cambiar las cosas; por ejemplo, que nuevos métodos os gustaría introducir en vuestra vida, como decir «no» cuando os piden algo, encontrar tiempo para meditar o hacer ejercicio, programarse el tiempo de descanso, explorar otras opciones de trabajo o establecer mejores límites con aquellas personas conflictivas.

Quehaceres domésticos (10 minutos)

Descanso (15 minutos)

Segunda mitad (50 minutos)

Ayudaros a cuidar mejor de vosotras mismas (37 minutos)

Propósito: Daros apoyo mutuamente mientras intentáis vivir una vida que esté más en armonía con vuestra sensibilidad; también, reuniros por parejas para propiciar el cambio.

Pasos:

1. Dividíos por parejas. El facilitador pone todos los nombres en una bolsa y extrae dos cada vez, formando así parejas. (Si el número de miembros es impar, se puede hacer un trío). Cada pareja se busca un lugar donde sentarse aparte del resto. (5 minutos).

2. Una vez establecidas las parejas, y durante 10 minutos, uno de los miembros de cada pareja dará apoyo y el otro miembro recibirá apoyo. La persona que reciba apoyo deberá decir qué piensa hacer para cuidar mejor de su cuerpo, o bien de qué otro modo quiere desarrollarse en el cuidado de sí misma y por qué le ha resultado tan difícil hasta el momento y qué podría serle de ayuda. La persona que da apoyo se va a dedicar principalmente a escuchar, pero puede sugerir ideas, convertir el objetivo en algo razonable o ayudar a formular un plan de apoyo gradual hacia el cambio (pero *no* impongas tus propias ideas al respecto). (10 minutos cada persona).

3. Cambiad los papeles. (10 minutos para la otra persona; los tríos dividen su tiempo en 7 minutos cada uno).

4. Volved al grupo, donde cada uno de los miembros dará cuenta durante un minuto o menos de lo ocurrido en el proceso. El resto del tiempo se puede dedicar a discutir algo más sobre este tema, o algo que haya podido emerger durante el proceso realizado. (12 minutos).

Escribir en el diario (10 minutos). *Véase* la página 323.

_____
_____
_____
_____
_____
_____
_____
_____
_____
_____
_____
_____
_____
_____
_____
_____
_____

Finalización (3 minutos)

Sacad nombres de la bolsa para que hagan de facilitador y cronometrador en la siguiente sesión; dad las gracias a la cronometradora, el facilitador y la anfitriona en esta sesión, terminad puntualmente (aunque eso suponga reducir el tiempo de escritura del diario).

Cuarta sesión: Las relaciones cercanas

El propósito de esta sesión consiste en explorar juntas qué impactos ha podido tener vuestro rasgo en vuestras relaciones cercanas. Las relaciones cercanas constituyen una de las más importantes aportaciones a la salud y la felicidad de las PAS, incluso de las más introvertidas; pero también pueden generar una gran angustia y una baja autoestima. Al menos, algunas de estas experiencias de relación dolorosas se remontan a la infancia, algo de lo que hablaremos en la siguiente sesión. En esta sesión, sin embargo, os centraréis en las relaciones de vuestra edad adulta y tendréis la oportunidad de haceros preguntas y de compartir lo que hayáis aprendido con los demás.

Una gran parte de esta sesión se dedicará también a aclarar el aire en el grupo, a discutir tanto los momentos buenos como los malos. Se podría decir que este ejercicio es en realidad una manera de estrechar lazos.

Primera mitad (55 minutos)

Comenzad puntualmente y dejad las «decisiones de quehaceres domésticos» para más tarde.

Compartir diarios (**10 minutos**). *Véase* la página 325.

Aclarar el aire (**35 minutos**)

Propósito: Discutir cualquier problema que haya podido surgir en el grupo y que pueda haber obstaculizado vuestro mutuo disfrute. Esta actividad es una de las más importantes en el aprendizaje de los procesos grupales y de cómo reaccionas tú personalmente ante los demás y en los colectivos.

Pasos:

1. Dedica 5 minutos a escribir algo que haya ocurrido en el grupo y que haya sido especialmente bueno para ti y algo que te haya molestado o haya hecho que te sintieras incómoda. Ten en cuenta que deberás poner tu nombre en esa nota y que se va a leer en voz alta.

   ¿Os estáis preguntando por qué os propongo este método y no una discusión abierta? Porque con los años he descubierto que a la gente le resulta un poco más fácil ser sincera por escrito, aun a sabiendas de que luego se leerá en voz alta. Por otra parte, es una manera de evitar la dispersión en los comentarios.

   Quizás quieras escribir algo dirigido a todo el grupo; por ejemplo, que te vino muy bien su apoyo cuando hablaste de tus problemas laborales en la segunda sesión, o que te sentiste ignorado por el grupo al término de la última sesión. O puedes escribir a una persona del grupo en concreto, hablando de algo que dijo o hizo, bien a ti o alguna otra persona en el grupo. Comentarios típicos podrían ser, «Lynn, me encantó la manera que tuviste de evitar que nos desviáramos en la sesión en la que estábamos hablando de formas de abordar los problemas», o bien «Me resultó muy violento, Peter, cuando te pusiste a criticar a Jackie en la última sesión».

2. Pon tu nombre en lo que hayas escrito y mete el papel en la bolsa.

3. La facilitadora leerá en voz alta todos los mensajes (incluido el suyo) que estén escritos en las hojas de papel (5 minutos).

4. El resto del tiempo (25 minutos) lo dedicaréis a la discusión en grupo o por parte de las personas involucradas en cada mensaje. Disfrutad de los elogios y los éxitos del grupo e intentad resolver todo sentimiento de agravio o doloroso. Con estos últimos, recordad que el mero hecho de pedir disculpas obra maravillas, y que las actitudes defensivas no resuelven nada. Pero nadie deberá pedir disculpas por lo que siente. Podemos estar equivocadas, no obstante, acerca de lo que pensamos que otra persona siente, y pensad que solemos equivocarnos al valorar *las razones* que llevan a alguien a hacer algo o a sentirse de determinada manera.

Quehaceres domésticos (10 minutos)

Descanso (15 minutos)

Segunda mitad (50 minutos)

Una oportunidad para hablar con otras PAS de tus problemas en las relaciones cercanas

(**37 minutos,** 10 minutos para decidir los temas, aunque puede llevaros menos; después, alrededor de 9 minutos de discusión con cada tema).

Propósito: Compartir experiencias acerca del impacto de ser altamente sensible en tus relaciones cercanas.

Pasos:

1. Durante 5 minutos, la facilitadora pide a los miembros del grupo que planteen cualquier tipo de pregunta al resto relacionada con el hecho de ser altamente sensible en las relaciones cercanas, algo de lo que les gustaría escuchar hablar a otras PAS. A medida que los

miembros del grupo van desgranando sus preguntas o temas, la facilitadora los escribe para que el todos puedan verlos. Algunas preguntas que he oído mencionar son:

- «¿Tenéis problemas para conseguir el tiempo suficiente de soledad en vuestras relaciones cercanas?».
- «¿Cómo conocéis a otras PAS?».
- «¿Cómo conseguís aceptar la idea de que quizás nunca os volváis a casar?».
- «¿Nos llevamos mejor con otra PAS o con una no-PAS?».

2. Después de escuchar las preguntas, la facilitadora hará que el grupo vote sobre las tres cuestiones que más les interesa que se hable. Cada miembro tiene dos votos, y puede votar por dos o por una sola pregunta (dando ambos votos a una). Las tres preguntas que reciban más votos serán aquellas que se discutan. (La votación no debería durar más de 5 minutos).

3. El cronometrador divide el tiempo restante (alrededor de 27 minutos) en tres partes iguales, o bien le da un poco más de tiempo a aquellas preguntas que recibieron más votos y que, por tanto, indican un mayor interés para el grupo. A continuación, todo el grupo discute las preguntas.

***Escribir en el diario* (10 minutos).** *Véase* la página 323.

_____

_____

_____

_____

_____

_____

_____

_____

_____

_____

_____

_____

_____

_____

_____

Finalización (3 minutos)

Sacad nombres de la bolsa para que hagan de facilitador y cronometrador en la siguiente sesión; dad las gracias al cronometrador, la facilitadora y el anfitrión en esta sesión, despedíos y terminad puntualmente (aunque eso suponga reducir el tiempo de escritura del diario).

Quinta sesión: Reconsiderar tu infancia y reeducar al niño sensible

El objetivo de esta sesión es que compartáis algunos relatos de vuestra sensible infancia. No se puede cambiar gran cosa, ni siquiera contar gran cosa, en las dos horas de una sesión, pero siempre me sorprende lo mucho que se benefician las personas simplemente hablando de este tema, por poco tiempo que le dediquen. Sin embargo, para la mayoría de nosotras, se trata de un área profundamente personal y vulnerable, por eso he esperado tanto en estas sesiones para sacarla a colación. Por favor, venid a esta sesión con una actitud de reverencia y de amor incondicional por el niño o la niña sensible que una vez fuisteis.

Primera mitad (55 minutos)

Comenzad puntualmente y dejad las «decisiones de quehaceres domésticos» para más tarde.

Compartir diarios (10 minutos). *Véase* la página 325.

Reconsiderar una experiencia de la infancia (35 minutos)

Propósito: Tomar una experiencia y comprenderla a la luz de vuestra sensibilidad, y compartirla con los demás para que puedan atestiguar lo que verdaderamente sucedió.

Pasos:

1. En una hoja de papel de la libreta, pon un «1», por cara uno, y luego tómate 5 minutos para describir ahí una experiencia que tuviste siendo niño, pero ha de ser una experiencia que dañara tu confianza en ti mismo, que te hiciera sentir defectuoso, débil o culpable, y que ahora sabes que en realidad guardaba relación con tu sensibilidad. *Sé breve y escribe con letra clara,* pues será otra quien lea lo que tú

hayas escrito. No pongas tu nombre en el papel ni nada que no quieras que se sepa.

2. Por el otro lado de la hoja, pon «2» y dedica 5 minutos a explicar cómo comprendes ahora ese suceso, a la luz de tu sensibilidad. (Ésta es una versión reducida de la tarea «Reconsiderar tu pasado», en página 38).

Un ejemplo:

a. *Cuando cumplí seis años, mis padres me hicieron una fiesta sorpresa en la que hasta trajeron un payaso. El payaso tenía un resorte en un brazo con un saco de boxeo en el extremo, y me golpeaba en el estómago mientras gritaba: «Aquí está el chico del cumpleaños». Después entraron veinte niños, que se fueron directos hacia mis juguetes favoritos. Me fui corriendo a mi cuarto y me encerré con el pestillo. Mi madre y mi padre me estuvieron rogando que saliera, hasta que, pasado un rato, mi padre empezó a decirme que era un egoísta, un desagradecido y un cobarde, y que no entendía cómo yo podía ser su hijo.*

b. *Me doy cuenta ahora de que yo estaba abrumado con tanta estimulación, y que posiblemente no pude evitar comportarme de la manera en que lo hice. No estaba siendo egoísta ni desagradecido, ni tampoco cobarde. Me estaba comportando simplemente como se comportaría un niño sensible. Me hubiera gustado que mi padre y mi madre hubieran sabido algo acerca de este rasgo, pues de ese modo hubieran planeado una celebración de cumpleaños más tranquila.*

Es normal que la gente tenga problemas para hacer esta tarea, pues el mero hecho de pensar en un suceso así te puede dejar emocionalmente vacío, incapaz de concentrarte, o puede sumirte en la agitación. Simplemente, apóyate en el respaldo de la silla y respira con tranquilidad. Todavía puedes participar en la segunda mitad de la sesión.

3. Repito, *no* pongas tu nombre en el papel. Pon tu hoja en la bolsa. (En total, hasta aquí, 10 minutos).

¿Por qué se utiliza aquí este método de poner todas las respuestas en la bolsa y sacarlas de ahí para leerlas como si fueran anónimas, cuando probablemente vais a adivinar quién escribió cada una? En primer lugar, porque es algo así como darle eso a otra persona para que lo guarde. En segundo lugar, lo más probable es que todo el grupo quiera consolar de algún modo o darle su apoyo a cada persona, pero, simplemente, no hay tiempo para eso. Y tercero, aunque hubiera tiempo, no tardaríais en veros arrastrados hacia temas profundos para los cuales el grupo no está preparado.

4. Cuando todo aquel que lo desee haya puesto en la bolsa su hoja de papel, el facilitador pasa la bolsa y cada miembro del grupo extrae una hoja. Si extraes tu propia respuesta, devuélvela a la bolsa, a menos que seas la última en sacar. Si es así, quédatela y compórtate como si no fuera la tuya.

5. Lee para ti lo que pone en el papel y discierne bien las palabras, para que puedas leerlo todo en voz alta y con fluidez. (Los mecanismos de defensa suelen mostrarse aquí también a través de una escritura ilegible).

6. Cada persona en el grupo lee en voz alta lo que pone en el papel que extrajo. El grupo se sumerge en lo que acaban de escuchar, reflexionan sobre ello en silencio y, después, quizás alguien quiera comentar algo o hacer alguna aportación que permita reconsiderar mejor la situación.

En el ejemplo que se ofrece arriba, suponed que, en vez de lo que he escrito en la cara dos, una persona del grupo hubiera escrito, «Me doy cuenta de que mi padre y mi madre hicieron las cosas lo mejor que sabían y podían» (una respuesta habitual), o bien «Me hubiera gustado salir de mi dormitorio tal como ellos querían». Esta persona necesita la ayuda del grupo para reconsiderar esta experiencia de un modo más parecido al que yo utilicé.

(Desde el paso 4 al 6 debería tomaros en torno a 25 minutos).

Quehaceres domésticos (**10 minutos**)

Descanso (15 minutos)

Segunda mitad (50 minutos)

Tiempo de discusión libre (**36 minutos**)

Utilizad este tiempo para hablar de vuestra infancia o de los sentimientos que la primera parte de la sesión os ha evocado. También podéis compartir otros relatos de infancia, si así lo deseáis. Pero todos deberíais tener cuidado en no centraros demasiado en ninguna persona del grupo, dado que la experiencia debería estar centrada en el grupo.

Leed en voz alta las instrucciones para la siguiente sesión (3 minutos)

Tenéis que llevar *una* de estas dos cosas:

1. Algo de tipo creativo que hayas hecho, o que tú aprecies y que haya hecho otra persona. Puede ser una grabación musical (pero asegúrate de que el anfitrión tiene un reproductor adecuado para eso, o bien lleva tú uno), una fotografía, una obra de arte, un poema… O bien puedes tocar un instrumento, cantar o danzar. También puedes llevar fotos de los niños de los que te ocupas o de unas vacaciones que recuerdes con aprecio. Puedes llevar un jarrón con flores de tu jardín o una impresión de una página web que hayas hecho tú. Pero, repito, aquello que tanto aprecias y valoras también puede ser algo que haya hecho otra persona. La clave estriba en celebrar tu sutil y sensible percepción del mundo. Esto no es una competición en modo alguno.

2. Piensa en compartir una de tus experiencias espirituales, o bien tu filosofía de la vida, o explica cómo gestionaste una pérdida o un fallecimiento. Puedes contarlo o bien puedes compartir algún objeto o expresión creativa que lo represente.

Sea lo que sea que quieras compartir con los demás, asegúrate de que se puede mostrar y explicar en alrededor de 3 minutos. Así, por ejemplo, no vas a tener tiempo de leer un relato corto, y resulta muy embarazoso tener que cortar a alguien a mitad cuando está compartiendo algo importante para ella. Facilítale el trabajo a tu cronometradora teniendo en cuenta el tiempo límite.

***Escribir en el diario* (8 minutos)**. *Véase* la página 323.

_____

_____

_____

_____

_____

_____

_____

_____

_____

_____

_____

_____

_____

_____

_____

_____

Finalización (3 minutos)

Sacad nombres de la bolsa para que hagan de facilitadora y cronometradora en la siguiente sesión; dad las gracias a la cronometradora, el
facilitador y la anfitriona en esta sesión, despedíos y terminad puntualmente (aunque eso suponga reducir el tiempo de escritura del diario).

Sexta sesión: Celebrad vuestra sensibilidad y terminad esta experiencia grupal

El objetivo de esta sesión es doble. Por una parte, consiste en celebrar
ese lado nuestro tan creativo, sensible a las sutilezas y tan en contacto
con las fuentes espirituales; y, por otra, dar conclusión a estas seis semanas de un modo consciente (aun en el caso de que el grupo vaya a
continuar). Los temas están ciertamente muy relacionados, dado que
las PAS viven con intensidad todo final y, normalmente, tienen un
sentido de la pérdida y la muerte muy desarrollado, si lo comparamos
con el resto de la población, que tienden a huir de estos temas. El hecho de ser más conscientes de estos aspectos de la vida nos lleva a expresar nuestros sentimientos, inclusive la alegría del momento, a través
de salidas creativas, así como desarrollando nuestros naturales talentos
espirituales.

Primera mitad (45 minutos)

Comenzad puntualmente.

Compartir diarios (10 minutos). *Véase* la página 325.

Aclarar el aire (35 minutos)

Propósito: Expresar lo que deseáis expresaros unas a otras antes de que finalice este proceso de seis sesiones.

Se trata de un momento difícil para el grupo. Se acabó, simplemente. La mayoría de vosotras habréis tenido alguna fantasía sobre la continuidad del grupo, y hasta puede que la idea funcione de un modo u otro. Pero ya no será igual. Creedme, si os reunís para hacer una comida dentro de un mes, *ya no será igual,* de modo que vamos a darle un final a la experiencia.

Pasos:

1. Dedica 5 minutos a plasmar por escrito algo que haya ocurrido en el grupo que haya sido especialmente bueno para ti o algo que no te haya servido o no te haya hecho sentir bien. Puede ser un suceso que ocurrió en alguna de las seis sesiones del grupo o algo que haya pasado desde que aclarasteis el aire en la cuarta sesión. Puedes dirigirte a todo el grupo o a una persona en concreto. Ten en cuenta que deberás poner tu nombre en el papel y que se va a leer en voz alta.
2. Pon tu nombre en lo que hayas escrito y pon el papel en la bolsa.
3. La facilitadora lee en voz alta todos los mensajes (inclusive el suyo) que figuran en las hojas depositadas en la bolsa (5 minutos).
4. El resto del tiempo (25 minutos) se dedica a que todo el grupo o las personas implicadas discutan cada uno de los mensajes. Disfrutad de los elogios y de los éxitos del grupo e intentad resolver los agravios y los sentimientos heridos.

Descanso (15 minutos)

Segunda mitad (60 minutos)

Votación sobre la continuación del grupo (20 minutos)

Propósito: Decidir si va a continuar el grupo, pero de tal modo que el proceso sea anónimo, y que se protejan los sentimientos de todos los miembros.

Pasos:

1. Discutid durante 15 minutos *cómo* podría continuar el grupo: semanalmente, cada dos semanas, días y lugares de reunión, si serán sesiones estructuradas siguiendo las tareas de este manual, estructuradas en torno a otros temas que los miembros propongan, o si no estarán estructuradas y se centrarán en algo que preocupa al grupo, o bien estarán orientadas al proceso con un facilitador contratado. Obviamente, si sabes que no vas a continuar, sea cual sea la estructura del grupo, no presiones para que se adopte una decisión en concreto en esta discusión.

2. Vota sobre si quieres seguir en el grupo, en caso de que éste continúe. Para que el grupo continúe, el voto tiene que ser unánime. (De otro modo, si sólo uno o dos votan sí, se sentirían rechazados). Votad desde el más absoluto anonimato, procurando que los votos sean en trozos de papel idénticos. Estáis votando si continúa el grupo de la forma que habéis decidido en la discusión, pero exactamente *tal como está constituido;* es decir, con los miembros actuales de este grupo. (Así, si este grupo de personas o alguno de sus miembros no es válido para ti, votarás que no a la continuidad del grupo. También podrías votar no por otros motivos, claro está).

3. Si no hay acuerdo acerca del tipo de grupo, del día y lugar de las reuniones, etc., llevad a cabo más de una votación sobre la continuidad del grupo bajo cada una de las condiciones entre las cuales no os ponéis de acuerdo (por ejemplo, una vez a la semana con discusión libre frente a una vez al mes haciendo tareas del manual); pero tened en cuenta que estas condiciones son siempre para el grupo tal cual está constituido. Si una de estas votaciones es unánime por la continuidad, entonces el grupo continuará en esa forma.

4. La facilitadora lee los votos. Si aparece un no, no prosigue con la lectura de votos y destruye el contenido de la bolsa. El grupo, tal como está constituido hasta ese momento, terminará con esta sesión. Los miembros podrán ponerse en contacto entre sí, con todos

o sólo con algunos, y podrán seguir viéndose del modo que deseen. Pero el grupo habrá terminado como tal en este día.

Si hay un no, por favor, procurad que la seguridad de los sentimientos de cada una de las personas prime por encima de todo, y *no* discutáis por lo que tú o cualquier otra persona en el grupo pueda haber votado. Recordad que un no puede significar que uno de los miembros está demasiado ocupado como para seguir dedicando dos horas semanales al grupo, o que la persona ha recibido lo que necesitaba y desea hacer algo diferente con su tiempo. Este grupo puede haber sido maravilloso para todas vosotras; pero, con todo, puede haber muy buenas razones para dejarlo ahí.

Celebrando vuestra percepción sensible (30 minutos)

Propósito: Experimentar de primera mano ese maravilloso rasgo que compartís. Conoceros mutuamente de otra manera más.

Pasos:

1. Cada persona comparte lo que ha traído *(véanse* las instrucciones al final de las directrices de la quinta sesión). La cronometradora divide el tiempo en partes iguales entre los miembros del grupo que quieran realizar esta actividad y anima amablemente a todos, incluso a quienes no trajeron nada.

2. Alrededor de la mitad de cada intervención la dedicará la persona a hablar de lo que ha traído o desea compartir, y la otra mitad la utilizará el resto del grupo para recibir de forma sincera y cálida lo que la persona les ofrece (es éste un momento para hablar con la verdad por delante). Como es evidente, cada una de las partes de cada intervención deberá ser muy breve.

3. Cuando hago esta actividad en un grupo, dejo que la gente decida por sí misma si quieren empezar o prefieren ir después. De este modo, la intuición entra en juego para desarrollar una experiencia íntegra.

4. Poned todo lo que hayáis traído en el centro del círculo.

Finalización (10 minutos)

Propósito: Finalizar conscientemente, en vez de distanciarse y evitar los sentimientos, como solemos hacer las PAS.

Pasos:

1. Poneos de pie en círculo, alrededor de las cosas que habéis deposita-do en el centro. No os toméis de las manos, pues puede haber al-guien que no quiera hacerlo y se puede generar una situación vio-lenta. Eso sí, miraos a los ojos si queréis.

2. La facilitadora sugiere al grupo que cada cual diga algo si lo desea; algo que, si no se dijera, se quedaría con la sensación de haberle faltado algo por hacer. Todo el mundo debería de ser plenamente consciente de que éste es el final del grupo, al menos tal como ha sido hasta el momento. Ésta es vuestra última ocasión de hablar ante el grupo tal como es ahora.

3. Sin embargo, no es obligatorio hablar si no se desea. Por otra parte, cualquiera de vosotras puede hablar más de una vez si algo le viene a la cabeza.

4. *Todo el mundo* debería de ser consciente del tiempo (no se lo dejéis todo a la cronometradora), de tal modo que *terminéis puntualmente,* o casi. Esto es importante.

Escribir en el diario. Tomaos vuestro tiempo para hacerlo, ya en casa si queréis, pero tan pronto como sea posible después de la sesión.

_____

_____

_____

_____

Nota final de tu facilitadora invisible: La experiencia del grupo no fue tal y como tú esperabas, ¿no es cierto? Fue mejor unos días, decepcionante otros… Es probable que sientas que te ha «faltado» algo. Se te acumulan los sentimientos. Espero que, con el tiempo, termines recordando estos días como unos días especialmente útiles en tu vida. Te lo deseo de corazón.

Recursos

Introducción

Referencias a investigaciones relevantes sobre este rasgo se pueden encontrar en las notas finales de mi libro *El don de la sensibilidad,* y en la sección de referencias del siguiente artículo, disponible en cualquier biblioteca universitaria:

ARON, E. N. y ARON, A. (1997): «Sensory-Processing Sensitivity and Its Relation to Introversion and Emotionality», *Journal of Personality and Social Psychology,* vol. 73, n.º 2, 345-368.

Capítulo 1

Dos fuentes para seguir trabajando con el cuerpo:

GENDLIN, E.: *Fosusing.* Banam Books, Nueva York, 1981. [Trad. cast.: *Focusing: Proceso y técnica del enfoque corporal.* Mensajero, Bilbao, 2002].

KEANE, B. W.: *Sensing.* Harper and Row, Nueva York, 1979. (Se puede pedir a la autora, en 30 Lincoln Plaza, Nueva York, NY 10023).

Capítulo 2

Acerca de las culturas agresivas:

EISLER, R.: *The chalice and the blade.* Harper, San Francisco. 1995 [Trad. cast.: *El cáliz y la espada: La alternativa femenina.* H. F. Martínez de Murguía, Madrid, 1996].

Un clásico de las investigaciones sobre niños «inhibidos»

KAGAN J. *et al.*: *Galen's Prophecy.* Basic Books, Nueva York, 1994.

Un libro para aprender imaginación activa:

JOHNSON, R.: *Inner Work.* Harper, San Francisco, 1989. [Trad. cast.: *Trabajo interior: Cómo usar los sueños y la imaginación activa para el crecimiento personal.* Escola de Vida, Barcelona, 2016].

Un libro para aprender el diálogo de voces, para realizar por parejas:

STONE, H. y WINKELMAN, S.: *Embracing Ourselves: The Voice Dialogue Manual.* Nataraj, 1993. [Trad. cast.: *Manual del diálogo de voces: Reconocer y aceptar todo lo que hay en nosotros.* Editorial Eleftheria, Barcelona, 2014].

Capítulo 3

Una fuente para «acondicionadores sonoros»:

Marpac, 2907 Blue Clay Road, P.O. Box 3098, Wilmington, NC 28406, 910-763-7861.

Sobre meditación trascendental en tu zona: 1-888-LEARN TM.

Para ansiedad, fobias o estrés postraumático:

Anxiety Disorders Association of America, una organización no lucrativa creada por líderes en el campo: 301-231-9350.

Para tratar con gente difícil:

BRAMSON, R.: *Coping With Difficult People.* Dell Pub., Nueva York, 1981. [Trad. cast.: *Cómo trabajar con personas difíciles.* Ediciones Deusto, Bilbao, 1989].

KEATING, Ch.: *Dealing with Difficult People.* Paulist Press, Mahwah, Nueva Jersey, 1984.

Información sobre tecnologías que bloquean el sonido:

Noise-Cancellation Technologies, One Dock Street, Stamford, CT 06902; 800-869-6647.

Capítulo 4

Un libro sobre cuál debería de haber sido tu crianza, bueno para reconsiderar tu infancia:

POLAND, J.: *The Sensitive Child.* St. Martin's Paperbacks, Londres, 1995.

Capítulo 5

Libros y recursos sobre habilidades sociales y timidez:

BUTLER, P.: *Self-Assertion for Women.* Harper San Francisco, 1992.

BOWER, Sh. y BOWER, G.: *Asserting Yourself.* Perseus Press, Nueva York, 1991.

CHEEK, J. *et al.*: *Conquering Shyness.* Dell Pub., Nueva york, 1990. [Trad. cast.: *Cómo vencer la timidez: Un enfoque personalizado para adquirir seguridad y autocontrol.* Ediciones Paidós Ibérica, Barcelona, 1990].

ZIMBARDO, Ph.: *Shyness: What It Is, What to Do About It.* Perseus Press, Nueva York, 1990.

Palo Alto Shyness Clinic: Directora, Dra. Lynne Henderson, 4370 Alpine Rd., Suite 204, Portola Valley, CA 94028, 650-851-2994. www.shyness.com

Capítulo 6

Algunos libros para encontrar tu verdadera vocación:
SINETAR, M.: *Do What You Love, the Money Will Follow.* Dell Pub., Nueva York, 1987.

SHER, B.: *I Could Do Anything If I Only Knew What It Was.* Delacorte, 1994.

Capítulo 7

Algunos recursos para parejas:
GOTTMAN, J. y NAN, S.: *Why Marriages Succeed or Fail.* Simon and Schuster, Nueva york, 1995. [Trad. cast.: *¿Qué hace que el amor perdure?* Paidós Ibérica, Barcelona, 2013].

HENDRIX, H.: *Getting the love you want. A Guide for Couples.* HarperCollins, Nueva York, 1988. [Trad. cast.: *Conseguir el amor de su vida: Una guía práctica para parejas.* Ediciones Obelisco, Barcelona, 1997].

STEINER, C.: *Achieving Emotional Literacy.* Avon, Nueva York, 1997. [Trad. cast.: *La educación emocional.* Editorial Jeder, Sevilla, 2016].

Excelentes talleres de fin de semana para parejas y una fuente de otros materiales: The Seattle Marital and Family Institute. P.O. Box 15644, Seattle, WA, 98115-0644, o llamar al 888-523-9042. Este instituto está dirigido por el Dr. John Gottman.

Capítulo 8

Hay Institutos Jung en Nueva York, Filadelfia, Toronto, Boston, Chicago, Dallas, Santa Fe, Seattle, Los Ángeles, San Francisco y Washington D. C. También existe una organización interregional para otras ciudades a la que se puede acudir llamando a uno de los institutos de estas ciudades.

Un libro que le puedes llevar a tu terapeuta si estás trabajando sobre los efectos de cualquier tipo de trauma no repetitivo:

Foa, E.: *Treating the Trauma of Rape*. Guilford, Nueva York, 1998. [Trad. cast.: *Tratamiento del estrés postraumático*. Editorial Ariel, Madrid, 2003].

Capítulo 9

Algunos libros que combinan la medicina oficial y la medicina alternativa, escritos por médicos:

Hoffman, R.: *Intelligent Medicine*. Simon and Schuster, Nueva York, 1997.

Norden, M.: *Beyond Prozac*. HarperCollins, Nueva York, 1995.

Un libro que combina todo tipo de tratamientos para la ansiedad y las fobias:

Bourne, E.: *The Anxiety and Phobia Workbook*. Five Communication, Nueva York, 1997. [Trad. cast.: *Ansiedad y fobias: Libro de trabajo*. Editorial Sirio, Málaga, 2016].

Los clásicos sobre ISRS:

Kramer, P.: *Listening to prozac*. Penguin USA, 1993. [Trad. cast.: *Escuchando al Prozac* Seix Barral, Barcelona, 1994].

Breggin, P. y Ross, G.: *Talking Back to Prozac*. St. Martin's Press, Nueva York, 1994.

Capítulo 10

Para el trabajo con los sueños:

Delaney, G.: *Breakthrough Dreaming*. Bantam, Londres, 1991. [Trad. cast.: *El mensaje de los sueños*. Robinbook, Barcelona, 1992].

JOHNSON, R.: *Inner Work: Using Dreams and Active Imagination for Personal Growth. Harper San Francisco, 1989.* [Trad. cast.: *Trabajo interior: Cómo usar los sueños y la imaginación activa para el crecimiento personal.* Escola de Vida, Barcelona, 2016].

JUNG, C. G.: *Dreams* (Princeton University Press, Nueva Jersey, 1974.

SULLIVAN, K.: *Recurring Dreams.* The Crossing Press, 1998.

WHITMONT, E. y PERERA, S.: *Dreams: Portal to the Source.* Routledge, Londres, 1989.

Algunos libros para hacer rituales:

ACHTERBERG, J., DOSSEY, B. y KOLMEIER, L.: *Rituals of Healing.* Bantam, Londres, 1994.

KEEN, S. y VALLEY-FOX, A.: *Your Mythic Journey.* Tarcher, 1989. [Trad. cast.: *Su viaje mítico.* Editorial Kairós, Barcelona, 1993].

SOME, M. P.: *Ritual: Power, Healing, and Community.* Swan/Raven, Columbus, Carolina del Norte, 1993.

Para vivir una vida auténtica para tu voz interior:

SINETAR, M.: *Ordinary People as Monks and Mystics: Lifestyles for Spiritual Wholeness.* Paulist Press Mahwah, Nueva Jersey, 1986. [Trad. cast.: *Monjes y místicos de la vida cotidiana.* Editorial Mirach, Villaviciosa de Odón, Madrid, 1991].

Capítulo 11

El texto clásico sobre psicoterapia de grupo que también habla del proceso grupal:

YALOM, I.: *The Theory and Practice of Group Psychotherapy,* 4.ª edición. Basic Books, Nueva York, 1995.

Para más información sobre *Comfort Zone,* el boletín de las PAS, escribe a P.O. Box 460564, San Francisco, CA 94146-0564.

Apéndice: Síntomas del estrés postraumático, de la depresión y de la distimia

(Adaptado del *DSM-IV*)

Lo que viene a continuación no debería ser un sustitutivo de la evaluación que una profesional podría hacer de tu situación, pero te permitirá saber si deberías acudir a tal profesional. Estas listas se han adaptado del *Diagnostic and Statistical Manual of Mental Disorders*, 4.ª edición, o *DSM-IV*, publicado por la American Psychiatric Association y utilizado para afinar diagnósticos a la hora de asignar tratamientos.

I. Evaluación del estrés postraumático

Utiliza esta lista para decidir si podrías estar padeciendo un trauma «clínicamente significativo» (es decir, del tipo de «hay que buscar ayuda»).

1. Un suceso te ha hecho experimentar una intensa sensación de peligro, sumiéndote en el miedo u horrorizándote. Y desde que ocurrió aquello, ya no te desempeñas bien en el trabajo o en las relaciones, o bien en ambos campos. El suceso pudo ocurrir recientemente o pudo haber tenido lugar tiempo atrás, demorándose la reacción. Pero tú sabes que ese mal desempeño en tu vida guarda relación con aquel suceso. A partir de aquí, continuemos con la autoevaluación.

2. El trauma se revive de forma persistente. Marca todo elemento que se aplique a tu caso de entre los que figuran a continuación:

   ☐ Tienes recuerdos recurrentes e intrusivos del acontecimiento: imágenes, pensamientos o percepciones.

   ☐ Tienes sueños angustiosos y recurrentes del suceso.

   ☐ En ocasiones actúas y te sientes como si el acontecimiento traumático estuviera desarrollándose de nuevo, como si estuvieras reviviendo la experiencia. Esto puede ocurrir a través de ilusiones, alucinaciones o escenas retrospectivas, quizás cuando te despiertas o durante una intoxicación.

☐ Experimentas una intensa angustia psicológica cuando te expones a señales, internas o externas, que simbolizan algún aspecto del acontecimiento traumático o se asemejan a él.

☐ Padeces reacciones de angustia física cuando te expones a esas señales.

3. Las siguientes cuestiones indagan si evitas todo aquello que pueda estar asociado con el trauma o si te sientes como entumecida ante la vida en general, algo que no te ocurría antes del trauma. Marca los elementos que se apliquen a tu caso de entre los que figuran a continuación:

☐ Intentas evitar pensamientos, sentimientos o conversaciones que puedan estar asociadas de algún modo al trauma.

☐ Intentas evitar actividades, lugares o personas que puedan recordarte el trauma.

☐ Eres incapaz de acordarte de aspectos importantes del suceso.

☐ Muestras un interés notablemente inferior por aquellas actividades que para ti eran importantes antes del trauma.

☐ Te sientes ajena o lejos de los demás desde que sufriste el trauma.

☐ En general, tienes la sensación de sentir menos amor, alegría, ira, miedo, etc.

☐ Tienes malas sensaciones respecto a tu futuro, o bien no esperas vivir demasiados años.

4. Las siguientes cuestiones tratan de aquellos síntomas de clara excitación que no se hallaban presentes antes del trauma (ahora puedes ver por qué las PAS padecen esto más que los demás al sobreexcitarse con más facilidad). Comprueba si alguna de estas cosas se aplica a tu caso:

☐ Dificultades para conciliar el sueño o para continuar durmiendo.

☐ Irritabilidad o estallidos de cólera.

☐ Dificultades para concentrarte.

☐ Hipervigilancia; es decir, estar inusualmente nervioso, a la espera de problemas.

☐ Respuesta de sobresalto exagerada.

Se podría decir que tienes un trastorno de estrés postraumático (TEPT) si respondiste que sí al punto 1 y sólo con que marcaras *un* elemento en 2, y *además* marcaste al menos tres en el punto 3 *y* al menos dos en el punto 4, *y* si estos síntomas han estado presentes durante más de un mes (si fuera menos de un mes, probablemente se te diagnosticaría una «reacción de estrés aguda»).

Éste es un proceso de diagnóstico justificablemente conservador. El hecho de que no hayas marcado muchos elementos no significa que no estés padeciendo un trauma. Si tienes dudas, por favor, busca la opinión de un profesional.

II. Evaluación de la presencia de depresión

Comprueba si estos elementos se te aplican:

☐ Te sientes deprimido (triste, vacío, sin esperanza) la mayor parte del día, o bien lloras con facilidad, o los demás te ven triste.

☐ Durante la mayor parte del día careces de interés y no sientes placer por todas aquellas cosas que haces.

☐ Has perdido o ganado peso sin pretenderlo (un cambio de más del 5 % de tu peso en un mes), o bien te ha desaparecido el apetito o se ha incrementado de repente.

☐ No puedes dormir (sobre todo, te despiertas en mitad de la noche, o te desvelas durante la madrugada) o duermes demasiado.

☐ Te ralentizas o te aceleras nerviosamente hasta el punto que los demás se percatan de ello.

☐ Te sientes fatigado o carente de energía.

☐ Te sientes despreciable o más culpable de lo que tendría sentido para cualquier otra persona que escuchara tus pensamientos.

☐ No puedes pensar con claridad ni tampoco concentrarte ni tomar decisiones.

☐ Te asalta el pensamiento de querer morir (no hace falta que te ocurra casi a diario).

Si has marcado cinco elementos o más, *y* si uno de ellos estaba entre los dos primeros de la lista, y si, *además*, los elementos marcados han estado presentes *casi a diario durante un mismo período de dos semanas,* *y* representa un cambio en ti con respecto al pasado, *y* ese cambio está causándote angustia, o bien está interfiriendo con tu vida, entonces se podría decir que te hallas en medio de un importante episodio depresivo. Esto significa que, por tu bien y por el bien de los demás, conviene que busques ayuda.

Si no satisfaces todos estos criterios, pero sí muchos de ellos, convendrá con todo que averigües qué está pasando y que lo trabajes, sobre todo si marcaste el último elemento o si alguno de los elementos es intensamente cierto en tu caso.

III. Evaluación de la distimia

Existe algo denominado «trastorno distímico» que reconoce que una depresión leve durante mucho tiempo puede ser tan negativa para ti, para tu cerebro y para aquellas personas que te rodean como una depresión severa durante un corto período de tiempo. Comprueba si esto se te aplica a ti:

☐ Un estado de ánimo depresivo durante la mayor parte del día, la mayoría de los días de la semana, durante al menos dos años. Tal estado de ánimo y los consiguientes síntomas no han estado ausentes durante más de dos meses en estos dos años.

Si lo de arriba es cierto, comprueba cuáles de estos elementos se te aplican cuando estás en ese estado de ánimo:

☐ Poco apetito o comer en exceso.

☐ Insomnio o dormir más de lo que necesitas.

☐ Escasez de energía o fatiga.

☐ Baja autoestima.

☐ Escasa concentración o dificultades para tomar decisiones.

☐ Sentimientos de desesperanza.

Si has dicho sí al primer elemento *y* has marcado dos o más de los elementos restantes *y* todo esto te hace sentirte angustiada o afecta a tu funcionamiento en la vida, entonces se te diagnosticaría una distimia. Al igual que con la depresión o con el TEPT, deberías buscar la ayuda de una profesional de la salud mental.

Índice